文成天縱

劉半農藏《燕京歲時記》稿本三種及校注

1

〔清〕富察敦崇 著
趙長海 劉洋 整理

廣西師範大學出版社
·桂林·

劉半農藏《燕京歲時記》稿本三種及校注
LIU BANNONG CANG YANJING SUISHI JI GAOBEN SAN ZHONG JI JIAOZHU

出版統籌：湯文輝
出 品 人：喬祥飛
責任編輯：劉艷艷　閆　曦
責任校對：曹世超
責任技編：王增元
書籍設計：异一設計

圖書在版編目（CIP）數據

劉半農藏《燕京歲時記》稿本三種及校注 ： 全 2 册 / （清）富察敦崇著 ； 趙長海，劉洋整理. -- 影印本. -- 桂林 ： 廣西師範大學出版社，2025.6
ISBN 978-7-5598-7012-4

Ⅰ. ①劉… Ⅱ. ①富… ②趙… ③劉… Ⅲ. ①風俗習慣一文獻一北京 Ⅳ. ①K892.41

中國國家版本館 CIP 數據核字（2024）第 105342 號

廣西師範大學出版社出版發行
（廣西桂林市五里店路 9 號　郵政編碼：541004
網址：http://www.bbtpress.com）
出版人：黄軒莊
全國新華書店經銷
三河弘翰印務有限公司印刷
（河北省三河市黄土莊鎮二百户村北　郵政編碼：065200）
開本：787 mm × 1 092 mm　1/16
印張：44.75　　字數：700 千
2025 年 6 月第 1 版　　2025 年 6 月第 1 次印刷
定價：1500.00 元（全 2 册）

整理説明

一、本次整理出版，一是將鄭州大學圖書館所藏劉半農原藏《燕京歲時記》粗稿、第三次清稿（細稿）、第四次清稿（清稿）、光緒三十二年（一九〇六）刻本予以影印；二是以光緒三十二年刻本（簡稱『刻本』）爲底本進行校注整理。

二、本次校注整理，對校本用第四次清稿本，簡稱『清稿本』；參校本用第三次清稿本，簡稱『細稿本』。此外，北京出版社有一九六一年標點本，北京古籍出版社於一九八一年又據以重新排印，重排之時當又核對了刻本，并據文意和他書有校改，但未出校勘記。參校之時二者統稱爲『標點本』，若二者有异，需要單獨出注釋或校記時，則分别稱作『一九六一年標點本』『一九八一年標點本』。

三、《燕京歲時記》雖僅三萬字，但引書甚多。作者引書頗爲隨意，多節引雜述，如不查對原書，究是引用還是作者述論，多有不明之處。故對於能够核對的原文，均參照原書一一復核，確實爲原書内容的，則標以引號。對於本書與引用各書有异之處，因作者乃雜糅各書并參以己意而成文，故凡能文通字順者則多不出校；僅對語義不明或明顯訛誤之處校改之。所復核主要圖書，其版本如下：

（一）《日下舊聞考》，乾隆間武英殿刻本。

（二）《帝京景物略》，崇禎八年（一六三五）初刻本。

（三）《宸垣識略》，乾隆五十三年（一七八八）池北草堂刻本。

四、凡刻本無誤，稿本有异之處，選取部分在校勘記中説明之，以明此稿修改完善過程。因標點本行之已久，影響廣泛，故亦將標點本失誤之處擇要在校勘記中説明。

五、凡避諱及明顯形近而訛之字，徑改，不出校。

六、原書小字，仍用正文字號排印，放於小括號内，以示與正文有别。注釋、校勘記依次置於每條正文之後。

七、刻本原缺失書名葉、牌記、序言第一葉及後跋，現據南開大學圖書館藏本增補。

八、稿本、刻本及標點本原均無目録，爲方便讀者查閲，校注部分增編目録。

《燕京歲時記》編著出版考（代序）

清末富察敦崇的《燕京歲時記》是有關節令、風俗、物産、技藝的名著，但我們通常使用的北京出版社整理本删削錯漏甚多。本文根據鄭州大學圖書館藏劉復（字半農）原藏三種作者手稿本及光緒三十二年（一九〇六）文德齋刻本與有關著作，對其編纂、修訂、刊刻歷程予以詳細梳理，并對作者生平及著述背景予以充分揭示。

一、刊刻與流布

清末富察敦崇著《燕京歲時記》於光緒三十二年刻版印行，字數不足三萬，但流傳甚廣，爲研究節令、風俗、物産、古迹、技藝提供了很多獨特材料。加之文筆優雅，考辨精審，契合時代，又有實用導覽功能，故刊刻問世以後，士人爭相傳閲。曾有數種譯本傳布海外，周作人先後發表兩篇文章予以評介。他在一九四二年《關於〈燕京歲時記〉譯本》一文中説到：『敦崇所著《燕京歲時記》是我所喜歡的書籍之一，自從民國九年初次見到，一直如此以至今日。』（一）

（一）周作人：《關於〈燕京歲時記〉譯本》，原載《國立華北編譯館館刊》第一卷第一期，一九四二年十月。見鍾叔河編：《周作人文類編·花煞》（鄉土·民俗·鬼神），湖南文藝出版社，一九九八年，第五九頁。

他在另外一篇文章中評價此書時説到：『本來做這種工作，要叙録有法，必須知識豐富，見解明達，文筆殊勝，纔能别擇適當，布置得宜，可稱合作，若在常人徒拘拘於史例義法，容易求工反拙，倒不如老老實實地舉其所知，直直落落地寫了出來，在瑣碎樸實處自有他的價值與生命。記中所録游覽技藝都是平常，其風俗與物産兩門頗多出色的紀述，而其佳處大抵在不經意的地方，蓋經意處便都不免落了窠臼也。』(一)正因爲此書所述多是作者浸潤其中的親見親聞，加之作者擁有深厚的文獻考辨之功，每件物事，用寥寥數語即可描摹真切，故讀者隨便翻開，常讀而不厭。此後的各類工具書，如《辭海》《中國學術名著大詞典·古代卷》《中國民間文學大辭典》《中國文化大百科全書·綜合卷》《中國商業文化大辭典》《中國都城辭典》等都有專門辭條予以介紹。

但是這本名著，我們常翻閱和引用的北京出版社一九六一年標點本，以及據此重新排印的北京古籍出版社一九八一年標點本，均是删節本。一九八一年標點本《出版説明》載『我們即根據原刻本排印』，但其不録序跋，删去衆多條目後的附録詩文，徑行改補删削文字等，均没有任何説明或校記。一九六一年標點本録入之時因祇有一個光緒三十二年刻本（爲刻字鋪文德齋刻本，同年版歸文奎堂，僅改動了牌記），而該刻本原有諸多錯誤，整理本除沿襲刻本錯誤外，録入亦多有錯誤漏失。對於作者僅謂其是滿族人，有數種著作傳世，對於其著述背景則無一語道及。故這個整理本可謂是一個不完善的整理本，給人留下了太多的遺憾。

(一)周作人：《燕京歲時記》，原載《北平晨報》一九三六年一月十三日。見鍾叔河編：《周作人文類編·花煞》（鄉土·民俗·鬼神），湖南文藝出版社，一九九八年，第五七頁。

《燕京歲時記》編著出版考（代序）

清末富察敦崇的《燕京歲時記》是有關節令、風俗、物産、技藝的名著，但我們通常使用的北京出版社整理本删削錯漏甚多。本文根據鄭州大學圖書館藏劉復（字半農）原藏三種作者手稿本及光緒三十二年（一九〇六）文德齋刻本與有關著作，對其編纂、修訂、刊刻歷程予以詳細梳理，并對作者生平及著述背景予以充分揭示。

一、刊刻與流布

清末富察敦崇著《燕京歲時記》於光緒三十二年刻版印行，字數不足三萬，但流傳甚廣，爲研究節令、風俗、物産、古迹、技藝提供了很多獨特材料。加之文筆優雅，考辨精審，契合時代，又有實用導覽功能，故刊刻問世以後，士人争相傳閲。曾有數種譯本傳布海外，周作人先後發表兩篇文章予以評介。他在一九四二年《關於〈燕京歲時記〉譯本》一文中説到：『敦崇所著《燕京歲時記》是我所喜歡的書籍之一，自從民國九年初次見到，一直如此以至今日。』（一）

（一）周作人：《關於〈燕京歲時記〉譯本》，原載《國立華北編譯館館刊》第一卷第一期，一九四二年十月。見鍾叔河編：《周作人文類編・花煞》（鄉土・民俗・鬼神），湖南文藝出版社，一九九八年，第五九頁。

他在另外一篇文章中評價此書時説到：『本來做這種工作，要叙録有法，必須知識豐富，見解明達，文筆殊勝，纔能别擇適當，布置得宜，可稱合作，若在常人徒拘拘於史例義法，容易求工反拙，倒不如老老實實地舉其所知，直直落落地寫了出來，在瑣碎樸實處自有他的價值與生命。記中所録游覽技藝都是平常，其風俗與物産兩門頗多出色的紀述，而其佳處大抵在不經意的地方，蓋經意處便都不免落了窠臼也。』（一）正因爲此書所述多是作者浸潤其中的親見親聞，加之作者擁有深厚的文獻考辨之功，每件物事，用寥寥數語即可描摹真切，故讀者隨便翻開，常讀而不厭。此後的各類工具書，如《辭海》《中國學術名著大詞典·古代卷》《中國民間文學大辭典》《中國文化大百科全書·綜合卷》《中國商業文化大辭典》《中國都城辭典》等都有專門辭條予以介紹。

但是這本名著，我們常翻閲和引用的北京出版社一九六一年標點本，以及據此重新排印的北京古籍出版社一九八一年標點本，均是删節本。一九八一年標點本《出版説明》載『我們即根據原刻本排印』，但其不録序跋，删去衆多條目後的附録詩文，徑行改補删削文字等，均没有任何説明或校記。一九六一年標點本録入之時因衹有一個光緒三十二年刻本（爲刻字鋪文德齋刻本，同年版歸文奎堂，僅改動了牌記），而該刻本原有諸多錯誤，整理本除沿襲刻本錯誤外，録入亦多有錯誤漏失。對於作者僅謂其是滿族人，有數種著作傳世，對於其著述背景則無一語道及。故這個整理本可謂是一個不完善的整理本，給人留下了太多的遺憾。

（一）周作人：《燕京歲時記》，原載《北平晨報》一九三六年一月十三日。見鍾叔河編：《周作人文類編·花煞》（鄉土·民俗·鬼神），湖南文藝出版社，一九九八年，第五七頁。

二、手稿的形成與遞藏

近幾年在國家珍貴古籍名録申報及古籍普查中，發現鄭州大學圖書館藏有此書作者手稿本，一函三册，分别是粗稿本、第三次清稿本、第四次清稿本，是著述不同階段形成的，且均爲著名學者劉復（字半農）原藏。該館還藏有一部光緒三十二年的刻本，亦爲劉復原藏。

《燕京歲時記》粗稿本不分卷，爲富察敦崇手稿本。一册。版框高十四點五厘米，寬九點五厘米。四周雙邊，雙魚尾。半葉八行，字數不等。紅格稿紙，書口下端印有『松雲齋』字樣。内封右側書『粗稿』，左題『燕京歲時記』『己亥九月廿二日題簽』。無序跋、目録。卷端首行書名下有白文藏書印『江陰劉氏』『劉復』。第二行寫有『長白富察敦崇禮臣氏編』。版心下方標葉數，全書共計四十八葉。書末寫有『己亥十一月十七日燈下編録竣』。

《燕京歲時記》第三次清稿本不分卷，爲富察敦崇手稿本。一册。所用稿紙、版式與粗稿同。内封右側書『細稿』，左題『燕京歲時記』『光緒二十五年歲次己亥嘉平月初九日訂』『第三次清稿』。有序，序末署『光緒二十五年歲次己亥嘉平月賜進士出身刑部主事硯愚兄潤芳澍田氏拜序』。六十一葉上半葉有跋，末署『光緒二十六年歲次庚子三月十六日敦崇自記』。全書序文一葉，内文六十六葉。跋後數葉爲此後所補。

《燕京歲時記》第四次清稿本不分卷，爲富察敦崇手稿本。一册。版框高十三厘米，寬十點五厘米。四周雙邊，單魚尾。半葉十行，字數不等。紅格稿紙，書口下方印有『玉竹齋』字樣。内封題有『燕京歲時記』『庚子九月廿二日重抄，十月廿六日抄訖，乃第四次之清稿也』。序文同第三次清稿本，文字略有差异。六十五葉之跋與第三次清稿本同，後又有再跋，謂：『再，此記皆從實録寫，事多瑣碎，難免有冗雜蕪穢之譏，而究其大旨，無非風俗、游覽、物産、技藝四門而已，亦《舊聞考》之大略也，又記。』跋後又有此書補遺一葉及空白葉數紙。

鄭州大學所藏《燕京歲時記》，是三個不同階段的手稿本，其編纂過程和時間均十分清晰明瞭。爲揭示此書編纂、修訂及刊刻過程提供了寶貴資料，并可藉此糾正原來的一些錯誤或不準確的認識。

粗稿從光緒二十五年（一八九九）九月二十二日題簽到十一月十七日編竣，時長近兩個月。第三次清稿本從光緒二十五年十二月九日到光緒二十六年（一九〇〇）三月十六日寫跋之時，歷時三月有餘，而在編訂此稿之初，作者即已請其摯友潤芳（字澍田）寫就了序言，故此稿起首即冠以序言。第四次清稿本則是光緒二十六年九月二十二日至十月二十六日，用時一月有餘。

從以上時間判斷，粗稿之前，當還有一稿，纔會有以後的第三、四次清稿之説。而粗稿和第三次清稿之間，時間太短，不足一月，當是粗稿之後，在粗稿本上直接進行修改，很快即進行了第三次清稿的編訂，故粗稿即第二次清稿本。三册清稿本編訂用時一年有餘，故此書之編訂用時兩年或更長時間。

此書之編訂大概在光緒二十五年初，因在富察敦崇自編《思恩太守年譜》[一]中，光緒二十五年『四月』條有：『作《燕京歲時記》，尚未脱稿。初八日，見街前有捨緣豆者，遂載入記中。』[二]查鄭州大學圖書館藏此書粗稿，已經有『捨緣豆』條。

三册稿本均爲作者富察敦崇手稿。從封面題簽到內文謄抄，從書中紅筆勾乙到墨筆修改，以及所粘接紅色簽條及墨色浮簽等考察筆迹，均是一人手書，確是作者手稿無疑。此後筆者在拍賣會上又買到富察敦崇稿本《紫藤館詩草》

（一）《思恩太守年譜》，亦稱《富察氏敦禮臣年譜》，寫本六卷，存吉林省社會科學院圖書館。吉林文史出版社於二〇一五年出版排印標點本。

（二）〔清〕富察敦崇著，高文俊輯校：《思恩太守年譜》，吉林文史出版社，二〇一五年，第一二五頁。

一册，封面題寫書名，署有日期『光緒壬辰秋七月初十日訂』，并鈐蓋有橢圓形朱文印『紫藤館』；卷端首行下鈐有朱文圓印『敦』及朱文小方印『禮臣』。版式大小與《燕京歲時記》相類，亦爲紅格稿紙，其封面題簽、内文字體和勾乙修改等與此三册稿本完全一致，更印證此三册稿本當爲作者手稿本。吉林省社會科學院圖書館所藏六卷寫本《思恩太守年譜》，乃二十世紀八十年代從天津古舊書店購入，從吉林省社科院圖書館王廣瑞《富察敦崇著述考》一文（一）對其版式、字體和著述方式的描述看，頗疑此亦爲敦崇手稿。但一直未能見到書影，故無法最後確定。

鄭州大學圖書館藏《燕京歲時記》手稿本三册及刻本一册，均爲民國著名學者劉復（一八九一—一九三四，字半農）原藏，是一九五六年鄭州大學建校後從京津等地的舊書店購入。

劉半農爲民國著名學者，惜於民國二十三年（一九三四）七月赴西北調查途中不幸染病去世。其生前藏書甚多，據《北平晨報》報導，北京大學曾有劉半農藏書如何處理案，『決議照劉氏遺囑，交北京大學圖書館保管之』。（二）但《北平晨報》報導之決議，似乎并未踐行。據《京報》報導：『北京大學故教授劉半農，生前藏書甚夥，經該友人商鴻逵整理數[書]目，一部份業已就緒，約計三千餘種，共萬餘册，多屬語言音律專門圖籍，且書中經劉氏批校處甚多。北平圖書館長袁同禮，并特派該館館員，幫同商氏整理。聞該書整理完竣後，擬如梁任公藏書辦法，寄存北平圖書館，

（一）王廣瑞：《富察敦崇著述考》，《文化學刊》二〇一六年第二期，第二三〇至二三三頁。

（二）《優恤劉復昨議決呈請辦法　獎學基金擬募集四千元》，原載《北平晨報》一九三四年七月二十六日。見王學珍、郭建榮主編：《北京大學史料》第二卷（1912—1937）（上），北京大學出版社，二〇〇〇年，第四七〇至四七一頁。

供市民閲覽云。』(一)

據《京報》所載，劉氏藏書擬寄存北平圖書館。但此中詳情并未見有文字披露。一九四六年學校復建後，清華大學教務長兼圖書館主任潘光旦對古籍悉心搜求，陸續收購了一大批私人藏書。其中即有一九四七年二月主持收購的劉半農藏書一七七四種，其中『中文書萬餘册作價2000萬元，西書千餘册美金千元』(二)。由此推斷，劉半農藏書并未捐贈北京大學圖書館，而是輾轉寄存於北平圖書館十幾年，後被清華大學圖書館收購入藏。而其部分手稿和藏書或即於此時流入市場，多年後分别爲吉林省社科院圖書館和鄭州大學圖書館購得。

劉半農爲著名音韻學家、文學家，其興趣廣泛，生前曾爲賽金花寫傳，名《賽金花本事》，但未能完成，後由其弟子商鴻逵完成。故劉半農搜集富察敦崇此類著作，亦是情理之中的事兒。

三、編著與修訂

圖書的著述編纂需要不斷地修改完善。從此書的三次稿本到最後正式刻版印刷，可明顯看出這一具體的修訂過程。僅從篇幅看，第三次清稿比粗稿增加三分之一有餘，而第四次清稿又比第三次清稿增加三分之一有餘，則第四次清稿相較於粗稿差不多增加了一倍的内容。

其體例和編排細節，亦是逐次完善。如粗稿各條目，雖然大體亦按時令先後排列，但尚未在條目之前標示月份，

(一)《萬餘册之劉復藏書將存圖書館供市民閲覽》，原載《京報》一九三五年一月十五日。見王學珍、郭建榮主編：《北京大學史料》第二卷（1912—1937）（上），北京大學出版社，二〇〇〇年，第四七三頁。

(二)轉引自韋慶媛：《金天羽藏書之歸宿》，《蘭臺世界》二〇一三年二月第四期，第六六頁。

而第三次修訂稿則在月首條目之前單獨一行標示月份，或在首條之下標示『以下某某月』。而到第四稿，統一在某月的首條之下標示月份。粗稿在條目内容的處理上，遇有廟諱、御名、聖諱等需頂格的尚有部分没有頂格，引用需另起一行，附録另起一行且低二字，在粗稿中亦没有完全統一。這些在第三、四稿均逐漸得到了完善。

書中的文字，亦不斷精雕細琢。如七月之『丟針』條，粗稿全文爲：『七月七日午時，閨閣少女以細莖投水中，視其影以乞巧，謂之丟針。』其文字平直且不準確，與第三、四次清稿本及刻本相差甚遠。第三次清稿本改爲：『京師女子，於七月七日以碗水暴日下，各投小針，浮之水面，徐視水底日影，或散如花，動如雲，細如綫，粗如椎，因以卜女之巧，謂之丟針。』内容精練，文采斐然。第四次清稿本，則把『京師女子』改爲『京師閨閣』，因乞巧僅爲閨閣女子也，這樣就更準確了。而到刻本，則又有進步，其最後句子改爲『因以卜女之巧拙，俗謂之丟針兒』。增加了『拙』『俗』『兒』，雖僅增三字，但意思更加精確，表達更加口語化且更貼近現實。

第四次清稿本之後，或當還有一稿，故刻本較第四次清稿本有所完善，但亦間有脱漏。如在『打春』條内，清稿本有『每歲立春，順天府别造春牛、春花進御前及仁壽宫、中宫，凡三座』。而到刻本，則漏去『中宫』二字。這樣『凡三座』所指則意義不全。查《湧幢小品》原文及《日下舊聞考》所引均有『中宫』二字，則明顯是刻版脱漏。又如在『白雲觀』條，稿本中的『長生久視』，刻本誤爲『長生久世』，而一九六一年及一九八一年標點本則仍延誤之。又如『捨緣豆』條，第三、四次清稿本引用《日下舊聞考》，有謂『京師僧俗念佛號者』，而刻本則誤爲『京師僧人念佛號者』。查《日下舊聞考》原文，則稿本正確而刻本失誤。從刻本諸多脱漏遺誤看，其刻版之時或未能認真校對，甚至有明顯臆改之處。

用第四次清稿本與刻本校對，可知刻本除增加一條很簡短的『月當頭』外，没有新增條目，内容亦僅是極少量的字句修改。所以第四次清稿本可謂已基本定稿，此後或還有一個第五次清稿本，或直接寫樣，於光緒三十二年交京城著名刻字鋪文德齋刻版。最後定稿當在光緒二十七年（一九〇一）到正式刊印之前。這是因爲在刻本『東西廟』條，最後有一行小字注謂『隆福寺於光緒二十七年十月二十二日毀於火』，而此注爲第四次清稿本所缺，第四次編訂清稿之時，隆福寺尚未被火。

第四次清稿本半葉十行，每行字數不等，而刻本半葉十行，每行二十二字。第四次清稿本與刻本相較，版式上除每行字數不一致外，其他均一致，字體亦有相仿之處。故懷疑作者第四次清稿本之後，自己寫就樣稿，謄寫樣稿之時有少許的修正和補充，然後交付文德齋刻版。

關於各稿的修改方式，主要用紅筆塗抹勾乙，用墨筆修改添加。對於新增條目或條目附録，則補遺於書末。如粗稿共計四十八葉，第四十四葉後爲補遺。細稿（第三次清稿）共計六十六葉，第六十一葉後爲補遺。第四次清稿共計六十五葉，最後有一葉補遺。除此之外，第三次清稿於天頭粘貼單行紅字簽條，標示需要調整的條目次序及字體大小等；對於增加内容較多的條目，則粘接用同樣稿紙書寫的少量墨筆浮簽。第四次清稿本則大量使用浮簽，少則數行，多則整葉粘貼於相應增加之處，并摺叠於葉内。對每處需要頂格書寫的，則在天頭之處用紅圈標示。這樣對於下次謄寫標示得十分醒目明確，也使得整個版面整潔有序。

作者每稿都用工楷謄寫，删削訂補規範，版式清晰，一絲不苟，這和作者曾長期擔任兵部筆帖式養成的良好習慣有關。

四、編著背景

對《燕京歲時記》三種稿本的研究，糾正了以往對此著成書過程的一些錯誤認識。例如，因刻本序言末署『光緒二十五年歲次己亥嘉平月』，其自跋末署『庚子三月十六日』，故研究者多認爲此書編著在八國聯軍進京之前。但第四次清稿本則明確標注時間爲『庚子九月廿二日重抄，十月廿六日抄訖』，且這次修改編訂内容很多，但時間却很短。這是因爲『庚子事變』之時（公元一九〇〇年八月十五日慈禧携光緒帝西逃，八月十六日八國聯軍基本占領北京城，一九〇一年八月八日，八國聯軍從北京撤退完畢）富察敦崇基本避居在家，後供職於清政府在柏林寺所設之留京辦事處，雖需每日報到，但事務清閑，故可以全力以赴從事此書之編訂。《燕京歲時記》一書即於此段時間定稿，而第四次清稿之後的修訂衹是極少量的字句潤飾和修補。

富察敦崇作爲上層官吏和旗人，罹此國難家禍，慘痛於心，著有《都門紀變》三十首絶句留世，可謂『庚子之變』之詩史，向爲史家所重視。其中第十四首《吊殉難》謂：『浩氣丹心不可降，闔門忠義死雙雙。餘生欲擬陽秋録，暗把霜毫向小窗。』[一]此即是用筆墨留史的意思。特别是在三十首絶句之末，有具體的時間記載，『自九月二十四日起，或一日數首，或數日一首，至嘉平月而止。此詩言皆實録，并無浮詞。倘能傳至將來，或可稍知殷鑒，黍離麥秀，傷何如之？庚子除夕三更自記。』[二]由此可知，富察敦崇《都門紀略》寫作與《燕京歲時記》定稿均爲『庚子事變』後避居之時。

（一）見《都門紀變》，光緒三十四年（一九〇八）刻本；〔清〕富察敦崇著，高文俊輯校：《思恩太守年譜》，第一四九頁；阿英編：《庚子事變文學集》上册，中華書局，一九五九年，第一三六頁。

（二）阿英編：《庚子事變文學集》上册，中華書局，一九五九年，第一三九頁。

《都門紀略》與《燕京歲時記》均創作於八國聯軍侵占京城之時，但却是兩種旨趣完全相反的著作。《都門紀略》的悲憤激越與《燕京歲時記》的閑情雅致形成鮮明的對比，二者能够交織統於一時一人，不能不令人佩服，亦不能不令人深思和困惑。

當然，這種腥風血雨的亂世景象，在《燕京歲時記》這部以節令、風情、民俗爲主的小册子裏也有委婉地反映。如『祭關帝』條，作者於第四次清稿本增加内容『蓋帝之禦灾捍患，有功於民者深也』。又如『賜冰』條，於第四次清稿本增加『是物今尚有之，清泠可聽，亦太平之音響也』。第四次清稿本增加『走馬燈』條，内有『走馬燈之製，亦係以火御輪，以輪運機，即今輪船、鐵軌之一斑。使推而廣之，精益求精，數百年來，安知不成利器耶？惜中土以機巧爲戒，即有自出心裁精於製造者，莫不以兒戲視之。今日之際，人步亦步，人趨亦趨，詫爲神奇，安於愚魯，則天地生材之道，豈獨厚於彼而薄於我耶？是亦不自憤耳！』蓋作者於庚子之義和團進京之時，携家拖口避居鄉下；八國聯軍進京後，作者目睹王室權貴之家被洗劫一空，親舊亦多有殉難或被殺者。作者除於當時撰有《都門紀略》以抒憤慨外，次年尚著有《崇壽上人傳》《族姊傳》及《祭庚子諸死難文》悼惜殉難和被殺者。又有《增舊園記》記述侵略者焚毁其先祖所建園林勝景之事。當此之時，編訂中的《燕京歲時記》雖爲民情風俗之怡情文字，亦不能不有所反映。

五、著述特色

《燕京歲時記》這本小册子雖僅有三萬字，但歷時兩年方編纂而成，其能够成爲名著，可以説有很多方面的因素。除文字精練雅致，契合時代外，富察敦崇作爲世家大族的旗人官員，於聲色玩好、園藝鑒賞可謂十分精通，史事文字看似信手拈來，其實是長期浸潤的結果。如『九花山子』條，富察敦崇列舉的菊花名目多達一百三十三種，第四次清稿在列舉菊花名目後，原稿『皆予曾蓄養者』被紅筆抹去，旁邊小字修改爲『皆予所記憶者』。修改當然更爲準確，這一百三十三種菊花，作者不可能都曾蓄養，但由此透露一個信息，即作者或曾蓄養過很多品種，故於菊花品種名目極爲熟悉。其他很多細小之處，無不透露出作者的熟稔和嗜好，如『蛐蛐兒、聒聒兒、油壺盧』條的價格行情，『花兒市』條對鴿子品種的羅列，『燈節』條對燈市和焰火的描述等，均觀察細緻，感受真切，文字簡短，引人入勝。

在編訂過程中，作者還不失時機到有關景點查勘驗證，以使記載更加準確。如在《思恩太守年譜》光緒二十六年四月初十日條，有記游釣魚臺事，對此處勝景多有描摹，蓋此時在義和團即將進京之前，故尚有此雅興游覽及校勘文字。此日所記有謂：『元時有玉源潭者，亦莫知其方嚮矣，餘事詳《燕京歲時記》中，作詩一首，載《紫藤館詩草》中。蓋予時作《燕京歲時記》，甫經脱稿，恐有未詳，故親往履勘之也。』（一）而此所言『甫經脱稿』，即第三次清稿剛剛完成（跋末署『庚子三月十六日』）。而此處所言詩載《紫藤館詩草》，查筆者所藏稿本及影印刻本，正有此詩并序。所記正與《燕京歲時記》『釣魚臺』條基本相同。

《燕京歲時記》中描摹之聲色玩好、技藝游耍、花草蟲魚、穿着吃食等瑣細之事，多爲作者親歷親聞，讀之使人如有親手把玩，親臨其境之感。除此之外，作者徵引文獻繁多，考辨精到，毫無冗沓之感。此書徵引文獻主要有《日下舊聞考》《帝京景物略》《宸垣識略》《宛署雜記》《析津志》《北京歲華記》《荆楚歲時記》等，其他徵引文獻尚有《玉燭寶典》、東方朔《占書》，以及《大清會典》《湧幢小品》《居易録》《月令廣義》《歲時百問》《續

（一）〔清〕富察敦崇著，高文俊輯校：《思恩太守年譜》，第一二九頁。

齊諧記》《漢書》《後漢書·禮儀志》《風俗通義》《埤雅》《寄園寄所寄》《燕都游覽志》《廣群芳譜》等。

《燕京歲時記》一書對《日下舊聞考》徵引最多，除很多條目後另行有『謹按《日下舊聞考》』字樣外，文内亦多有『《舊聞》不載』『《舊聞考》不載』等語。其所引他書詩文，亦多轉引自《日下舊聞考》，作者或并未能核對原書。故作者於再跋中謂此書『亦《舊聞考》之大略也』，當是實情。

此書雖承襲《日下舊聞考》等諸書而成，但對前列有關京城風物民情的主要著作之缺漏誤失，多所糾謬考證，且真切記録清末的實際情況。對不得其詳的亦説明之。如『填倉』條引證《北京歲華記》後，有謂：『此條所記與今大略相同。惟富貴之家從未有食牛肉者，亦未有客至苦留之説，乃記者一隅之論也。』其『筵九』條引證謂：『按《帝京景物略》曰：燕九又曰宴邱。今則曰筵九，究未知其孰是。』在諸多引證後，作者多有自己的判斷和分析，如『惡月』條，在引證《荆楚歲時記》後，有謂：『夫荆楚之與燕京，相去遠矣，而自昔風俗有相同者。』又如『添火』條，在引證《析津志》『西山化石根，名之曰不灰木，以之爲粗布及器皿，不畏火，今西山有之』後，作者辨析謂：『此條所記未盡得實。以之爲器皿則可，以之爲粗布則從未之見。或即火浣布之訛。況此木實産易州，非西山也。』作者於西方列强軍器技藝亦頗爲關注，且注意到西方農業科技方面著作，如『東西廟』條，説到嚴冬培育花木之時就説『嘗觀泰西農學書中』，等等。

此書之所以能傳播久遠，還在於作者思想純正。雖然書中寺觀及朝拜條目甚多，但作者不迷信神怪鬼魔，不幻想修仙成佛，如『白雲觀』條：『相傳十八日夜内必有仙真下降，或幻游人，或化乞丐，有緣遇之者，得以却病延年。故黄冠羽士，三五成群，趺坐廊下，以冀一遇。究不知其遇不遇也。觀内老人堂一所，皆道士之年老者居之，雖非神仙而年過百齡者時所恒有，亦修養之明徵也。』又如『城隍出巡』條，其最後有『亦無非神道設教之意』的總括，説明作者不迷信，尊崇儒家『子不語怪力亂神』的純正思想。這在《思恩太守年譜》中，亦有很多相類的記載，如『予素不信因果，然因果時亦有之』(一)等語。

六、作者考述

富察敦崇（一八五五—一九二六），滿州鑲黃旗人，咸豐五年（一八五五）七月出生於北京鐵獅子胡同歌斯堂，因號『鐵獅道人』，此外還有『鐵石』『芸窗』『聱叟』等諸多別號。其自編《思恩太守年譜》謂：『姓富察，名宗傑，字俊臣，一字偉人，又字默卿，乳名定格，行二。後更名敦崇，字禮臣。』(二)他一生喜好文事，著述甚豐。其家族顯赫，爲滿族八大姓之一，既産生過貴爲國母的皇后，亦有過無數重臣名將。其曾祖父、祖父及父均世襲二等敦惠伯，母爲貝勒奕繪第七女。其親朋故舊多在朝爲官，因此，敦崇於史事掌故多能識其本源，著爲文字精妙平實，故人樂觀之。

富察敦崇自幼聰慧，然多次應試，均以族人回避，不得進入考場，衹好援例納官。光緒五年（一八七九），依八旗通例，報捐筆帖式，加光禄署正銜。不久分發兵部行走，兵部候補主事。十三年（一八八七），借補兵部滿洲筆帖式之缺。十四年（一八八八），充滿檔房委署主事。十八年（一八九二），派充三壇工程處、國子監、太和門監修。二十七年（一九〇一），補兵部主事。二十八年（一九〇二），提升兵部員外郎，後賞三品。三十一年（一九〇五），

(一)〔清〕富察敦崇著，高文俊輯校：《思恩太守年譜》，第一二六頁。
(二)〔清〕富察敦崇著，高文俊輯校：《思恩太守年譜》，第一頁。

充滿檔房總辦。三十二年，兼署司務廳掌印等職。三十三年（一九〇七），調充陸軍部捷報處總辦。宣統元年（一九〇九）六月，派補廣西思恩府知府，未到任，八月調東三省委用，任奉天巡防營務處提調，年底奉東三省總督令，到各地巡視軍政，有《南行詩草》之作記其事。宣統二年（一九一〇）七月，任昌圖税捐局委員職。敦崇尚氣節，重文事，喜游覽，在自編詩集中引宗侄翰臣之稱許，謂：『族中群彦，性喜詩書，以禮法持身者，惟予一人。』[一] 其自得之情，由此可見。

敦崇之卒年，衆説紛紜，吉林省社科院王廣瑞著文《晚清文人富察敦崇生平事迹考》[二]，結合馮其利、楊海山先生合編《〈沙濟富察氏宗譜〉補録》予以考證，謂敦崇於『1926年身着清代朝服拍照後於西直門外高粱橋下投河自盡』。此結論當是可信的。《紫藤館詩草》卷首之《鐵獅道人傳》謂其晚年境況：『宣統三年七月因病請假就醫，甫至京，遽遭國變，遂不復出，時或自言自語，時或拍案呼咤，惟遇隆裕皇太后大事，成服而出，縞素二十七日，并恭視山陵奉安，自後遇疾不服藥，歲時生辰不受家人朝拜，日求速死。嘗自擬挽聯曰：遼海好如歸去鶴，塵寰不作再來人。』[三]

爲《燕京歲時記》作序的『潤芳澍田氏』，序末署『賜進士出身刑部主事硯愚兄』，在《思恩太守年譜》裏亦稱『潤澍田』或『潤澍田芳』。其姓氏名字及履歷原均甚模糊。查敦崇自編《富察氏敦禮臣年譜》，潤芳澍田，名芳，字澍田，姓祥佳氏，滿洲鑲白旗人。與其兄來春帆（名芳），皆光緒元年（一八七五）乙亥科舉人，師從敦崇叔父紹雲公（烏

〔一〕〔清〕富察敦崇：《紫藤館詩草·再寄翰臣》，一九一二年鉛印綫裝本，第一二葉。
〔二〕王廣瑞、陳軍：《晚清文人富察敦崇生平事迹考》，《名作欣賞》二〇一六年三月。
〔三〕周承蔭：《鐵獅道人傳》，見〔清〕富察敦崇：《紫藤館詩草》卷首，一九一二年鉛印綫裝本。

拉布，翰林，工部侍郎）就學，潤芳兄弟二人與敦崇兄弟二人爲十餘年同學，故文中多稱二人爲盟兄。潤芳長敦崇三歲，中光緒二十一年（一八九五）乙未科進士，由兵部主事出爲河南許州知州（直隸州），署陳州知府。民國《許昌縣志·官師》有傳，謂其勤政廉民，熱心教育及實業，曾創辦初級師範及多所中小學，去任之時百姓曾爲立德政碑云云。（一）

《燕京歲時記》刻本序言由『慶珍博如』代筆，隸書寫上板，序末署『花翎四品銜、兵部員外郎、姻小弟』，中國書店鄭炳純先生曾收藏有一册慶珍批本《燕京歲時記》，其批語對各條目多有補充説明。鄭先生曾撰文《慶珍批本〈燕京歲時記〉》（二），予以詳細介紹并録入批語，但『慶珍博如』之姓氏生平并没有文字可做參考。從《思恩太守年譜》中的零星記載可知，慶珍名珍，字博如，姓瓜爾佳氏，號鐵梅，滿洲鑲紅旗人，貴州巡撫嵩崑之子，在兵部長期供職，爲敦崇多年同事。敦崇與慶珍及慶珍之侄崇蓉舫爲多年好友，常有飲酒賦詩酬唱之作。對於慶珍生平，張中行先生《負暄瑣話》專門有一篇《慶珍》短文（三），謂其約生於同治年間，活到一九四〇年左右，并對其才情和晚年潦倒境況多有描摹，乃行家所寫趣人趣事，是有味道的文字。

趙長海　劉洋

（一）張紹勳：《許昌縣志》卷八《官師上》，一九二四年寶蘭齋石印本，第四十一葉。

（二）北京燕山出版社編：《古都藝海擷英》，北京燕山出版社，一九九六年，第四九五至五〇〇頁。

（三）張中行：《負暄瑣話》，中華書局，二〇〇六年，第一二一至一二二頁。

目録

第一册

第二册

燕京歲時記（清稿）

燕京歲時記

庚子九月廿二日重抄十月廿六日抄訖乃第四次之清稿也

序
吾友敦禮臣滿洲世家子乃
太傅大學士馬文穆公之裔（雲）孫
敦惠伯承簡堂公之次公子也幼與予共硯席同受業於
烏紹雲司空之門禮臣固司空猶子淵源有自聰慧過
人及習帖括業亦能出色當行羣許為必售之技乙亥
恩科予兄弟同領鄉薦而禮臣以族人迴避不得一奏牛
刀誠可惜也嗣後屢遭迴避抑鬱無聊不得已而援例
納官非其志也退食之餘仍以書史自遣於
國朝掌故多能識其本源他日過從見案頭有燕京歲

時記一卷捧讀一過具見匠心雖非大文亦足資將來之考
證是即景物畧歲華記之命意也雖然如禮臣者其學
問豈僅如此尚望引而伸之别有著作以為同學光則予
實有厚望焉光緒二十五年歲次己亥嘉平月二十六日
賜進士出身刑部主事硯愚兄潤芳澍田氏拜序

燕京歲時記

長白 富察敦崇 禮臣氏編

元旦

京師謂元旦為大年初一每届初一於子初後焚香接神燃爆竹以致敬連宵達巷絡繹不休接神之後自王公以及百官均應入
朝〻賀朝賀以畢走謁親友謂之拜年又謂之道新喜親者登堂疏者投刺而已貂裘蟒服道路紛馳真有車如流水馬如游龍之盛誠太平之景象也是日無論貧富貴賤皆以白麵作角而食之謂之煮餑〻舉國皆然無不同也富貴之家暗以

金銀小錁及寶石等藏之餑餑中以卜順利家人食得者則終
歲大吉
按荊楚歲時記正月一日先於庭前爆竹以避山臊惡鬼又玉燭寶
典正月一日為元日亦云三元歲之元時之元月之元

八寶荷包

每至元旦凡
內廷王公大臣及
御前侍衛等均賞八寶荷包懸於胸前部院大臣不預此例

祭財神

初二日致祭財神鞭炮甚夥晝夜不休

破五

初五日謂之破五破五之内不得以生米為炊婦女不得出門至初六日則王妃貴主以及各宦室等冠帔往來互相道賀新嫁女子亦於是日歸寧春日融和春泥滑澾香車繡幰塞巷塡衢而闤闠諸商亦漸次開張貿易矣

人日

初七日謂之人日是日天氣清明者則人生繁衍

按東方朔古書歲後八日一日雞二日犬三日豕四日羊五日牛六日馬七日人八日穀其日清明則所生之物育陰則災

順星

初八日黄昏之後以紙蘸油燃燈一百零八盞焚香而祀之謂之順星十三日至十六日由堂奥以至大門燈燃而照之謂之散燈花又謂之散小人亦辟除不祥之意也

按帝京景物略正月十三日家以小盞一百八枚夜燈之遍散井竈門戶砧石曰散燈其聚如螢散如星富者燈四夕貧者燈一夕又甚貧者無此條所記與今大略相同但未得其詳細耳

打春　節令無定之期姑録於正月之内餘倣此

打春即立春在正月者居多立春先一月順天府官員至東直門外一里春場迎春立春日禮部呈進春山寶座順天府呈進春

牛圖礼畢回署引春牛而擊之曰打春是日富家多食春餅
婦女等多買蘿蔔而食之曰咬春謂可以却春困也
謹按大清會典載立春前一日順天府尹率僚屬朝服迎春於
東直门外隸役舁芒神土牛導以鼓樂至府署前陳於綵棚
立春日大興宛平縣令設案於
午门外正中奉恭進
皇帝
皇太后
皇后芒神土牛配以春山府縣生員舁進礼部官前導尚書
侍郎府尹及丞後隨由

午門中門入至
乾清門
慈寧門恭進内監各接奏礼畢皆退府尹迺出土牛環擊
以示勸農之意又湧幢小品載前明正統中每歲立春順天
府別造春牛春花進御前及仁壽宮中宮凡三座每座用金
銀珠翠等物費錢九萬餘景皇即位諭明年春日當復
增三座宛平坊民相率陳愬乃以時花充用由此觀之則前
明之過事擾民實不如
國朝之崇尚節儉矣
恭録乾隆壬申

御製春帖子詞二首

其一

壬日立新春重重吉並臻百昌欣律轉萬福自天申首尾用壬申二字

其二

喧鳴臘鼓發韶妍遲日罘罳颺瑞烟屏綵祥徵銀勝裏辛盤芳獻頌椒前

燈節

自十三以至十七均謂之燈節惟十五日謂之正燈耳每至燈節內廷筵宴放烟火市肆張燈而六街之燈以東四牌樓及地安門為最盛工部次之兵部又次之他處皆不及也兵部燈于光緒九年經閻文介禁止

各色燈彩多以紗絹玻璃及明角等為之並繪畫古今故事以資玩賞市人之巧者又復結冰為器栽麥苗為人物華而不侈樸而不俗殊可觀也花炮棚子製造各色烟火競巧爭奇有盒子花盆烟火杆子線穿牡丹水澆蓮金盤落月葡萄架旂火二踢腳飛天十响五鬼鬧判兒八角子炮打襄陽城匣炮天地燈等名目富室豪門爭相購買銀花火樹光彩照人車馬喧闐笙歌聒耳自白晝以迄二鼓烟塵漸稀而人影在地明月當天士女兒童始相率喧笑而散市賣食物乾鮮俱備而以元宵為大宗亦所以點綴節景耳又有賣金魚者以琉璃瓶盛之轉側其影大小俄忽實為他處所無也

謹按日下舊聞考明燈市在東華门王府街東崇文街西亘二里許南北兩廛即今之燈市口也市之日凡珠玉宝器以逮日用微物無不悉具衢中列市棊置數行相對俱高樓樓設氍毹簾幕為宴飲地一樓每日賃直至有數百緡者皆豪貴家眷屬也燈則有燒珠料絲紗明角麥稭通草等樂則有鼓吹雜耍絃索等烟火則以架以盒盒有械壽帶葡萄架珍珠簾長明塔等自初八日起至十八日止乃十日非五日也至百貨坌集乃合燈與市為一處今則燈歸城內市歸琉璃廠矣

附錄明范景文燕京燈市詞四首

五

御溝春暖漲冰絲風煖沙吹日影移珠綴九微光燦
爛張燈不待月高時
王孫約隊簇金貂玉勒青驄綺陌驕文貝珊瑚看
不盡東華门外市三條
珠樓一帶鬱嵯峨陣陣香風簇綺羅龍燭薰風
喧不夜天街到處月明多
月明處處度笙簫春色分明念四橋有酒勸君須
盡醉百年能得幾元宵
又魏之琇火判兒詩 末句妄改
衣冠熠熠踞當塗入夜兒童雜笑呼一片熱腸心更赤

世間曾得似君無　近宛平縣西城隍廟内有此

筵九

十九日謂之筵九每至筵九
皇上幸西厰子小金殿筵宴看玩藝貫跤蒙古王公請安告
歸至六之時音沼袁首盡於是日兌去文案白鋒毛矣民朗

打鬼

打鬼本西域佛法並非怪異即古者九門觀儺之遺風

六

亦所以禳除不祥也每至打鬼各喇嘛僧等扮演諸天神
將以驅逐邪魔都人觀者甚衆有萬家空巷之風
朝廷重佛法特遣一散秩大臣以臨之亦聖人朝服阼階之
命意打鬼日期黃寺在十五日黑寺在二十三日
雍和宮在三十日
按宸垣識略東黃寺在安定門外廂黃旗教場順治八年奉
勅就普淨禪林興建康熙三十三年重脩寺西有琉璃門
曰清淨化城後有石坊三座石台一座石塔一座高八丈雕鏤精
工上有金傘光華奪目相傳為般禪佛塔般禪佛又曰瀨疹
佛蓋因出痘而示寂也塔傍有經幢四乃乾隆四十八年彭元瑞

世間曾得似君無　近宛平縣西城隍廟内有此

筵九

十九日謂之筵九每至筵九
皇上幸西廠子小金殿筵宴看玩藝賞賚蒙古王公請安告
歸自之得著貂裘者盡於是日脱去改穿白鋒毛矣民間
無事可紀惟遊賞白雲觀者謂之會神仙焉
按帝京景物略曰燕九又曰宴邱今則曰筵九究未知其孰
是

開印

開印之期大約於十九二十二十一三日之内由欽天監選擇吉日
吉時先行知照朝服行礼開印之後則照常辦事矣

亦所以禳除不祥也每至打鬼各喇嘛僧等扮演諸天神
將以驅逐邪魔都人觀者甚衆有萬家空巷之風
朝廷重佛法特遣一散秩大臣以臨之亦聖人朝服阼階之
命意打鬼日期黃寺在十五日黑寺在二十三日
雍和宮在三十日
按宸垣識略東黃寺在安定門外廂黃旗教場順治八年奉
勅就普淨禪林興建康熙三十三年重脩寺西有琉璃門
曰清淨化城後有石坊二座石台一座石塔一座高八丈雕鏤精
工有金傘光華奪目相傳為般禪佛塔般禪佛又名瀊疹
佛蓋因出痘而示寂也塔傍有經幢四乃乾隆四十八年彭元瑞

書
御製清淨化塔記在台東係清漢蒙梵四體字塔後有樓
曰慧香閣
雍和宮在東直門內北新橋正北里許乃
世宗憲皇帝藩邸也
登極後
命名曰雍和宮黑寺在德勝門外西北三里許前寺曰慈度
後寺曰察罕喇嘛廟所謂黑寺者蓋指鉄色琉璃而言今亦無
之矣後寺有鉄香亭一乃康熙乙卯年造
恭錄乾隆三十五年

七

御製詣雍和宮礼佛作

興慶當年選佛場春初幾暇礼空王六街三市皆珠玉

利物宜人大吉祥東壁圖書原好靜東書院即在宮左側日太和齋

昔時歲月暗神傷六旬兄弟相徵逐時和親王以領宮務相隨詰

到髻年電火光

又

御製入安定门至雍和宮瞻礼作

邸第吾生長今年六旬昔年景頻憶先節敬應

申八月間慶賀礼繁乘暇先至此瞻拜砌下花新錦庭前松老鱗緬懷詣

訓日黯爾獨傷神

填倉

每至二十五日糧商米販致祭倉神鞭炮最盛居民不盡致祭然必烹治飲食以勞家人謂之填倉

按北京歲華記云二十五日人家市牛羊豕肉恣餐竟日客至苦留必盡飽而去謂之填倉此條所記與今大略相同惟富貴之家從未有食牛肉者亦未有客至苦留之說乃記者一隅之論也

大鐘寺

大鐘寺以本覺生寺以大鐘得名蓋歲時求雨處也每至正月自初一日起開廟十日十日之內遊人全集士女如雲長

毋少年多馳騾車馬以為樂超塵逐電勞瘁不辭一騎
之費有費至數百金者豈猶有金臺市駿之遺風歟
謹按日下舊聞考華嚴鐘鑄於前明永樂時高一丈五
尺徑一丈四尺紐高七尺厚七寸重八萬七千斤內外勒楷字法
華經一部字大五分密如比櫛乃學士沈度書嘉靖間懸於
萬壽寺後言者京城白虎方不宜有金聲乃徹樓卧鐘於
地
國朝乾隆八年移置於覺生寺即所謂大鐘寺也寺在德
勝門外七里土城西北曾家莊雍正十一年建鐘樓高五丈下方
上圓四面皆窗後有旋梯左升右降鐘懸於中竟体純銅端

正細賾誠至寶也惜未聽其一鳴耳前殿有雍正十二年翰林
院編脩張若靄撰碑
恭錄八年乾隆八年
御製覺生寺大鐘詩
雷紋隱篆蟲半字蘊洪鈞（鐘上有法華經一部）善吼周三界
聲聞具六通橫枌為撞杵夏屋是乘風待扣何須扣
當前悟色空
又乾隆十一年
御製覺生寺大鐘歌用沈德潛韻（原韻載吳長元宸垣識畧 詩碣在大鐘左側高七尺餘）
鼉諫弗善野戰龍金川門閘烈燄紅都城百尺燕

九

飛入齊黄羣榜爲奸凶成王安在乃定案夾輔當焉可
同瓜蔓連抄何慘毒龍江左右京觀封謹嚴難逃南
史筆懺悔詎賴佛氏鍾道衍儼被榮將命犍椎
冶盡丹陽銅穹窿重過萬石簴印泥精鏤禪機
鋒夏屋十尋虞不舉鯨魚盈丈方堪舂山靈水族
無不具魑魅魍魎怪哉蟲欲藉撞鍾散憤氣安知
天道憐孫忠榆木川邊想遺恨皂氏徒添公案重
憶昔遨遊西海子水天上下玻璃空一川可通萬壽
寺寅緣偶憶曹溪宗喬松偃蓋假山石傑閣巍巍
獨據中洪鐘在懸洵偉觀聯吟更喜兄弟從蒼黝

其色蟠其紐中宏外聳何隆、、華嚴字蹟傳沈度平
滿全揭開羣蒙覺生鹿苑
皇考創材飭内帑羣鳩工是謂善吼周沙界乃從舊寺
移乘風太清十里渺乎日、、演梵聞離宮覺生寺去圓明園二十里抎
考已廓茲矞眼摩挲更暢騷人胸不離一步鐘如
是東西分別心猶蓬我惜德潛老始達其詩亦復論
考功獨愛長歌踐其韻非侈藻采爭雌雄載賡
倡酬古弗廢詩話千載留芳蹤聖經佛旨究異路
將以何道訓成童於論於樂備法物安可以此歸辟雝
安可以此歸辟雝不如任彼出林大且逢末數語反德潛詩意

十

白雲觀

白雲觀在阜成门外西南五六里其基最古自金元以來即有之觀内萬古長春四字尚傳為邱長春所書每至正月自初一日起開廟十九日游人絡繹車馬奔騰至十九日為尤盛謂之會神仙相傳十八日夜内必有仙真下降或幻遊人或化乞丐有緣遇之者得以却病延年故黄冠羽士三五成羣趺坐廊下以冀一遇究不知其遇不遇也觀内老人堂一所皆道士之年老者居之雖非神仙而年過百齡者時所恒有亦脩養之明徵也觀後有園亭一區乃近年所構其先無之

謹按日下舊聞考白雲觀乃元太極宮故墟内塑邱真人像

白晳無髭鬚眉正月十九日都人致醼祠下謂之燕九節真人登
州棲霞人名處機號長春子年十九為全真學於寧海之
崑崙山歲在己卯元太祖自奈曼遣使召之使者未至真
人語其徒曰速促裝天使召我我當往翌日使者至乃與
弟子十八人同往經數十國行萬餘里始達雪山時太祖
時方西征日事攻戰真人每言欲一天下者必在乎不嗜
殺及問為治之方則告以敬天愛民為本問及長生久視之
道則以清心寡欲為要太祖大悅命左史書諸策真人
乞東還遂賜號曰神仙封為大宗師掌管天下道教使
居燕之太極宮後改為長春宮即今之白雲觀也真人年八

十尸解仙去

曹老公觀兒

曹老公觀在西直门內路北每至正月自初一日起開廟半月遊人亦多惟殿宇坍塌牆垣不整古佛零落殊無可觀有碑二左刻乾隆

御製七律二首右無字後殿有鉄香爐一乃前明萬歷辛卯年造中殿有鉄香池一乃崇正九年管理御馬營太監孫繼武等造

謹按日下舊聞考曹老公觀名崇元觀乃明璫曹化純興建

國朝乾隆二十三年重脩規模壯麗法相莊嚴百餘年來傾圮殆盡無復舊觀矣或謂化純興時有害金藏之觀中以備將來重脩之用故京師有裏七步外七步觀兒倒觀兒脩之謠然其言究無驗也

廠甸兒

廠甸在正陽门外二里許（昔海王村）即今工部之琉璃廠也街長亦二里許屋肆林立南北皆同所售之物以古玩字紙張書帖為正宗乃文人鑑賞之所也惟至正月自初一日起列市半月兒童玩好在廠甸紅貨在火神廟珠寶晶瑩鼎彝羅列豪富之輩日事搜求冀得異寶而紅貨之内以翡

十二

翠石為最尊一搬指翎管有價至萬金者翡翠之外並重料壺然必須官窯古月軒者方為上品新料不足道也蓋乾隆玩好之物風尚不同乾隆間重珊瑚賤碧霞璽後又重碧霞璽近更重翡翠石及料壺風雅之士亦間有重舊玉者笛頭劍隔古色盎然而真偽殊不易辨故予嘗曰物而能言免去許多聚訟蓋指此也至於舊磁一類甚屬寥寥已多為外洋買去矣

謹按日下舊聞考琉璃廠東有遼御史大夫李內貞墓乃乾隆三十六年工部郎中孟澔得其誌石於土中有葬於海王村之語

東西廟

東西廟曰護國寺在皇城西北定府大街正西東廟曰隆福寺在東四牌樓西馬市正北自正月起每逢七八日開西廟九十日開東廟開廟之日百貨雲集凡珠玉綾羅衣服飲食古玩字畫花鳥蟲魚以及尋常日用之物星卜雜技之流無所不有乃都城內之一大市會也兩廟花廠尤為雅觀春日以果木為勝夏日以茉莉為勝秋日以桂菊為勝冬日以水仙為勝至於春花中如牡丹海棠丁香碧桃之流皆能於嚴冬開放鮮豔異常洵足以巧奪天工預支月令其於格物之理研求幾深惜未有著書者耳嘗觀泰西農學書

中謂一粒之穫可得十萬粒如以熟花之法熟之定能遠過其上但是人工既貴灌溉亦難以之治玩好則可以之治稼穡則斷斷乎其不能也即如冬瓜王瓜茄子扁豆之類皆能於嚴冬栽植色味俱佳但價值太昂不能盡人而食是亦不能行之明證也

謹按日下舊聞考護國寺元曰崇國寺明曰大隆善護國寺今只曰護國寺乃元丞相脫克脫之故宅寺中千佛殿傍立一老髯幞頭朱衣一老嫗鳳冠朱裳即其夫婦之像今已無存矣隆福寺乃前明景泰四年建役夫萬人寺中白石臺欄乃英宗南内翔鳳殿故物也

本朝雍正元年重加修葺有
世宗御製碑文較之護國尚為完整

土帝庙

土帝廟在宣武门外土帝庙斜街路西自正月起凡初三十三二十三日有庙市〻無長物惟花廠鴿市差為可觀
謹按日下舊聞考土帝庙其基最古有前明萬曆四十三年碑稱曰古蹟老君堂都土帝庙遼金時庙在都城東门之外今莫得其方向矣

花兒市

花兒市在崇文门外迤東自正月起凡初四十四二十四日有

市〻皆日用之物所謂花市者乃婦女插戴之紙花非
時花也花有通草綾絹綽枝西頭之類頗能混真花市
之外亦有鴿市在廛北小巷內
按居易錄京師花市鬻南黃鴿〻毛羽作黃金色云〻
價甚高云〻蓋京師多好蓄鴿種類亟繁其尋常
者有點子玉翅鳳頭白兩頭烏小灰皂兒紫醬西雪花
銀尾子四塊玉喜鵲花跟頭花脖子道士帽等名目其
珍貴者有短嘴白鷺鷥白烏牛鐵牛青毛鶴秀蟾眼
灰七星鳧背銅背麻背銀稜麒麟斑鷹鸝雲盤藍盤
鸚嘴白鸚嘴點子紫烏紫點子紫玉翅烏頭鐵翅玉環等

名色凡放鴿之時必以竹哨綴於尾上謂之壺盧又謂之哨子壺盧有大小之分哨子有三聯五聯十三星十一眼雙筩截口衆星捧月之别盤旋之際響徹雲霄五音皆備真可以悅耳陶情至前輩所謂架鴿者今無之矣又余氏辨林云京師孟春之月兒女多翦綵為花或草虫之類插首曰鬧嚷嚷即古所謂鬧裝也是即綾絹花之濫觴歟

小藥王廟　北藥王廟

小藥王廟在東直門内路北北藥王廟在舊鼓樓大街自正月起每朔望月有廟市市皆婦女零用之物無甚可觀

耍耗子耍猴兒耍苟利子跑旱船

十五

京師謂鼠為耗子耍耗子者木箱之上縛以橫架將小鼠調熟有汲水鑽圈之技均以鑼聲為起止耍猴兒者木箱之內藏有羽帽烏紗猴手自啟箱戴而坐之儼如官之排衙猴人口唱俚歌抑揚可聽古稱沐猴而冠殆指此也其餘扶犁跑能聽人指揮扶犁者以犬代牛跑馬者以羊易馬也苟利子即傀儡子乃一人在布帷之中頭頂小台演唱打虎跑馬諸雜劇跑旱船者乃村童扮成女子手駕布船口唱俚歌意在學遊湖而採蓮者抑何不自醜也凡諸雜技皆京南人為之正月最多至農忙時則舍藝而歸耕矣

附錄唐明皇傀儡吟

刻木牽絲作老翁雞皮鶴髮與真同須臾弄罷寂

無事還似人生一夢中

太陽糕 以下二月

二月初一日市人以米麵團成小餅五枚一層上貫以寸餘小雞

謂之太陽糕都人祭日者買而供之三五具不等

龍擡頭

二月二日古之中和節也今人呼為龍抬頭是日食餅者謂

之龍鱗餅食麵者謂之龍鬚麵閨中停止針線恐傷龍

目也

春分

十六

正竹齋

春分前後宮中祠庙皆有大臣致祭世家大族亦於是日致祭宗祠秋分亦然

按月令廣義云分者半也當九十日之半也故謂之分夏冬不言分者天地间二氣而已陽生于子極于午即其中分也

清明

清明即寒食又曰禁烟節古人最重之今人不為節但兒童戴柳祭掃塋墓而已世族之祭掃者于祭品之外以五色紙錢製成幡蓋陳于墓左祭畢子孫親執于墓门之外而焚之謂之佛多民间無用者

安亍[illegible]全晨汲重青明上自力苑下[illegible]

[illegible]

三月三　以下三月

俗謂栽壺盧者必於三月三日下種否則結實不繁

恭録乾隆十三年御製詠壺盧詩　有序

十七

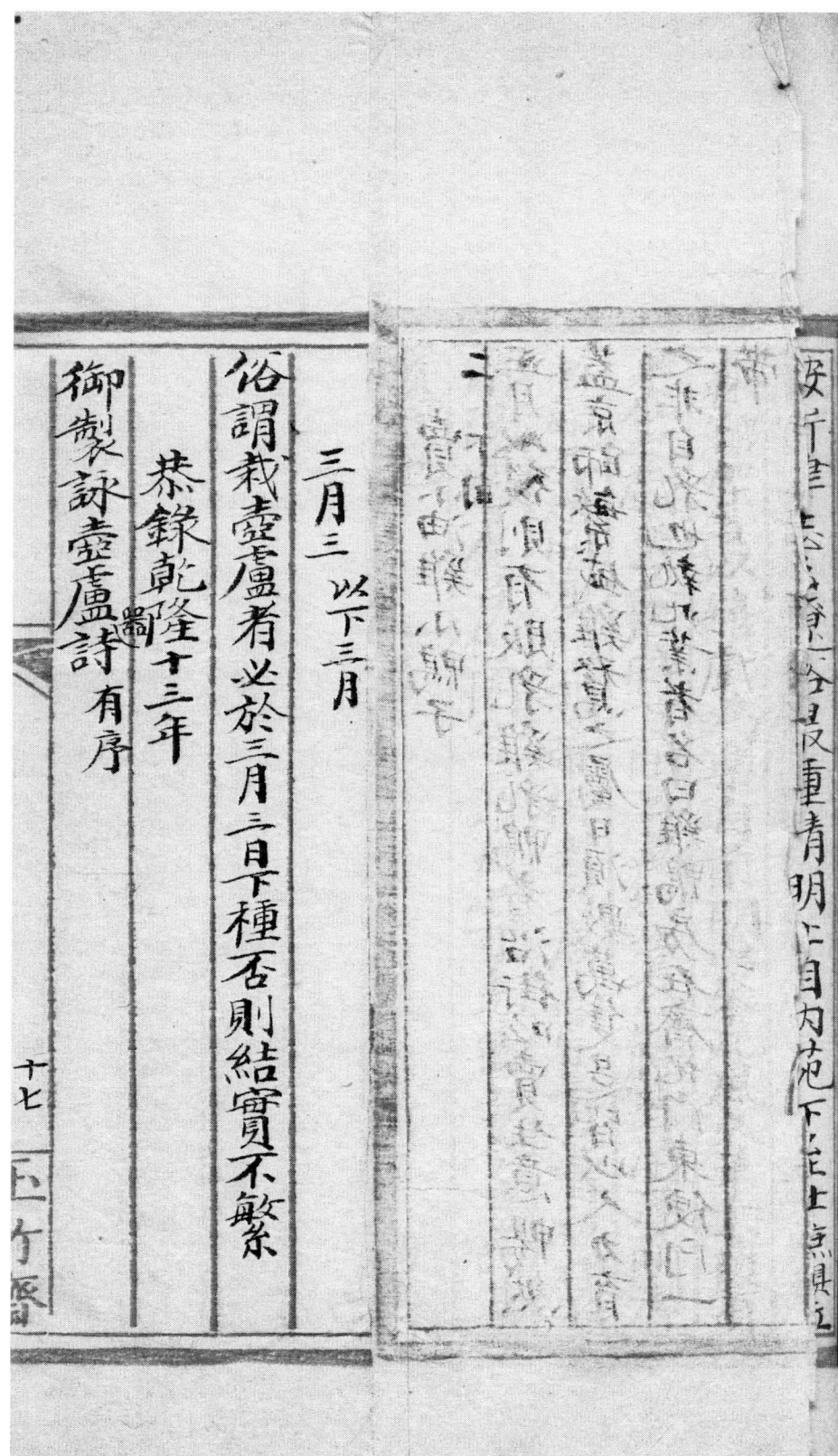

壺盧器者出于康熙年间
聖祖命奉宸取架匏而規模之及熟遂成器焉盌盂
瓫盒惟所命蓋其朴可尚而其巧亦非人力之能為也
爰令園人倣為之既成題以句而識其源如是
槩在票薪烝陶人豈藉憑玉成原有自匏落豈
遺製隨圓泯銳棱愛茲純樸器更切不從繩
又何曾納約傳

蟠桃宮

太平宮在東便门路南门臨護城河因庙内有西王母之像故日蟠桃宮每居三月自初一日起開庙三日遊人亦多焉

按析津志云遼俗最重清明上自内苑下至士庶俱立鞦韆架日以嬉戲為樂自前明以來此風久革不復有半仙之戲矣又歲時百問云萬物生長此時皆清淨明潔故謂之清明至清明帶柳者乃唐高宗三月三日祓禊於渭陽賜羣臣柳圈各一謂戴之可免蠆毒今蓋師其遺意也

賣小油雞小鴨子（下同）

〔二〕正月以後則有販乳雞乳鴨者沿街吆賣生意暢然蓋京師繁盛雞鶩之屬日須數萬隻是皆以人力育之非自乳也執此業者名曰雞鴨房在齊化门東便门一带

壺盧器者出于康熙年間
聖祖命奉宸取架匏而規模之及熟遂成器焉盌盂
盆盒惟所命蓋其朴可尚而其巧亦非人力之能為也
爰令園人傚為之既成題以詩而識其源如是
繫在栗薪烝陶人豈藉憑玉成原有自匏落豈
遺製隨圓泯銳棱愛兹純樸器更切不從繩
又何曾納約傳

蟠桃宮

太平宮在東便門路南門臨護城河因廟內有西王母
之像故曰蟠桃宮每屆三月自初一日起開廟三日遊人亦多然

較之白雲觀等則繁盛不如矣

東嶽廟

東嶽廟在朝陽門外二里許除朔望外每至月自十五日起開廟半月士女雲集至二十八日為尤盛俗謂之撣塵會其實乃東嶽大帝誕辰也廟有七十二司司各有神主之相傳速報司之神為岳武穆最著靈異凡負屈含冤心迹不明者率於此處設誓盟心其報最速階前有秦檜跪像見者莫不唾之已不辨面目矣後閣有梓潼帝君亦著靈異科舉之年祈禱相屬神座右有銅騾一匹頗能愈人疾病病耳者則摩其耳病目者則拭其目病足者則撫其足閣

東有甲胄之像數半身没於地中俗傳為楊家將云云究不知其為何神也廟中道教碑乃元翰林承旨趙孟頫書字畫雖丰神已失想為俗工鑿治矣

謹按日下舊聞考東嶽廟乃元延祐中建以祀東嶽天齊仁聖帝前明正統中益拓其宇兩廡設七十二司後設帝妃行宮

本朝康熙三十七年居民不戒而燬于火

特頒內帑脩之閱三歲而落成殿閣廊廡視舊加飭乾隆二十六年復加脩葺規制益崇故至今祇謁

東陵時必於此拈香用膳焉

潭柘寺

潭柘寺在渾河石景山西栗園莊北去京八十餘里每至三月自初一日起香火開廟半月香火甚繁廟在萬山中九峰環抱中有流泉蜿蜒門外而沒有銀杏樹者俗曰帝王樹高十餘丈圍數十圍實千百年物也其餘玉蘭脩竹松柏菩提等亦皆數百年物誠勝境也其先戒律森嚴葷酒莫入近則酒炙紛騰無復向時清淨矣有靈蛇二曰大青小青與祕魔崖相仿彿殊不知是一是二所謂柘木者僅存數尺與元妙嚴公主拜佛磚同為古蹟凡至寺者必觀此數事焉

謹按日下舊聞考潭柘寺在羅睺嶺平原村去京城西北九十里晉曰嘉福唐曰龍泉京師諺曰先有潭柘後有北京蓋寺之最古者

本朝康熙間更名岫雲寺寺故海眼佛殿基即潭也唐華嚴師在山說法神龍施潭為寺一夕大風雨潭成平地今潭徙而涓涓者不絶柘久枯高七八尺覆以瓦亭龍去而子猶存青色長五尺大如盌時出現

附錄丁酉三月偕榮少湘及男和珍遊潭柘山拙作

古寺不知年龍潭自昔傳參天多翠竹繞地盡流泉

神樹烟雲護

宸章日月懸欲參清淨理何處問真禪

又岫雲寺晚眺拙作

琳宮紺宇梵王家

御輦曾經駐翠華三徑暗穿春水亂九峯高插碧

天斜風搖細影菩提樹月照瓊枝木筆花遙憶

當年麟見老畫圖真蹟兩無差鴻雪因緣有遊潭柘寺圖

又曉度羅睺嶺拙作

絕巘登臨處茫茫眼界空諸山三面合濁水一灣通

桃綻如脂染梨開似雪融筍輿行緩緩歸路票

園東

二十

玉竹齋

戒台

凡遊潭柘者必至戒台蓋戒台無定期惟六月六日有晾經會縱人遊觀而遊者卒鮮蓋天氣既熱又多大雨也寺名萬壽在潭柘東南以松勝故京師論游者必與潭柘並稱焉

謹按日下舊聞考萬壽寺在馬鞍山唐武德中建曰慧聚明正統間改今名有康熙乾隆

御書聯額寺有戒台乃遼咸雍間僧法均始開明正統中敕如幻律師說戒立壇焉壇在殿內以白石為之寺後有太古觀音化陽龐涓孫臏五洞寺西五里有極樂峰

天台山

天台山在京西磨石口車馬可通即翠微山之後山也每歲三月十八日開廟香火甚繁寺门在南山之麓寺在北山之巔相去里許幾至里許沿山有流泉三四涓涓不窮所謂魔王者語多荒誕不經無從考其出處矣

換季

每至三月換戴涼帽八月換戴暖帽届時由礼部奏請大約在二十前後者居多換戴涼帽時婦女皆換玉簪換戴暖帽時婦女皆換金簪

黄花魚大頭鱼

京師三月有黄花鱼即石首鱼初次到京時由崇文门

監督照例呈

進否則為私貨雖有挾帶而來者不敢賣也四月有大頭

魚即海鯽魚其味稍遜例不進呈

捨緣豆 以下四月

四月八日都人之好善者取青黃豆數升宣佛號而拈之

拈畢煮熟散之市人謂之捨緣豆預結來世緣也

謹按日下舊聞考京師僧俗念佛號者輒以豆記其

數至四月八日佛誕生之辰煮豆微撒以鹽邀人于路請食之

以為結緣今尚沿其舊也

萬壽寺

萬壽寺在西直门外五六里门臨長河乃
皇太后祝釐之所每至四月自初一日起開廟半月遊人甚多綵女紅男聯翩道路柳風麥浪滌蕩襟懷殊有天朗氣清惠風和暢之致誠郊西之勝境也

謹按日下舊聞考萬壽寺在廣源閘西數十武明萬曆五年建
本朝乾隆十六年二十六年兩次重脩门内為鐘鼓樓天王殿〻後為萬壽閣再後為禪堂〻後有假山假山上為大士殿〻下為地藏洞山後為無量壽佛殿三聖殿又後為後鐘樓〻前松檜皆數百年物光緒初年燬於火最後為菜圃〻有

水車二光緒二十年重脩

行宮併菜園兩圈入矣

西頂

西頂娘娘廟在萬壽寺西八九里每至四月自初一日起開廟繁盛與萬壽寺同山门中四天王像神氣如生猙獰可畏座下八鬼怪尤覺駭人凡攜小兒者多掩其目而過之廟有七十二司神皆繪畫非塑像也每開廟時特派大臣拈香與髩髻山同他處無之

謹按日下舊聞考西頂碧霞元君廟在京西藍靛廠前明萬歷年建

本朝康熙五十一年重脩改名曰廣仁宮

恭錄康熙戊子

御製重脩西頂碧霞元君廟碑文節略

京城西直門外有西頂舊建碧霞元君宮地近西山之麓直今西苑之西南所謂萬泉莊者固郊畿一勝境也元君初號天妃宋宣和間始著靈異歟後禦災捍患奇蹟屢彰下迄元明代加封號成弘而後祠觀尤盛郛郭之間五頂環列西頂其一也歲時既久陳迹都荒碑碣猶存榱桷弗整其謂妥神何歲在戊子發內帑命有司鳩工重葺之閱一載而落成棟宇穹然垣廡翼然

廿三

殿寢秩然丹雘燦然瞻拜其下者虔肅有加朕于
萬幾之暇亦往展礼仰祝
聖母之釐俯介生民之福以祈純嘏以鞏皇圖顏其額曰
廣仁宮羣臣請立石以紀之

妙峯山

妙峯山碧霞元君廟在京城西北八十餘里山路四十餘里共一百三十餘里地屬昌平每屆四月自初一日起開山半月香火亟盛凡開山以前有雨者謂之淨山雨廟在萬山中孤峯矗立盤旋而上勢如繞螺前可踐後者之頂後可見前者之足自始迄終繼晝以夜人無停趾香無斷香奇觀哉廟南向為

山門為正殿為後殿後殿之前有石凸起似是妙峯之巔石有古柏三四株亦似百年之物廟東有喜神殿觀音殿伏魔殿廟北有回香亭廟無碑碣其原無可考然自雍乾以來即有之惜無記之者耳進香之路日闢日多曰南道者三家店也曰中道者大覺寺也曰北道者北安合也曰老北道者石佛殿也近日之最稱繁盛者莫如北安合人烟輻輳車馬喧闐夜間燈火之繁燦如列宿以各路之人計之共約有數十萬以金錢計之亦約有數十萬香火之盛實可甲于天下矣

髫髻山

髫髻山碧霞元君廟在京城西北懷柔縣界每至四月自初

一日起開廟半月繁盛亞於妙峯而山景過之都人謂之東山

恭錄康熙五十二年

御製丫髻山玉皇閣碑文節略

距京師百里有山曰丫髻隸懷柔縣兩峯高直矗

望之如丫髻故得是名自元明以來號為近畿福地因

上有碧霞元君之祠是以每歲孟夏四方之民會此祈禱

者駢肩疊跡不可勝計古稱積高之區神明所舍況

茲山北倚紫塞南拱神京岡巒迴合蜿蜒磅礴而鍾秀

於是則其神氣之感數有靈應理固然也康熙五十

二年值朕六旬誕期諸臣民就茲山展禮為朕祝釐禧

因共建玉皇閣以祈延壽經始于癸巳三月十八日落成于甲午三月十八日丙請記其事

北頂 東頂附

北頂碧霞元君廟在德勝門外土城東北三里許每歲四月有廟市〻皆日用農具遊者多鄉人東頂在東直門外與北頂同

榆錢糕

三月榆初錢時採而蒸之合以糖麵謂之榆錢糕四月以玫瑰花為之者謂之玫瑰餅以藤蘿花為之者謂之藤蘿餅皆應時之食物也

黄鸝

四月末花事將闌易增惆悵惟柳陰中鶯聲婉囀如鼓笙簧殊有斗酒雙柑之樂惟月餘則去不能久佳也古詩云黄栗留鳴桑椹美蓋黄鸝既鳴則桑椹垂熟正合今京師節候

蘆筍櫻桃

四月中蘆筍與櫻桃同食最為甘美古詩云蘆筍生時柳絮飛紫櫻桃熟麥風涼均與今京師時令最為符合

涼炒麵

四月麦初熟時將麵炒熟合糖拌而食之謂之涼炒麵

玫瑰花芍藥花

玫瑰其色紫潤甜香可人闺閣多愛之四月花開時沿街喚賣其韻悠揚晨起聽之最為有味芍藥乃豐台所產一望彌涯四月花含苞時折枝售賣遍歷城坊有楊妃傻白諸名色是二花者最為應序雖加以⿰火難熅之力不能易候而開是亦花中之强項令矣

端陽 以下五月

京師謂端陽為五月節初五日為五月單五蓋端字之轉音也每屆端陽以前府第朱門皆以粽子相䞓貽並副

以櫻桃桑椹荸薺桃杏及五毒餅玫瑰餅等物其供佛祀先者仍以粽子及櫻桃桑椹為正供亦薦其時食之義

按續齊諧記屈原以五月初五日投汨羅江楚人哀之至此日以竹筒子貯米投水以祭之以楝葉塞其上以綵絲纏之不為蛟龍所竊是即粽子之原起也

雄黃酒

每至端陽自初一日起取雄黃合酒晒之用塗小兒額及鼻耳間以避毒物

天師符

每至端陽市肆間用尺幅黃紙蓋以硃印或繪畫天師鍾馗

之像或繪畫五毒符咒之形懸而售之都人士爭相購買粘之中门以避祟惡

按後漢礼儀志五月五日朱索五色印為门户飾以止惡氣是即天師符之來由歟

菖蒲艾子

端午日用菖蒲艾子插于门傍以禳不祥亦古者艾虎蒲劍之遺意

綵絲繫虎

每至端陽閨閣中之巧者用綾羅製成小虎及粽子壺盧櫻桃桑椹之類以綵線穿之懸於釵頭或繫于小兒之背古

詩云玉燕釵頭艾虎輕即此意也
按風俗通云五月五日以綵絲繫臂辟鬼及兵令人不病瘟
一名長命縷一名續命縷

剪綵為葫蘆

又端陽日用綵紙剪成各樣葫蘆倒粘于門閫之上以洩
毒氣至初五日午後則取而棄之

賜葛

內廷王公大臣至端陽時皆得
恩賜葛紗及畫扇

城隍出巡

四月廿二日宛平縣城隍出巡五月初一日大興縣城隍出巡出巡之時皆以八人肩輿舁藤像而行有捨身為馬僮者有捨身為打扇者有臂穿鉄鉤懸燈而導者有披枷帶鎖儼然罪人者神輿之傍又扮有判官鬼卒之類亍亍而行亦無非神道設教之意

都城隍廟

都城隍廟在宣武门内溝沿西城隍廟街路北每歲五月自初一日起廟市十日市皆兒童玩好無甚珍奇遊者鮮矣

謹按日下舊聞考都城隍廟在前明時以每月朔望及二十三日有廟市市之日陳設甚夥人生日用所需精粗畢

廿八

備羈旅之客持阿堵入市頃刻富有完美書畫古董真偽錯陳其他剔紅填漆舊物自內廷闌出者尤為精好其初所索甚微後其價十倍矣至於窯器最貴成化次則宣德杯琖之屬初不過數金嗣則成窯酒杯至博銀百金宣德香爐所酬亦略如之廟係元世祖至元十七年創建前明重脩之本朝雍正四年乾隆二十八年又重脩之光緒初年廟燬於火碑皆燬裂所謂各直省城隍像者零落殆盡近惟將正殿脩復以便春秋祭享餘尚殘破如故也

南頂

南頂碧霞元君廟在永定門外五六里西向左右有牌坊二左

日廣生長養右日羣育滋蕃皆乾隆三十八年重脩時御書每至五月自初一日起開廟十日士女雲集廟雖殘破而河中及土阜上皆有葦棚亭幛席棚可以飲食坐落至夕散後多在大沙子口看賽馬焉

按宸垣識略云南頂以南之河名涼水河橋名永定橋土阜名九龍山乃乾隆間疏濬涼水河時堆成環植桃柳萬株開廟時遊人皆敷席攜榼羣飲其下近則土阜雖存而桃柳零落矣

附錄吳巖遊南頂詩

柳映紅亭水映橋碧霞宮殿鬱迢遙年年五月開香社大好風光慰寂寥

龍岡委宛似卷阿披拂薰風爽氣多一帶葦棚臨水
岸酒徒豪飲妓童歌

十里河

十里河関帝庙在廣渠门外每至五月自十一日起開庙三日
梨園獻戲歲以為常

瑶台

瑶台即窑台在正陽门外黑窑廠地方時至五月則搭涼篷
設茶肆為遊人登眺之所亦南城之一古蹟也
謹按日下舊聞考黑窑廠為明代製造磚瓦之所
本朝均交窑户備辦此廠遂廢其地坡壠高下蒲渚參差都

人士登眺往往而集焉

磨刀雨

京師諺曰大旱不過五月十三蓋五月十三乃俗傳漢壽亭過江會吳之期是日有雨者謂之磨刀雨

分龍兵

京師謂五月二十三日為分龍兵蓋五月以後大雨時行隔轍有雨故須將龍兵分之也

按宋陸佃埤雅云世俗五月謂分龍雨曰隔轍雨言夏雨多暴至龍各有分域雨暘往往隔轍而異也是分龍之說已見於宋但為日不同耳宋謂四月二十日為小分龍五月二

十日為大分龍大晴主旱大雨主澇

惡月

京師諺曰善正月惡五月

按荊楚歲時記五月俗稱惡月多禁忌〻曝牀薦席及脩蓋房屋夫荊楚之與燕京相去遠矣而自昔風俗有相同者

石榴夾竹桃

京師五月榴花正開鮮明照眼凡居人等往〻與夾竹桃羅列中庭以為清玩榴竹之間必以魚缸配之朱魚數頭游泳其中幾於家〻如此故京師諺曰天篷魚缸石榴樹蓋譏

其同也

附錄京師夏日閨辭拙作

天竹化月卯泉之卷花石[illegible]

染指甲

鳳仙花即透骨草又名指甲草五月花開之候閨閣兒

卅一

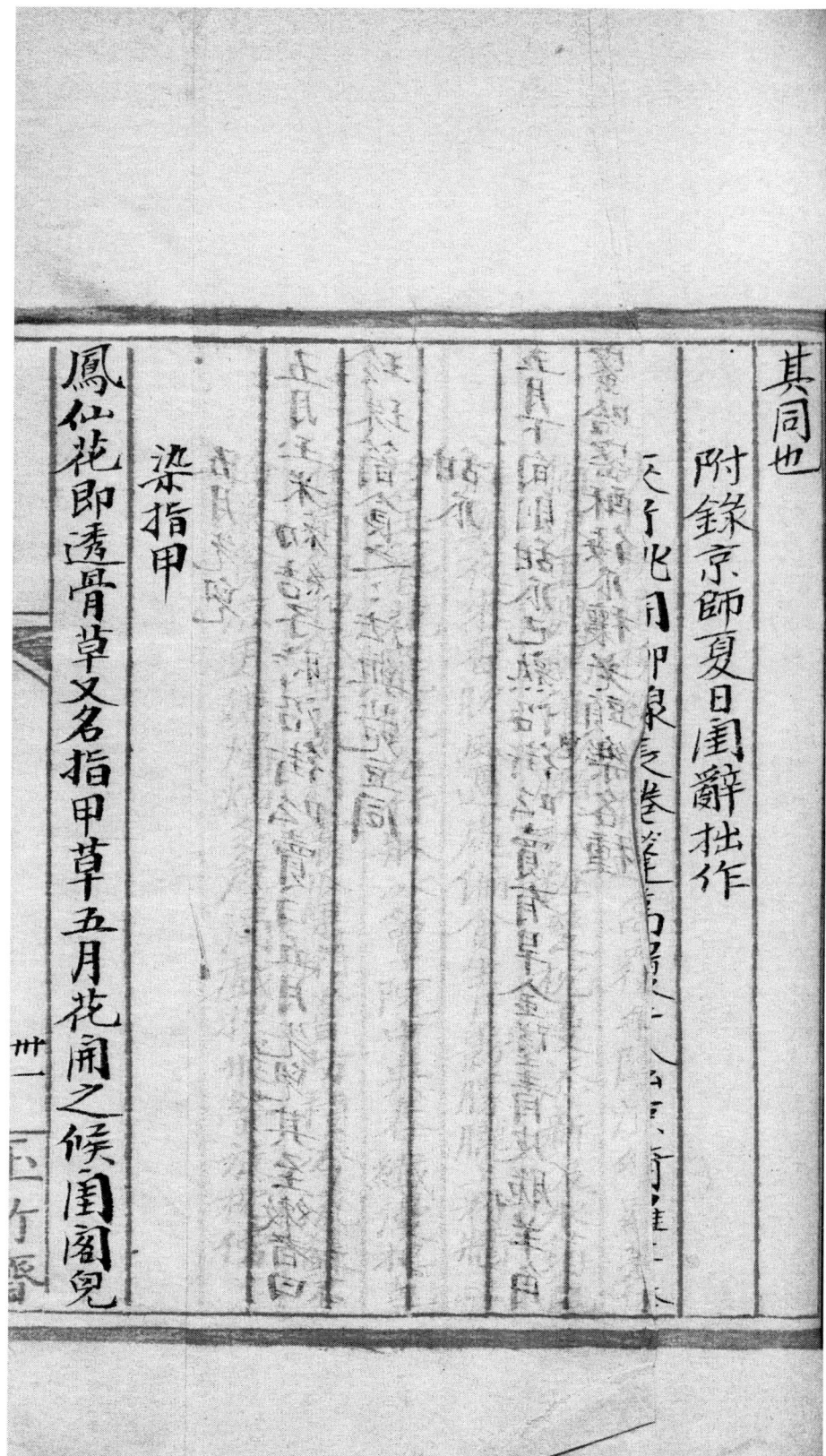

女取而擣之以染指甲鮮紅透骨經年乃消

六月六 以下六月

京師於六月六日抖晾衣服物件書籍謂可不生蠹蟲

洗象

象房有象時每歲於六月六日牽往宣武门内[外]河内沿之観者如堵後因象瘋傷人遂不豢養光緒十年以前尚及見之象房在宣武门内城跟迤西歸鑾儀衛管理有入観者能以鼻作觱篥銅鼓聲観者持錢畀象奴如數獻技又必斜睨象奴受錢滿數而後昂鼻俯首嗚嗚出聲將病耳中出油謂之山性發象壽最長道光间

附錄京師夏日閨詞拙作

夾竹桃開柳線長捲蓬高覆午陰涼綺羅著体猶嫌重鸚鵡催人懶試粧甕枕漫添新汲水筠籠斜颻夜來香晚風過處徧貪坐月影朦朧上粉牆碧玉簪花罷晚粧竹牀冰簟院中央春纖漫把芭蕉扇鈕扣低垂茉莉囊瓜果懶嘗防積冷流蘇不掩為貪涼更嫌燭焰多塵濁戲捉飛螢放枕傍

五月先兒

五月玉米初結子時沿街吆賣曰五月先兒其至嫩者曰珍珠筍食之〻法與菀豆同

甜瓜

五月下旬則甜瓜已熟沿街吆賣有早金墜〻青皮脆羊角[illegible]

女取而擣之以染指甲鮮紅透骨經年乃消

六月六

以下六月

京師於六月六日抖晾衣服物件書籍謂可不生蟲蠹

洗象

象房有象時每歲於六月六日牽往宣武门内外河内沿之观者如堵後因象瘋傷人遂不豢養光緒十年以前尚及見之象房在宣武门内城跟迤西帰鑾儀衛管理有入观者能以鼻作觱篥銅鼓聲观者持錢畀象奴如數獻技又必斜睨象奴受錢滿數而後昂鼻俯首嗚嗚出聲將病耳中出油謂之山性發象壽最長道光間

有老象牙有銅箍謂是唐朝故物乃安史之輩攜來者後因象奴等剋扣太甚相繼倒斃故咸豐以後十餘年象房無象同治末年光緒初年越南國貢象兩次共六七隻亟其肥壯都人覌者喜有太平之徵欣欣載道自東長安门傷人之後全行拘禁不復應差三二年间飢餓殆盡矣

謹按日下舊聞考象房係前明弘治八年脩蓋象至京先於射所演習故謂之演象所而錦衣衛自有訓象所專管象奴及象隻特命錦衣指揮一員提督之凡大朝會役象甚多駕車馱寶皆用之若常朝止用六

隻耳所受祿秩俱視武弁有差等

國朝因之一如其舊但改錦衣衛為鑾儀衛耳

祭馬王

馬王者房星也凡營伍中及畜養車馬人家均於六月二十三日祭之

祭關帝

六月二十四日致祭關帝歲以為常鞭炮之多與新年無異蓋帝之禦災捍患有功於民者深也

賜冰

京師自暑伏日起~~止~~至立秋日止各衙门例有領冰之

換葛紗

每至六月自暑伏日起至處暑日止百官皆服萬絲帽黃葛紗袍

中頂

中頂碧霞元君廟在右安門外十里草橋地方每歲六月初一日有廟市〻中花木甚繁燦如列錦南城士女多往觀焉

按宸垣識略草橋在右安門外十里衆水所歸種水田者資以為利土近泉宜花居人以蒔花為業有蓮池香聞數里牡丹芍藥栽如稻麻橋去豐臺十里元明時多貴家

卅三

園亭如廉右丞之萬柳堂趙參謀之匏瓜亭均在其左右今已無考吳巖詩註謂四月初一日開庙今改六月矣

附錄吳巖遊中頂詩

十里城南綠滿川春風春柳自經年名園幾廢靈祠在孤負看花穀雨天歲以四月一日開庙

都人士女競喧奔花市闌珊庙市繁已見田田好荷葉風流憶煞趙王孫元趙松雪有萬柳堂观荷贈歌妓解語花詩

十剎海

十剎海俗呼河沿在地安门外迤西荷花最盛每至六月士女雲集然皆在前海之北岸他處雖有荷花無人玩賞也蓋德

賜冰屆時由工部頒給冰票自行領取多寡不同各有等差

按帝京景物畧前明於立夏日啟冰賜文武大臣編氓賣者手二銅盞疊之其聲嗑嗑曰冰盞是物今尚有之清泠可聽亦太平之音響也

中頂

中頂碧霞元君廟在右安門外十里草橋地方每歲六月初一日有廟市市中花木甚繁燦爛如列錦南城士女多往觀焉

按宸垣識略草橋在右安門外十里衆水所歸種水田者資以為利土近泉宜花居人以蒔花為業有蓮池香聞數里牡丹芍藥栽如稻麻橋去豐臺十里元明時多貴家

廿三

園亭如廉右丞之萬柳堂趙參謀之匏瓜亭均在其左右今已無考吳巖詩註謂四月初一日開廟今改六月矣

附錄吳巖遊中頂詩

十里城南綠滿川春風春柳自經年名園幾廢靈祠在孤負看花穀雨天（歲以四月一日開廟）

都人士女競喧奔花市闌珊廟市繁已見田田好荷葉風流憶煞趙王孫（元趙松雪有萬柳堂觀荷贈歌妓解語花詩）

十剎海

十剎海俗呼河沿在地安門外迤西荷花最盛每至六月士女雲集然皆在前海之北岸他處雖有荷花無人玩賞也蓋德

勝橋以西者謂之積水灘又謂之淨業湖南有高廟北有滙通祠者是也德勝橋以東昔成親王府今醇親王府前者謂之後海即所謂十剎海者是也三座橋以東響閘迤左者謂之前海即所謂蓮花泡子者是也今之遊者但謂之十剎海焉凡花開時北岸一帶風景最佳綠柳垂絲紅衣膩粉花光人面掩映迷離直不知人之為人花之為花矣

謹按日下舊聞考積水灘淨業湖一帶古名海子園亭亟多有蓮花社蝦菜亭鏡園漫園楊園定園諸勝今皆析為民居矣前明李東陽故西涯故居似在今恭親王府東南隅前海北岸非淨業湖也蓋鼓樓響閘正在其左

右耳

附錄元宋本海子上即事詩

渡橋西望似江鄉隔岸樓臺罨畫粧十頃玻璃

秋影碧照人騎馬過宮牆

又元許有壬飲海子舟中江城子詞

柳梢烟重滴春嬌倚天橋住蘭橈吹暖香雲何

處一聲簫天上廣寒宮闕近金晃朗碧岧嶤

誰家花外酒旗高故相招儘飄搖我政悠然

雲水永今朝誰道斜街風物好纔此去便塵囂

掃晴娘

六月乃大雨時行之際凡遇連陰不止者則閨中兒女剪紙為人懸於門左謂之掃晴娘

冰胡兒

京師屬暑伏以後則寒賤之子擔冰吆賣曰冰胡兒胡者核也

酸梅湯

酸梅湯以酸梅合冰糖煮之調以玫瑰木樨冰水其涼振齒以前門九龍齋及西單牌樓邱家者為京都第一

西瓜

六月中[初]旬西瓜已登有三白黑皮黃沙瓤紅沙瓤各種沿街切賣者如蓮瓣如駝峯冒暑而行隨地可食既能清暑又可解醒故予嘗呼為清涼飲

附錄元方夔食西瓜詩

恨無纖手削駝峯醉嚼寒瓜一百筒縷縷花衫粘唾碧痕痕丹血掐膚紅香浮笑語牙生水涼入衣襟骨有風從此安心學[師]老圃青門何處問窮通

丟針 以下七月

京師閨閣於七月七日以碗水曝日下各投小針浮之水面徐視水底日影或散如花動如雲細如線粗如椎因以卜女之巧謂之丟針

鵲填橋

七月七日清晨烏鴉喜鵲飛鳴較遲俗謂之填橋去

謹按日下舊聞考金元宮中於七月七日穿鵲橋補子上元日穿燈景補子端陽日穿壺盧補子蓋亦點綴節景之

意若我
朝則崇尚節儉不復有此兒戲之事矣

中元

中元不爲節惟祭掃坟塋而已

荷葉燈蒿子燈蓮花燈

中元黄昏以後街巷兒童以荷葉燃燈沿街唱曰荷葉燈荷葉燈今日點了明日扔又以青蒿粘香而燃之恍如万點流螢謂之蒿子燈市人之巧者又以各色綵紙製成蓮花蓮葉花藍鶴鷺之形謂之蓮花燈

謹按日下舊聞考荷葉燈之製自元明以來即有之今尚沿其

舊也

法船

中元日各寺院製造法船至晚焚之有長至數丈者

盂蘭會

中元日各寺院設盂蘭會燃燈唪經以度幽冥之沉淪者

按釋經云目蓮以母生惡（餓）鬼中不得食佛令作盂蘭盆會于七月十五日以五味百果著盆中供養十方大德而後母得食目蓮白佛凡弟子行孝順者亦應奉盂蘭盆供養佛言大善後世因之又釋氏要覽云盂蘭盆乃天竺國語猶華言解倒懸也今人設盆以供誤矣

卅六

放河燈

運河二閘自端陽以後遊人甚多至中元日例有盂蘭會扮演秧歌獅子諸雜技晚間沿河燃燈謂之放河燈中元以後則遊船歇業矣

按宸垣識略大通橋在通東便門外至通州石壩計四十里地勢高下四丈中間設慶豐等五閘以蓄水每閘各設官吏編夫一百八十名造剝船三百支大通河舊名通惠河元郭守敬所鑿

附錄勞宗茂遊運河二閘詩

紅船白板綠烟絲好句揚州杜牧之何事大通橋上

望風光一樣動情思

慶豐纔過又平津力過通渠轉遞頻莫謂盈盈

衣帶水勝他多少犢車辛

江南城隍廟

江南城隍廟在正陽門外南橫街之東先農壇西北

本朝康熙年建內有城隍行宮每歲中元及清明十月

一日有廟市都人迎賽祀孤

按寄園寄所寄都者美也詩云彼都人士以帝王所居文

物整齊女士閒雅為美故曰都門曰都人

金鐘兒

金鐘兒產於易州形如促織七月之季販運來京枕畔聽之最為清越韻而不悲似生為廣廈高堂之物金鐘之號非濫予也

菱角雞頭

七月中旬則菱芡已登沿街吆賣曰老雞頭纔下河蓋皆御河中物也

棗兒葡萄

七月下旬則棗々實垂紅葡萄綴紫擔負者往々同賣秋声入耳音韻淒涼感〔抑〕慨〔鬱〕多愁者不禁有歲時之感矣

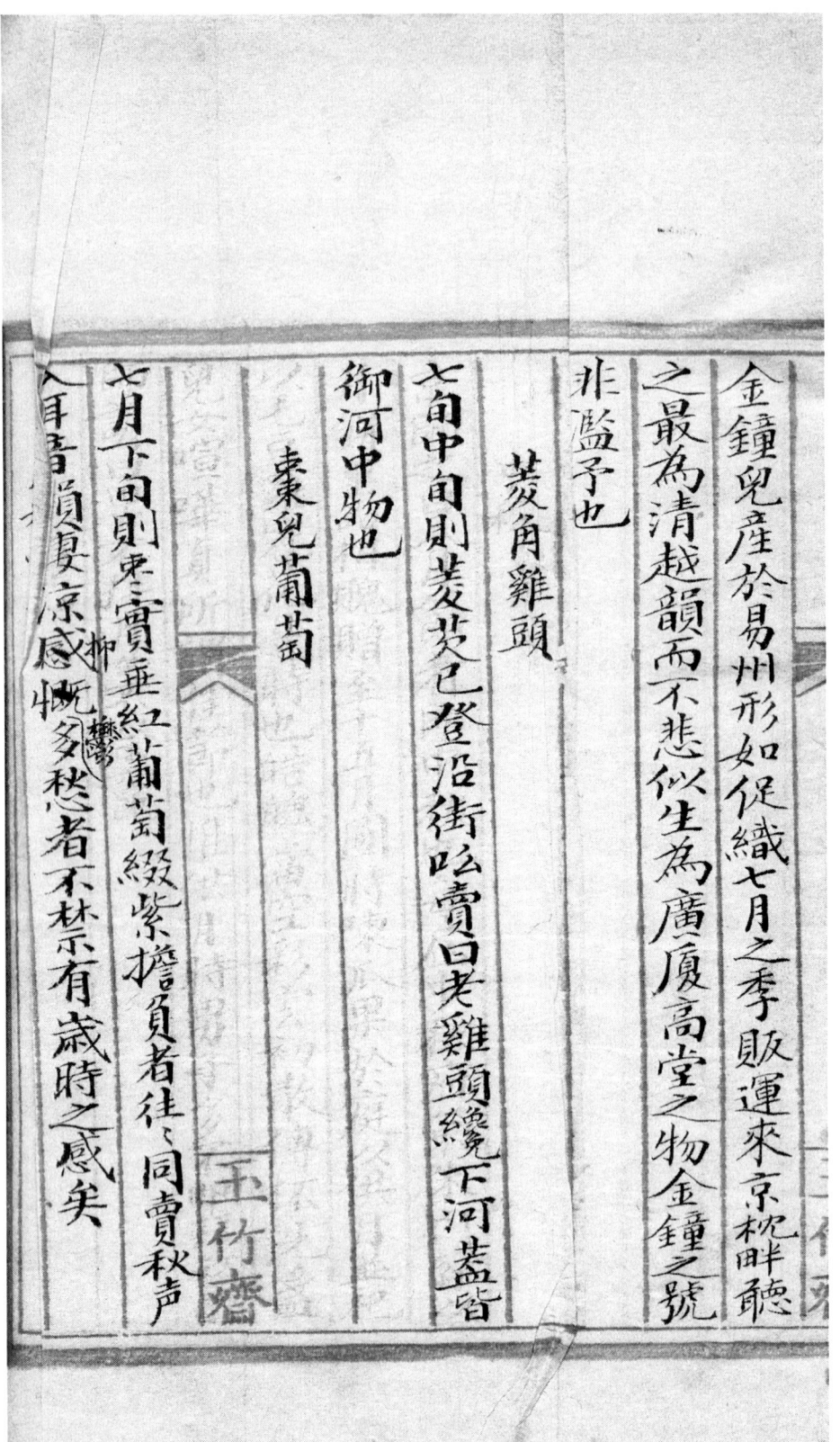

望風光一樣動情思
慶豐纔過又平津力遏通渠轉遞頻莫謂盈盈
衣帶水勝他多少犢車辛

江南城隍廟

江南城隍廟在正陽门外南橫街之東先農壇西北
本朝康熙年建內有城隍行宮每歲中元及清明十月
一日有廟市都人迎賽祀孤
按寄園寄所寄都者美也詩云彼都人士以帝王所居文
物整齊女士閒雅為美故曰都门曰都人

金鐘兒

中秋 以下八月

京師之曰八月節者即中秋也每屆中秋府第朱门皆以月餅果品相餽贈至十五月圓時陳瓜果於庭以供月並祀以毛豆雞冠花是時也皓魄當空彩雲初散傳杯洗盞兒女喧嘩真所謂佳節也惟供月時男子多不叩拜故京師諺曰男不拜月女不祭竈

月光馬兒

京師謂神像為神馬兒不敢言神也月光馬者以紙為之上繪太陰星君如菩薩像下繪月宮及搗藥之玉兔人立而執杵藻彩精緻金碧輝煌市肆間多賣之者長者七八尺短者二三尺頂有二旗作紅綠色或黄色向月而供之焚香行礼祭畢與阡張元寶等并焚之

按宛署雜記阡張鑿為条與冥錢同

九節藕

内廷供月例用九節藕

蓮瓣西瓜

凡中秋供月西瓜必參差切之如蓮花瓣形

卅八

玉竹齋

月餅

中秋月餅以前门致美齋者為京都第一他處不足食也至供月月餅到處皆有大者尺餘上繪月宮蟾兔之形有祭畢而食者有留至除夕而食者謂之團圓餅

按帝京景物略八月十五日祭月其祭果餅必圓分瓜必牙錯瓣刻之如蓮花形紙肆市月光紙繢滿月趺坐蓮花者月光徧照菩薩也華下月輪桂殿有兔杵而人立擣藥臼中紙小者三尺大者丈工緻者金碧繽紛家設月光位於月所出方向月供而拜則焚月光紙徹所供散家之人必徧月餅月果戚屬餽相報餅有徑二尺者女

歸寧是日必返其夫家曰團圓節也以上所云與今強半相同供月之說其來舊矣

兔兒爺攤子

每屆中秋市人之巧者用黃土摶成蟾兔之像以出售謂之兔兒爺有衣冠而張蓋者有甲胄而帶纛旗者有騎虎者有默坐者大者三尺小者尺餘其餘匠藝工人無美不備蓋亦謔而虐矣

附錄魏之琇兔兒爺詩

卯君家世本蟾宮幻列衣冠氣象雄却笑團圞好時節素娥翻自怨秋風

皂君廟

皂君庙在崇文门外每至八月自初一日起開庙三日蓋節皂君誕日也

九月九

京師謂重陽為九月九每屆九月九日則都人士提壺攜榼出郭登高南則天寧寺陶然亭龍爪槐等處北則薊门烟樹清淨化城等處遠則西山八刹等處賦詩飲酒烤肉分糕洵一時之快事也

謹按日下舊聞考天寧寺在廣寧门外二里許塔高二十七丈五尺五寸隋仁壽二年建以安舍利寺在元魏為光

林在隋為宏業在唐為天王在金為大萬安前明宣
德中改曰天寧
本朝乾隆二十一年重修名仍其舊陶然亭在正陽門外
西南黑窰廠慈悲菴內康熙乙亥工部郎中江藻建龍
爪槐名興盛寺在陶然亭西北一明王之地舊聞考不載
寺有二樓可以眺遠所謂龍爪槐者今已無存矣薊門
烟樹在德勝門外土城関相傳是古薊邱舊有樓館並廢
但門存二土阜旁多林木蓊鬱蒼翠故為八景之一今已無
存林木亦憔悴清淨化城舊志不載已見前篇西山八刹在
阜成門八里庄西北二十里名翠微山又名盧師山又名平陂山

四十

所謂八剎者其說不一以今日論之在翠微山下東向者曰長
安寺〻東北山巔南向者曰秘魔崖寺西北山麓有塔者曰靈
光寺塔下有池〻北有新築戒台靈光寺迤北東向者曰三
山菴東北南向有牌坊者曰大悲寺正北東向有靈泉者曰
龍王堂龍王堂迤北者曰香界寺俯視香界者曰宝珠洞
此即所謂八剎也長安寺即善應寺三山菴舊聞不載靈
光寺係合翠微寺而一之塔基鉄燈至今尚存

附錄編脩顧蒓龍爪槐記

興誠寺在黑窰廠之南建於宋時脩于明萬歷間故
有龍爪槐一本歷三百年見徐虹亭釚菊莊詞話人

遂以名其寺而興誠之名轉隱戒僧月亭浙之海昌人為吾鄉淡雲和尚法嗣性樸誠能書畫士大夫喜與之遊主持松筠菴奉祀楊椒山先生三十年矣道光二年購此寺為松筠下院顧少司農皋題山门額曰龍槐寺寺僅有前殿及東西兩廂皆脩葺一新鮑少司空桂星與月亭交最深重其清介贈白銀二百為香火資月亭不欲獨受復募於素所遊者重建大士殿及淩虛閣並葭簃余喜其地之清幽且以月亭之可與語也暇時輒登閣以望遠贈以楹帖云鱗作之而本無樹身原清淨不看山蓋因西山

在其右為牆垣所遮古槐已萎新植者尚不成陰故也月亭笑曰林木非培養根柢不能山則可以力引之也因於西偏廢地築樓空其西牓曰看山而屬余記之時道光八年三月也吳縣顧蒓撰鴻臚寺少卿吳江程邦憲書

又鮑桂星蒹葭閣詩并序

京師城南龍爪槐寺蒹葭閣月亭上人出新意所搆也同人索余詩落之蒹將屬和焉謂他日流傳如東〻花寺青松紅杏卷亦一佳話而野雲朱文又泚筆為之圖余不獲辭勉成五律四章僭書卷端以當唱導

云雨道光甲申初伏日
小樓爭遠堞高出古槐枝野廓青三面天空碧四
垂禪心生匠巧物外得神奇春水秋烟際蒹葭觸
我思
吟眸舒不極一面讓西山世事難兼美吾生幾得
閒坐遲清梵度行踏落花還檻外陶然景那能及
此間
眺雪宜冬霽披風愛夏涼春秋足佳日嘯詠到斜
陽老惜朋簪少閒知駟隙忙遠公吾舊雨蓮社伴
倘佯

我有梅花屋開窗列翠巒歸舟纔小住走馬又長
安庭樹經年別溪雲繞夢寒斯亭殊不惡只當故
鄉看
附錄甲午暮春靈光寺小憩拙作
古寺號靈光松陰夾道長清池漾春影孤塔鎖斜
陽帝子遨遊樂恭忠親王時常住此壁間題詠亟多山僧蹀躞忙鶴亭留
小憩楓露一杯香
又晚宿香界寺拙作
幾曲路通幽崔嵬在上頭李唐無寸土寺基建自唐代蕭寺
有高樓錦嶺留

宸翰豐碑紀
盛遊寺有康熙御碑及乾隆詩額憑欄閒眺處無限感時愁

釣魚臺

釣魚台在阜成门外三里許有行宮一所南向每屆重陽長安少年多於此處賽馬俗稱曰望海樓

謹按日下舊聞考釣魚台在三里河西北里許乃金主遊幸處台前有泉從地涌出冬夏不竭凡西山麓之支流悉灌注於此元時謂之玉淵潭為丁氏園池
國朝乾隆二十八年濬治成湖以受香山新開引河之水復於下口建設閘座俾資蓄洩湖水合引河水由三里河達

四三

阜成门之護城河三十九年始
命脩建台座
御書釣魚台三字懸之台西面故凡祇謁
西陵及由園致祭
天壇時必於此用早膳焉台右有養源齋瀟碧亭諸勝
恭錄乾隆三十九年
御製釣魚台詩
釣魚台水别一源夥於台下湧冽泉亦受西山夏秋潦
漫為沮洳行旅艱邇來治水因治此大加開拓成湖
矣置閘下口為節宣滙以成河向東灑分流内外護城

池金湯萬載鞏皇基衆樂康衢物滋阜由來諸
事在人為
附錄明嚴嵩釣魚台詩
金代遺踪寄草萊湖邊猶識釣魚台沙鷗汀鷺
尋常在曾見龍舟鳳舸來
又補錄庚子三月遊釣魚台拙作
詩家載紀記多〻競說高台倚碧波水涸已無
魚可釣池荒只有鳥堪羅粲自古眞難定興
廢由人亦奈何遥望宮嶤懷往事
先皇曾賦濬湖歌

花糕

花糕有二種其一以糖麵為之中夾細果兩層三層不同乃花糕之美者也其一蒸餅之上星〻然綴以棗〻栗乃花糕之次者也每届重陽市肆間預為製造以供用

按析津志九月九日都人以麵為糕餽遺作重陽節亦於闤闠中笄筴席叫賣與今同又帝京景物略麵餅種棗〻栗其面星〻然曰花糕〻肆綵旂父母必迎其女來食曰女兒節今糕肆無標旗者亦無迎女來食者蓋風尚之不同也

九花山子

九花者菊花也每屆重陽富貴之家以九花數百盆架度屋下廣廈中前軒後輊望之若山曰九花山子四面堆積者曰九花塔

謹按日下舊聞考陳理詩注曰花城即今之花山也燕京師之菊種類亟繁有陳秧新秧粗秧細秧之别如蜜連環銀紅針桃花扇方金印老君眉西施曉粧瀟湘妃子鵞翎管米金紫（管灯草管）虎鬚貢灰鶴翅平沙落雁杏林春燕朝陽素輭金素青山蓋雪硃砂蓋雪白鶴卧雪青蓮子青河蓮朱瓣湘蓮玉池桃紅玉笋長玉樓春曉宝刹浮圖落紅萬點泥金萬點藕色霓裳茄藍袈裟等皆

陳秧中之細種也如大紅宝珠金霞環（金連環）大金葵滲金葵金
盤獻露金毛獅子金鳳翎紫鳳舒翎紫鳳雙疊紫
龍閙爪紫解蟹爪真紫鈎徐家紫黄鶴毛鷺鶴毛蒼龍
鬚蒼龍訓子雲龍煥彩二色蓮三季秋荷映日荷花（汙地金蓮）
芙蓉秋豔玉扇銀針紫松針水紅針玉匙調羹粉屏白
牡丹紫牡丹（粉牡丹）星光在水楓林落照夕陽斜照鴉背夕陽
曉天霞藍翎九等皆陳秧中之粗種也如銀虎鬚墨虎
鬚硃墨雙輝金捲硃砂（金）鳳含珠鳳梧添線漢宮春曉
浣花溪水天半朱霞秋水明霞秋水芙蓉漢臯解佩二
喬爭豔天女散花桃花人面烏爪仙人黄鶴仙人羔裘大夫

仙人掌醉太白南極仙翁文經武緯鳳管鸞笙洋蝴蝶
羚羊挂角香白梨金如意水晶如意碧玉搔頭黃繡毬（沉香貫珠一斛珠）
珊瑚鈎金帶圍飃紫帶圍飃慈雲點玉慈雲萬點柳線
垂金重陽居仕等皆新秧中之細種也如金佛座金鈎挂玉
金邊大紅玉堂金馬紫綬金章紫袍金帶紫雷青霜
綠柳黃鸝楊妃醉舞西施粉六郎面墨麒麟鸚哥抱子
蜜蜂窩合家歡樂等皆新秧中之粗種也共一百三十六
種皆予曾（所記憶）蓄養者其餘新陳粗細之類尚有二百餘種
他日得暇當為黃花訂譜也

糟蟹良鄉酒鴨兒廣柿子山裏紅

重陽時以良鄉酒配糟蟹等而嘗之最爲甘美良鄉酒者本產於良鄉近京師亦能造之其味清醇飲之舒暢但畏熱不能過夏耳鴨兒廣梨屬形如木瓜色如鴨黃廣者黃之轉音也柿子山裏紅其用尤多皆京師應序之物也

按寄園寄所寄明太祖微時過剩柴村已經二日不食矣行漸伶仃至一所乃人家故園垣缺樹彫是兵火所戕者帝悲歎之緩步周視東北隅有一樹霜柿正熟帝取食之食十枚便飽又惆悵久之而去乙未夏帝按采石取太平道經於此樹猶在帝指樹以前事語左右因下馬加之赤袍曰封爾

為淩霜侯是柿曾有功於人主矣則記之豈瑣瑣哉他
物之記亦邀柿之幸也

財神廟

財神庙在彰義门外每至九月自十五日起開庙三日祈
禱相屬而梨園子弟與青樓等為尤多士大夫之好事
者亦多或命駕往觀焉彰義门即廣寧门也

十月一　以下十月

十月初一日乃都人祭掃之候俗謂之送寒衣
按北京歲華記十月朔上塚如中元祭用豆泥骨朶豆
泥骨朶乃元人語今不知為何物矣又帝京景物略十月

四七

正竹齋

朔紙坊剪紙五色作男女衣長尺有咫曰寒衣有疏楚印緘識其姓字行輩如寄家書然家家脩具夜奠而呼之其门曰送寒衣今則以包袱代之有寒衣之名無寒衣之實矣包袱者以冥鏹封於紙函中題其姓名輩如前所云

添火

京師居人例於十月初一日添設煤火二月初一日徹火火爐係不灰木為之白於礬石輕煖堅固

按析津志西山化石根名之曰不灰木以之為粗布及器皿不畏火今西山有之此条所記未盡得實以之為器皿則可以之為粗布則從未之見或即火浣布之訛況此木實產易州非

西山也

仰山窪

仰山窪在安定门外正北十里有将台一座每至十月十五日八旗合操演九進十連環前鋒護軍統領跑交冲馬已成俗例大寒之歲兵丁有凍斃者故非豪俠少年不能往觀也

賣憲書

十月頒歷以後大小書肆出售憲書衢巷之间亦有負箱唱賣者

風箏毽兒璃琉喇叭唃〻噔太平鼓兒空鐘

兒童玩好亦有関於時令京師十月以後則有風箏鞬兒等物蓋風箏者（即紙鳶）縛竹為骨以紙糊之製成仙鶴孔雀沙雁飛虎之類繪畫亟工兒童放之空中最能清目且有帶風琴鑼鼓者更抑揚可聽故謂之風箏也鞬兒者墊以皮錢襯以銅錢束以雕翎縛以皮帶兒童踢弄之足以活血衇寒（琉）璃喇叭者口如酒盞柄長二三尺咘咘噔噔者形如壺盧而長柄大小不一皆琉璃廠所製兒童呼吸之足以導引清氣太平鼓者係鉄圈之上蒙以驢皮形如團扇柄下綴以鉄環兒童三五成羣以藤杖擊之鼓聲鼕鼕然環声錚錚然上下相應即所謂迎年之鼓也空鐘者形如車輪中有

短軸兒童以雙杖繫棉線播弄之儼如天外晨鐘

謹按日下舊聞考紙鳶古傳韓信所作五代漢李李業与隱帝爲紙鳶於宮門外放之鞬兒即毽子以鉛錫爲錢裝以雞羽小兒三五成羣有裏外廉拖鎗聳膝突肚佛頂珠剪刀拖之名色亦蹴踘之遺事也琉璃喇叭舊聞不載唏唏噔即鼓璫亦名響壺盧又名倒掖氣小者三四寸大者徑尺其色紫者居多小兒口銜噓吸成声又帝京景物略云元夕童子撾鼓傍夕向曉曰太平鼓今自十月即有之不必在元夕矣至謂太平鼓即羯鼓者非也羯鼓者乃今梨園所用之逬鼓以雙杖擊之故唐人詩曰頭如青山

四九

峰手如白雨點若單杖擊之者安能如此繁密耶空鐘舊
聞不載

附錄魏之琇風箏詩

風勁幽燕自昔聞春來百幻盡凌雲青天碧海魚
龍戲鉄笛空傳散楚軍

又魏之琇響壺盧詩

皎似冰壺徹底清微微呼吸類調笙兒童更愛新
翻樣畫角喑嗚作楚聲

又魏之琇抖空鐘詩

裁竹成形腰鼓如兩端繩索弄徐徐當風急轉如流

水山寺閙鐘韻有餘 此下接後風箏詩

又查慎行太平鼓詩

繭紙輕敲作鼓聲啣環絡索鉄錚錚踏歌聯臂同

兒戲何限年光作送迎

走馬燈

走馬燈者剪紙為以輪以燭噓之則車馳馬驟團團不休燭滅則頓歇其物雖微頗能具成敗興衰之理上下千古二十四史中無非一走馬燈也是物之外又有車燈羊燈獅子繡毬之類每屆十月則前門後門東四牌樓西單牌樓等處在在有之携幼而往歡喜購買而還亦閙中之樂事也

按走馬燈之製亦係以火御輪以輪運机即今輪船鉄軌之一斑使推而廣之精益求精數百年來安知不成利器耶惜中土以机巧為戒即有自出心裁精於製造者莫不以

兒戲視之今日之際人步亦步人趨亦趨詫為神奇安於愚魯則天地生材之道豈獨厚於彼而薄於我耶是亦不自憤耳

附錄元謝宗可走馬燈詩

飈輪擁騎駕炎精飛繞人間不夜城風鬣追星來有影霜蹄逐電去無声秦軍夜潰咸陽火吳炬宵馳赤壁兵更憶雕鞍年少日章台踏碎月華明

踢毬

十月以後寒賤之子琢石為毬以足蹴之前後交擊為勝蓋京師多足指瘃凍兒童踢弄之足以活血禦寒亦蹴踘之類也

謹按日下舊聞考踢毬一事自金元以來即有之不自今日始矣

五十

蛐〻兒聒〻兒油壺盧

蟲鳥之鳴最関時令而人力所致亦能與時令相轉移是亦有関時令矣京師五月以後則有聒〻兒沿街叫賣每枚不過一二文至十月則熯煴者生每枚可值數千矣七月中旬則有蛐〻兒貴者可值數金有白麻頭黄麻頭蟹胲青琵琶翅梅花翅竹節鬚之别以其能戰鬭也至十月則一枚不過數百文取其鳴而已矣蛐〻兒之類又有油壺當秋令時一文可買十餘枚至十月則一枚可值數千文蓋其鳴時鏗鏘斷續声顫而長冬夜聽之可悲可喜真閒人之韻事也故秋日之蛐〻罐有永樂官窰趙子玉

汲園主人靜軒主人紅澄將水白澄將水之别佳者數十金一對冬月之聒々兒壺盧油壺盧葫盧佳者亦數十金一對以紫潤堅厚者為上即所謂壺盧器者是也是故京師世族貧者居多浩財之道實不啻聲色珠玉而已也

謹按日下舊聞考永定门外五里胡家村產促織善鬥勝他產促織者感秋而生其音商其性勝今都人能種之留其鳴深冬其法實土於盆養之虫生子土中入冬以其土置暖炕日水洒綿覆之伏五六日上蠕々動又伏七八日如蛆蠶置子蔬葉仍洒覆之足翅成漸以黑匝月則鳴細於秋入春反僵也促織即蟋蟀别種有三肥大色澤如油者曰

五一

油壺盧首大者曰梆子頭銳喙者曰老米嘴云云其實促
總而言之促織蟋蟀蛐蛐兒之正名絡緯聒聒兒之正名或
又謂聒聒兒者即螻蟈也
恭錄乾隆十三年
御製咏絡緯詩并序
皇祖時命奉宸苑使取絡緯種育於暖室蓋如煴花
之能開臘底也每設宴則置繡籠中唧唧之聲
不絕遂以為例絡緯者便腹青色以股躍以短翼
鳴其聲聒聒以其聲名之曰聒聒兒
羣知絡緯到秋吟耳畔何來唧唧音却共煴花榮

此日將唖冷菊背而今夏虫乍可同冰語朝槿原
堪入朔尋生物機緘緣格物一斑猶見
聖人心

栗子白薮中果南糖薩齊瑪芙蓉糕冰糖壺盧溫朴

京師食品亦有関於時令十月以後則有栗子白薮等物栗子出北山用黑砂炒熟甘美異常青燈誦讀之餘剝而食之頗有味外之味白薮貧富皆嗜不假扶持用火煨熟自然甘美較之山藥芋頭尤足濟世可方為樸實有用為之材中果南糖到處有之薩齊瑪乃滿洲餑餑以冰糖奶油合白麵為之形如糯米用不灰木烘爐烤熟遂成

方塊甜膩可食芙蓉糖糕與薩齊瑪同但面有紅糖豔如芙蓉耳冰糖壺盧乃用竹籤貫以葡萄山藥豆海棠果山裏紅等物蘸以冰糖甜脆而涼冬夜食之頗能去煤炭之氣溫朴形如櫻桃而堅實以蜜漬之既酸且甜頗能下酒皆京師應時之食品也

按宸垣識略前明冬至賜百官甜食一盒凡七種一松子海哩𠹭鄭以偉曰𠹭字諸字書不載今亦不識海哩𠹭為何物蓋緣元人語也正可與薩齊瑪為對又戒菴漫筆載前明四月八日賜百官午門外食不落夾不落夾者亦元人語也或云麵食或云粽子以鄙意揣之或即今之涼糕

歟是不可得而考矣因記薩齊瑪故連類及之

赤包兒鬥姑娘海棠木瓜漚朴

每至十月市肆之間則有赤包兒鬥姑娘等物赤包兒蔓生形如甜瓜而小至冬乃紅柔軟可愛鬥姑娘形如小茄赤如珊瑚圓潤光滑小兒女多愛之故曰鬥姑娘海棠木瓜大者二寸青而不黃較之南來木瓜其香

尤烈漚朴形如橘柚而堅實性如木瓜而有毛以之薰衣香可經月不散亦應時之物產也

梧桐交嘴祝頂紅老西兒燕巧兒

禽鳥之來最關時令京師十月以後則有梧桐鳥等梧桐者長六七寸灰身黑翅黃嘴短尾市兒買而調之能於空中接彈丸謂之打彈兒交嘴者長四五寸嘴左右交以别雌雄有紅黃二色訓而擾者能開鎖啣旗祝頂紅者小於家雀而紅其頂技如交嘴而靈巧過之老西兒者形如梧桐而黑嘴技同而價賤饕餮之輩亦有食之者燕巧兒者形如燕子亦能於空中接彈丸而飛騰尤速此皆京師時禽也

歟是不可得而考矣因記薩齊瑪故連類及之

恭錄乾隆八年

御製食栗詩

小熟大者生大熟小者焦大小得均熟所恃火候調

堆盤陳玉几獻歲同春椒何須學士圍爐芋魁燒

水烏他奶烏他

水烏他以酥酪合糖為之於極寒之天氣極寒時乘夜造出潔白如霜食之口中有如嚼雪實北方之奇味也其製有梅花方勝諸式以匣盛之奶烏他大致相同而其味稍遜

娘海棠木瓜大者二寸青而不黃較之南來木瓜其香

五三

尤烈漚朴形如橘柚而堅實性如木瓜而有毛以之薰衣香可經月不散亦應時之物產也

梧桐交嘴祝頂紅老西兒燕巧兒

禽鳥之來最閙時令京師十月以後則有梧桐鳥等梧桐者長六七寸灰身黑翅黃嘴短尾市兒買而調之能於空中接彈丸謂之打彈兒交嘴者長四五寸嘴左右交以別雌雄有紅黃二色訓而擾者能開鎖啣旗祝頂紅者小於家雀而紅其頂技如交嘴而靈巧過之老西兒者形如梧桐而黑嘴技同而價賤饕餮之輩亦有食之者燕巧兒者形如燕子亦能於空中接彈丸而飛騰尤速此皆京師時禽也

至於秋天鴻雁社日烏衣則有月令在

冬笋銀魚

十月間冬笋銀魚之初到京者由崇文門監督照呈
進與三月之黃花魚同

翻褂子 以下十一月

冬至月初一日臣工之得著貂裘者均於是日一體穿用謂之
翻褂子

冬至

冬至郊天令節百官呈遞賀表民間不為節惟食餛飩
而已與夏至之食麵同故京師諺曰冬至餛飩夏至麵

五四

按漢書冬至陽氣起君道長故賀夏至陰氣起故不賀又演繁露世言餛飩是塞外渾氏屯氏為之此言殊穿鑿夫餛飩之形有如雞卵頗似天地渾沌之象故於冬至日食之若如演、繁露二氏為之〻言則何者為餛何者為飩耶是亦膠柱鼓瑟矣

恭錄乾隆二十三年

御製冬〻日視朝詩

百官劍佩集明廷班末陪臣謁贊聆（是日哈薩克使臣行礼）黄、道星辰聯畢昴小陽節候靄元冥東鶼西鰈誰分域（琉球使臣適亦隨班叩賀）北極南荒一太寧遠服爾邇安心敢肆敬

天勤政
訓聰聽

九〻消寒圖

消寒圖乃九格八十一圈自冬至起日塗一圈上陰下晴左風右雨雪當中

按帝京景物略冬至日人家畫素梅一枝為瓣八十有一日染一瓣〻盡而九〻出則春深矣曰九〻消寒圖此事予兒時曾為之不謂與古暗合也

附錄查嗣瑮消寒圖詩

學畫消寒九〻圖紅窗費盡好工夫朝〻合墨

番番數算到花朝得了無

拖牀

冬至以後水澤腹堅則十剎海護城河二閘等處皆有冰牀一人拖之其行甚速長約五尺寬曰三尺以木為之腳有鉄条可坐三四人雪晴日暖之際如行玉壺中亦快事也至立春以後則不可乘乘則甚危有陷入冰窟者而拖者逃矣近日王大臣之有
恩命者亦准于
西苑门内乘坐拖牀牀甚華美上有广如車篷可避風雪
按倚晴閣雜抄明時積水灘常有好事者聯十餘牀攜都

藍酒具鋪躍踰其上轉飲冰凌中以為樂誠豪俠之快
事也

恭錄乾隆
御製臘日坐拖牀渡太液池誌興詩
破臘風光日日新曲池凝玉淨無塵不知待渡霜花
冷暖坐冰牀過玉津
太液人行步玉花金鼇遥望鎖烟霞勝遊不數瓊華瓊
島愛聽寒林噪晚鴉

溜冰鞋
冰鞋鞋以鉄為之中有單条縛於鞵上身起則行不能暫

五六

止技之巧者如蜻蜓點水紫燕穿波殊可觀也
謹按日下舊聞考太液池冬月則陳冰嬉習勞行賞以簡
武事而修國俗云

恭錄乾隆
御製冰嬉賦序
陸行之疾者吾知其為馬水行之疾者吾知其為舟
為魚雲行之疾者吾知其為鵾鵬雕鶚至於冰則
向之疾莫不躄躠膠滯滑擦而莫能施其技國俗
有冰嬉者護膝以芾牢鞵以韋或底含雙齒使齧
凌而不踣焉或踐鐵如刃使踐冰而步逾疾焉較東坡志

林所稱更為輕利便捷惜自古無賦者故為賦之

又乾隆十一年

御製太液冰嬉十二韻

順時陳國俗擇地試雄觀號令傳河若威儀紀水官光凝元玉浦聲咽碎珠灘散處雲馳雨紛來雪噴湍端因智獨勝奚必力俱殫疾以徐斯疾安其危乃安御風列應讓逐日夸無難迅似巖飛電溫知犀避寒超羣殊閃燿作勢更蹣跚擬議絃催箭形容鏡舞鸞一時誇奪幟獨步早登壇妙義韜鈐外憑人著眼看

打冰

冬至三九則冰堅於夜内鑿之聲如鏨石曰打冰三九後
冰雖堅不能用矣

按事物原會周成王命凌人掌冰歲十二月敕令斬冰納于
凌陰凌陰者今之冰窖也周十二月今之十月也藏冰之制
始此

賜貂

每至冬月凡
乾清门侍衛及大门侍衛等均由本管支領貂褂銀子
人各數十金不等

臘八粥　以下十二月

臘八粥者用黃米白米江米小米菱角米栗子紅江豆去皮棗泥等合水煮熟外用染紅桃仁杏仁瓜子花生榛穰松子及白糖紅糖瑣瑣葡萄以作點染切不可用蓮子扁豆薏米桂元用則傷味每至臘七日則剝果滌器終夜經營至天明時則粥熟矣除祀先供佛外分餽親友不得過午並用紅棗桃仁等製成獅子小兒之類以見巧思

按燕都遊覽志十二月八日賜百官粥民間亦作臘八粥以菓米雜成之品多者為勝今雖無百官之賜而朱門餽贈競巧爭奇較之古人有過之無不及矣

大白菜

大白菜者乃鹽醃白菜也凡送粥之家必以此為副菜之美惡可卜其家之盛衰

按廣羣芳譜白菜一名菘北方多入窖内不見風日長出苗葉皆嫩黄色脆美無比謂之黄芽乃白菜别種今之食者惟分皮之與心無所謂别種也

雍和宫熬粥

雍和宫喇嘛於初八日熬粥供佛特派大臣監視以昭誠敬其粥鍋之大可容數石米

麅鹿賞

每至十二月分
賞王大臣等麅鹿屆時知照由內務府自行取領取三
品以下不預也

封印

每至十二月於十九二十二十一日（二十二三四日之）內由欽天監選擇吉期照例封印
頒示天下一體遵行封印之日各部院掌印司員必應邀請
同僚歡聚暢飲以酬一歲之勞故每當封印以畢萬騎
齊發前門一帶擁擠非常園館居樓均無隙地封印之
後乞丐無賴攫貨于市肆之間毫無顧忌蓋謂冥不
辦事也亦惡俗也

五九

封台

封印之後梨園戲館擇日封台八班合演至來歲元旦則賜福開戲矣亦所以歌詠昇平也

按京師戲劇風尚不同咸豐以前最重崑腔高腔腔高腔者有金鼓而無絲竹慷慨悲歌乃燕土之舊俗也咸豐以後專重二簧近則並重秦腔秦腔者即俗所謂梆子腔也內城無戲園外城乃有之蓋恐八旗兵丁習於逸樂也戲劇之外又有托偶（讀作吼）影戲八角鼓什不閑子弟書雜耍把式像聲大鼓評書之類托偶即傀儡子又名大台宮戲影藉燈取影哀怨異常老嫗聽之多能下淚八角鼓乃青衣數輩或弄絃索或歌唱打諢最足解頤什不閑有旦有丑而無生所唱歌詞別有腔調低徊婉轉冶蕩不堪咸同以前頗重之近亦如廣陵散矣子弟書音調沉穆詞亦高

雅雜耍把式即戲法兒武技之雜類像聲即口技能學百鳥音並能作南腔北調嬉笑怒罵以一人而兼之聽之歷歷也大鼓評書最能壞人心術蓋大鼓多采蘭贈芍之事閨閣演唱已為不宜評書抵掌而談別無幫襯而豪俠亡命躍躍如生市兒聽之適易啟其作亂為非之念有心世道者其思有以禁之也

附錄明瞿佑影戲詩

燈火光中夜漏遲風輪旋轉競奔馳過來有跡人爭覩散去無聲鬼不知月地花階頻出沒雲窗霧閣暫追隨一場變化如春夢線索重看傀儡嬉下接恩影戲詩

雅雜耍把式即戲法兒武技之雜類像聲即口技能學百鳥音並能作南腔北調嬉笑怒駡以一人而兼之聽之歷歷也大

放年學

兒童之讀書者於封印之後塾師解館謂之放年學

祭皂竈

二十三日祭皂古用黄羊近间内廷尚用之民间不見用也民间祭皂惟用南糖関東糖糖餅及清水草豆而已糖者所以祀神也清水草豆

[illegible]祭皇之後[illegible]神象[illegible]下[illegible]千張元宝等

一併焚之至除夕接神時再行供奉是日鞭炮極多俗謂之小年下

謹按日下舊聞考臣等謹按京師祀竈仍沿舊俗禁婦女主祭其祀期用二十三日惟南省客戶用二十四日如劉侗所稱言也

春聯

春聯者即桃符也自入臘以後即有文人墨客在市肆簷下書寫春聯以圖潤筆祭竈之後則漸次粘掛千門萬戶煥然一新或用硃箋或用紅紙惟內廷及宗室王公等例用白紙緣以紅邊藍邊非宗室

者不得擅用

門神

门神皆甲胄執戈懸弧佩劍或謂為神荼鬱壘或謂為秦瓊敬德其實皆非也但謂之门神可矣夫门為五祀之首並非邪神都人神之而不祀之失其旨矣

除夕

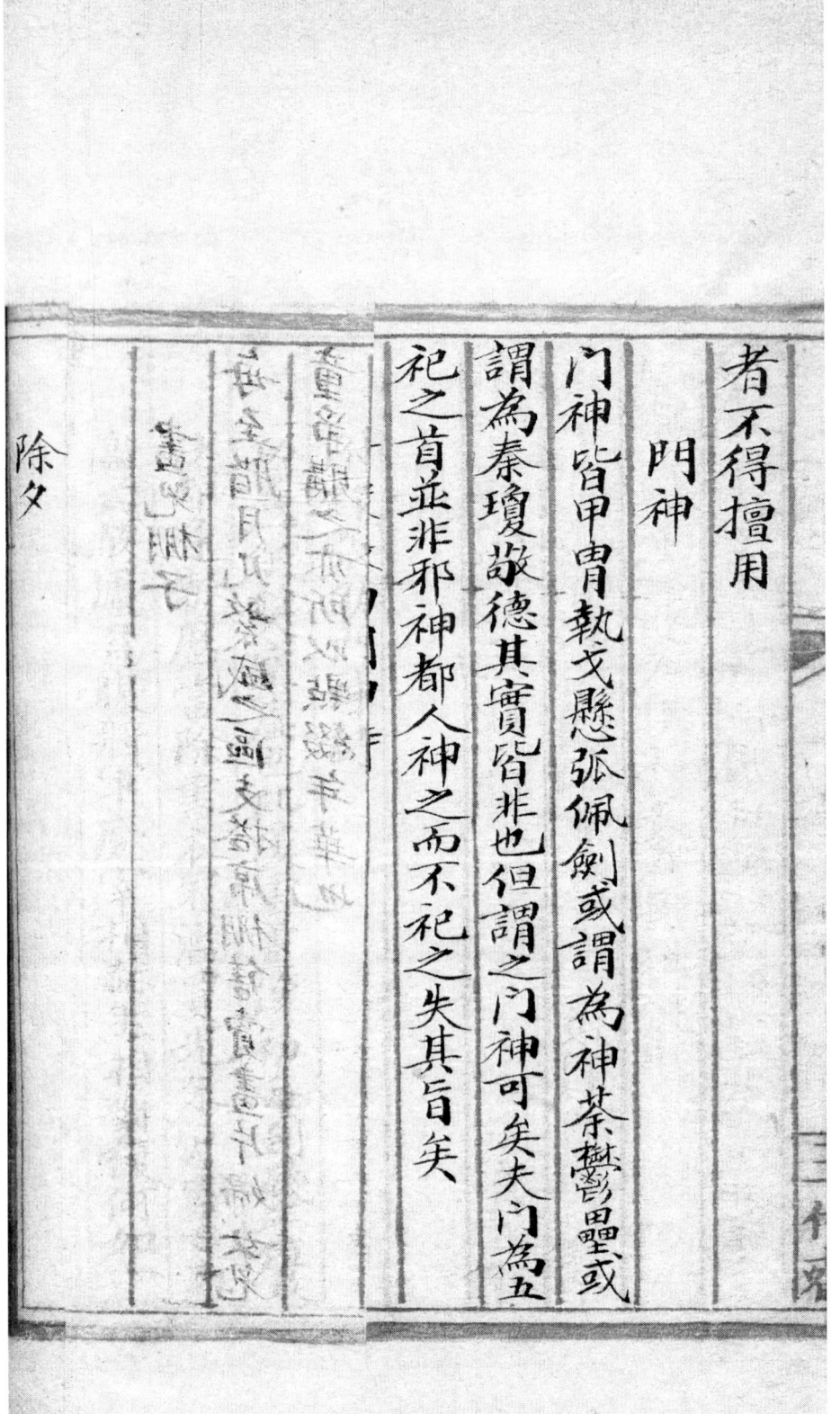

一併焚之至除夕接神時再行供奉是日鞭炮亟多俗謂之小年下

謹按日下舊聞考臣等謹按京師祀竈仍沿舊俗禁婦女主祭其祀期用二十三日惟南省客戶用二十四日如劉侗所稱言也

春聯

春聯者即桃符也自入臘以後即有文人墨客在市肆簷下書寫春聯以圖潤筆祭皂之後則漸次粘掛千門萬戶煥然一新或用硃箋或用紅紙惟內廷及宗室王公等例用白紙緣以紅邊藍邊非宗室

者不得擅用

門神

门神皆甲胄執戈懸弧佩劍或謂為神荼鬱壘或謂為秦瓊敬德其實皆非也但謂之门神可矣夫门為五祀之首並非邪神都人神之而不祀之失其旨矣

附錄張劭門神詩

功名一紙笑空虛也比淩雲畫像初每到殘年催致仕却逢新歷當除書衣冠濫買光朱户靈爽難邀式敬廬負腹將軍癡宰相赫然相對復何如

畫兒棚子

每至腊月凡繁盛之區支搭席棚售賣畫片婦女兒童爭購之亦所以點綴年華也

京師謂除夕為三十晚上是日清晨
皇上陞殿受賀庶僚叩謁本管謂之拜官年世胄之家致
祭宗祠懸挂影像黄昏之後合家團坐以度歲酒漿羅
列燈燭輝煌婦女兒童皆擲骰鬥葉以為樂及亥子之
際天光愈黑鞭炮益繁列案焚香接神下界合夜少卧
已至來朝旭日當窗爆竹在耳家人叩賀喜氣盈庭轉瞬
之間又逢新歲矣

躧歲

除夕自户庭以至大门凡行走之處徧以芝麻稭撒之謂之跴
歲

年飯

年飯用金銀米為之上插松柏枝綴以金錢棗〻栗龍眼香枝破五之後方始去之

唐花

凡賣花者謂熏治之花為唐花每至新年互相餽贈牡丹呈豔金橘垂黃滿座芬芳温香撲鼻三春豔冶盡在一堂故又謂之堂花也

謹按日下舊聞考京師臘月即賣牡丹梅花緋桃探春諸花皆貯煖室以火烘之所謂唐花又名堂花也其法自漢即有之漢世大官園冬〻葱韭菜茹覆以屋廡晝夜燃熅火

得溫氣諸菜皆生召信臣為少府謂此皆不時之物有傷於人不宜供奉奏罷之唐人詩曰內園分得溫湯水二月中旬已進瓜亦是此法

恭錄乾隆二十四年

御製戲詠唐花詩

熯熅媢、萬芳新巧得天工火迫春設使言行信臣傳憐他失業賣花人

附錄查嗣瑮灰洞詩

出窖花枝作態寒、密房烘火暖催看年、天上春先到二月中旬進牡丹

六二

藏香

藏香乃西藏所製其味濃厚得沉檀芸降之全每居歲除府第朱门焚之徹夜檐牙屋角馥昇芬芳真香中之富貴者也

摇钱樹

取松柏枝之大者插于瓶中綴以古錢元宝石榴花等謂之摇钱樹

壓歲钱

以綵繩穿钱編作龍形置于牀脚謂之壓歲钱尊長之賜小兒者亦謂之壓歲钱

紅票兒

錢肆取錢之帖謂之票子每屆歲除凡富貴之家以銀易錢者皆用綵箋書寫謂之紅票亦取其華美吉祥之意

掛千

掛千者用吉祥語鐫於紅紙之上長尺有咫粘之门前與桃符相輝映其上有八仙人物者乃佛前所懸也是物民户多用之世家大族鮮用之者其黄紙長三寸紅紙長寸餘者曰小掛千乃市肆所用也

天地桌

每屆除夕列長案於中庭供以百分百分者乃諸天神

聖之全圖也百分之前陳設蜜供一層平果乾果饅頭素菜年糕各一層謂之全供〻上籤以通草八仙及石榴元寶等謂之供佛花及接神時將百分焚化接遞燒香至燈節而止謂之天地桌

辭歲

凡除夕蟒袍補褂走謁親友者謂之辭歲家人叩謁尊長亦曰辭歲新婚者必至岳家辭歲否則為不恭

迎喜神

除夕接神以後即為新年於初次出房時必迎喜神而拜之

恭錄乾隆十八年

御製帝都篇序文 全篇載日下舊聞考

帝都者唐虞以前都有地而名不著夏商以後始各有所稱如夏邑周京之類是也王畿乃四方之本居重馭輕當以形勝為要則伊古以來建都之地莫如今之燕京矣然在德不在險則又鞏金甌之要道也故序大凡於篇

恭錄雍正

御製帝京篇

磐石占幽薊金湯固帝京幅員寧有外帶礪

自堪盟形勢河山拱星文氣象清休徵荷地利瑞應
感天成濟濟匡時器熙熙擊壤情溪流穿禁籞霞
彩映重城日照朱甍麗塵飛紫陌輕烟花織錦繡
鶯燕唱昇平池暖魚吹絮蘭熏蝶抱英新荷初
浥露宿麥曉蒸晴極浦漁舟杳斜陽牧笛橫所
希均雨露南畝同春耕

附錄明吳國倫燕京篇

擬賦燕京勝三都未足誇霸圖雄雁塞古戍扼龍沙
北谷回陽令西山擁帝家天平恒嶽迴地險薊門賒
秦楚嘶雞口侯王屬犬牙重城開御氣雙闕倚明霞

芳樹華陽館高臺易水涯談天曾碣石望海即瑯琊
帶甲環三輔梯航走八遐風雲森劍佩雨露足桑麻
紫陌新豐酒紅樓宛落花輕塵飛白練旭麗青騧
雪色并兜劍星杓漢使槎羽林矜節俠戚里競紛奢
接軫趨長樂揚鞭過狹斜悲歌逢擊筑斥堠警鳴笳
七校傳清蹕諸陵望翠華豎儒何寂寞抱影獨長嗟

跋

歲時而記遊覽似屬與例不合然各處遊覽多有定期
亦與歲時相表裏其遊覽而無定期者概不編錄以
示區別

光緒二十六年歲次庚子三月十六日敦崇自記

再此記皆從實錄寫多事多瑣碎難免有冗雜無

穢之譏而究其大旨無非風俗遊覽物產技藝四門而

已亦舊聞考之大略也 又記

此条及高蹻詩在廿八頁城隍出巡之下

此詩在五十九頁瞿詩之下

過會

過會者，乃京師游手扮為中幡、開路、槓箱、官兒、五虎棍、跨鼓、花鈸、高蹻、秧歌、什不閒、耍壜子、耍獅子之類。如遇城隍出巡及各廟會等，隨地演唱，觀者如堵。甚易生事，如當逢金吾之賢者，則出示禁之。

附錄恩竹樵侍郎高蹻秧歌詩

提足居然逐隊高，步虛履許快聯曹。笑他立腳無根據，也在人間走一遭。

附錄恩竹樵侍郎影戲詩

此詩在四十九頁魏詩之下

當窗妙舞竟何如意態蹁躚有若無覿面不須憎障
眼古今人事半糢糊

附錄恩竹樵侍郎美人風箏詩

嬝嬝東風一綫拖也同織女傍銀河從來慣作驚鴻舞
纔到雲宵態便多

燕京歲時記（細稿）

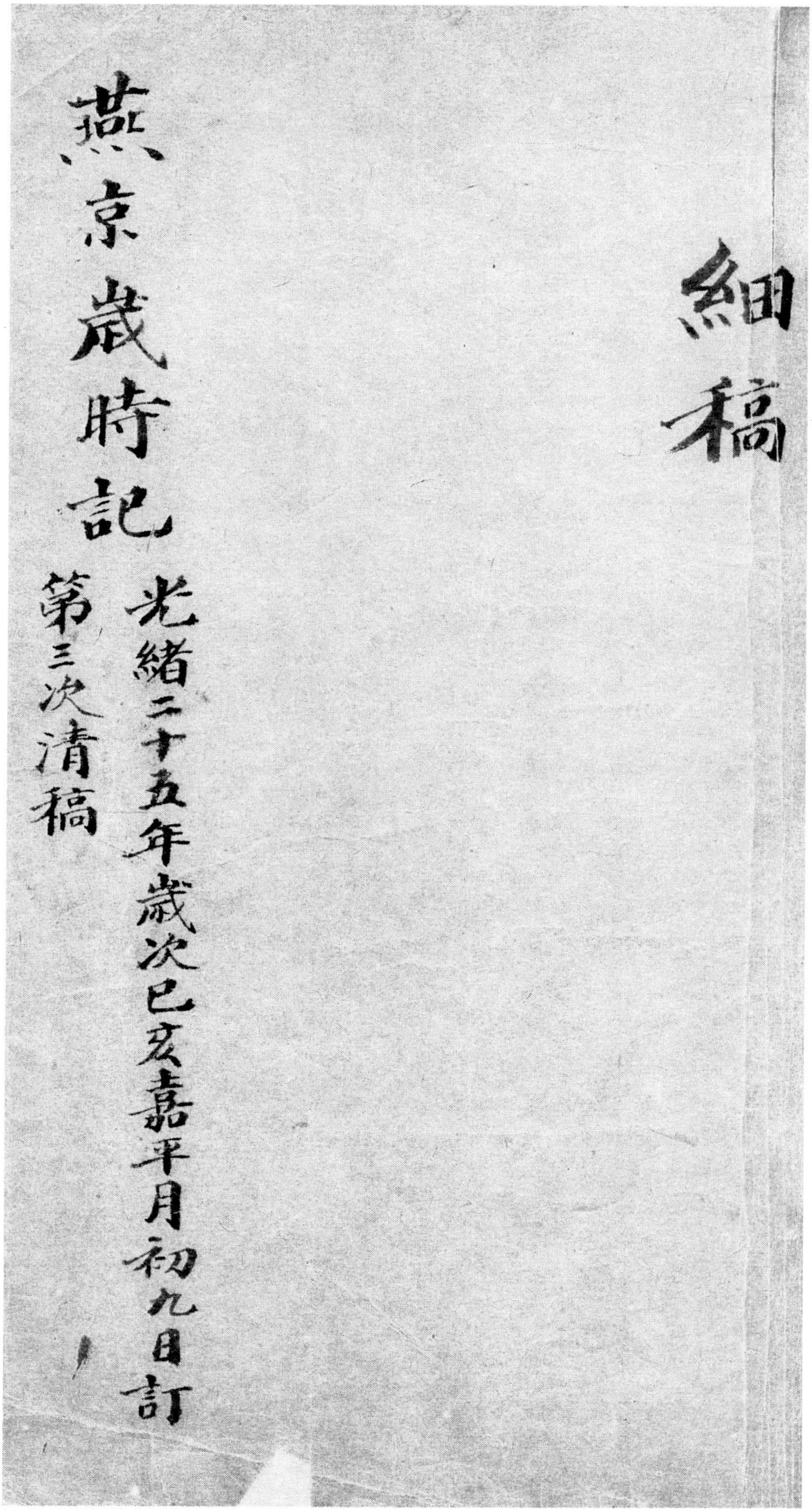
細稿

光緒二十五年歲次己亥嘉平月初九日訂

燕京歲時記

第三次清稿

序

吾友敦禮臣滿洲世家子乃

太傅大學士馬文穆公之雲孫世襲

敦惠伯承蘭堂公之次公子也幼與予共硯席同受業於

烏紹雲司空之門禮臣固司空猶子淵源有自聰慧過人及習

帖括業亦能出色當行羣許為必售之技乙亥

恩科予兄弟同領鄉薦而禮臣以族人迴避不得一奏牛刀誠可惜

也嗣後屢遭迴避抑鬱無聊不得已而援例納官非其志也退食

之餘仍以書史自遣於
國朝掌故多能識其本源他日過從見案頭有燕京歲時記一卷捧
讀一過具見匠心雖非鴻文（鉅製）亦足資將來之考證是即景物略歲
華記之命意也雖然如禮臣者其學問豈僅如此尚望引而伸之
别有著作以為同學光則予實有厚望焉光緒二十五年歲次已亥
嘉平月
賜進士出身刑部主事硯愚兄潤芳澍田氏拜序

燕京歲時記

長白　富察敦崇　禮臣氏編

正月

元旦

京師謂元旦為大年初一每屆初一於子初後焚香接神燃爆竹以致敬連霄達巷絡繹不休接神之後自王公以及百官均應入朝〻賀朝賀以畢走謁親友謂之拜年又謂之道新喜親者登堂疏者投刺而已貂裘繡服道路紛馳真有車如流水馬如游龍之

咸誠太平之景象也是日無論貧富貴賤皆以白麵作角而食之謂之煮餑餑比戶皆然無不同也富貴之家暗以金銀小錁及寶石等藏之餑餑中以卜順利家人食得者則終歲大吉

按荆楚歲時記正月一日先於庭前爆竹以避山臊惡鬼又玉燭寶典正月一日為元日亦云三元歲之元時之元月之元

八寶荷包

每至元旦凡

內廷王公大臣及侍衛等均

賞八寶荷包懸於胸前部院大臣不與〔預〕此例

祭財神

初二日致祭財神鞭炮甚夥晝夜不休

破五

初五日謂之破五破五之內不得以生米為炊婦女不得出門〔至〕初六日則王妃貴主以及各官室等冠帔往來互相道賀新嫁女子亦於是日歸寧香車繡幰塞巷填衢而闤闠諸商亦漸次開張貿易矣

人日

初七日謂之人日是日天氣清明者則人生繁衍

按東方朔古書歲後八日一日雞二日犬三日豕四日羊五日牛六日馬七日人八日穀其日晴則所生之物育陰則災

順星

初八日黃昏之後以紙蘸油燃燈一百零八盞焚香而祀之謂之順星十三日至十六日由堂奧以至大門燃燈而照之謂之散燈花又謂之散小人亦辟除不祥之意也

按帝京景物畧正月十三日家以小盞一百八枚夜燈之徧散井竈門戶砧石曰散燈其聚如螢散如星富者燈四夕貧者燈一夕又甚貧者無

此條所記與今大略相同但未得其詳細耳

打春

節令無定期姑錄於正月之內餘倣此

打春即立春在正月者居多立春先一日禮部呈進春牛圖順天府官員至

禮部呈進春山寶座順天府呈進春牛圖禮畢回署引

東直門一里春場迎春立春日塑春牛而擊之曰打春是日富家多食春餅婦女等多買蘿蔔而食之曰咬春謂可以却春困也

謹按大清會典載立春前一日順天府尹率僚屬朝服迎春於東直門

外隸役舁芒神土牛導以鼓樂至府署前陳於綵棚立春日大興宛
平縣令設案於
午门外正中奉恭進
皇帝
皇太后
皇后芒神土牛配以春山府縣生員舁進礼部官前導尚書侍郎及
府尹及丞後隨由
午门中门入至

乾清門

慈寧門恭進內監各接奏礼畢皆退府尹迺出土牛環擊以示勸農之意又湧幢小品載前明正統中每歲立春順天府別造春牛春花進御前及仁壽宮中宮凡三座每座用金銀珠翠等物費錢九萬餘景皇即位諭明年春日當復增三座宛平坊民相率陳懇始允以時花充用由此觀之則前明之遇事擾民實不如

國朝之崇尚節儉矣

恭錄乾隆壬申

御製春帖子詞二首

壬日立新春重重吉玆臻百昌欣律轉萬福自天申起結用壬申二字

喧鳴臘鼓發韶妍遲日罘罳颺瑞烟屏綵祥徵銀勝裏辛盤芳獻頌椒前

燈節

自十三以至十七均謂之燈節惟十五日謂之正燈耳每至燈節內廷筵宴放烟火市肆張燈而六街之燈以東四牌樓及地安门為最盛工部次之兵部又次之他處皆不及也兵部燈於光緒九年經閻文介禁止各色燈彩多以紗絹

玻璃及明角等為之並繪畫古今故事以資玩賞市人之巧者又復結綵
為器栽麥苗為人物華而不侈樸而不俗殊可觀也花炮棚子製造
各色烟火競巧爭奇有盒子花盆烟火杆子線穿牡丹水澆蓮金盤落
月葡萄架起火二踢腳飛天十响五鬼鬧判兒八角子炮打香縣城匣炮天
地燈等名色富室豪門爭相購買銀花火樹光彩照人車馬喧闐笙歌
聒耳自白晝以迄二鼓烟塵漸稀而人影在地明月當天士女兒童始相率
喧笑而散市賣食乾鮮俱備而以元宵為大宗亦所以點綴節景
耳又有賣金魚者以琉璃瓶盛之轉側其影大小俄忽實為他處所

五

無也

謹按日下舊聞考前明燈市在東華门王府街東崇文街西亘二里許南北兩廛即今之燈市口也市之日凡珠玉寶器以逮日用微物無不悉具衢中列市棊置數行相對俱高樓〻設氍毹簾幕為宴飲地一樓每日賃直至有數百緡者皆豪貴家眷屬也燈則有燒珠料絲紗明角麥稭通草等樂則有鼓吹雜耍絃索等烟火則以架以盒〻有械壽帶葡萄架珍珠簾長明塔等自初八日起至十八日止乃十日非五日也至百貨全集乃合燈與市為一處今則燈歸城內市歸琉璃廠矣

附錄明范景文燕京燈市詞四首

御溝春暖漲冰絲風煖沙吹日影移珠綴九微光爍爛張燈不待月高時

王孫約隊簇金貂玉勒青驄綺陌驕文貝珊瑚看不盡東華门外市三條

朱樓一帶鬱嵯峨陣陣香風襯綺羅龍燭薰風喧不夜天街到處月明多

月明處處度笙簫春色分明念四橋有酒勸君須盡醉百年能得

六

筵九

十九日謂之筵九每至筵九

皇上幸西廠子小金殿筵宴看貫跤蒙古王公請安告歸臣工之得著貂裘者於此日盡行脫去改穿白鋒毛矣民間無事可紀惟遊賞白雲觀者謂之會神仙焉

按帝京景物畧曰燕九又曰宴邱今則曰筵九究未知其孰是

打鬼

附錄明范景文燕京燈市詞四首

御溝春暖漲冰絲風煖沙吹日影移珠綴九微光爍爛張燈不待月高時

王孫約隊簇金貂玉勒青驄綺陌驕文貝珊瑚看不盡東華门外市三條

朱樓一帶鬱嵯峨陣陣香風襯綺羅龍燭薰風喧不夜天街到處月明多

月明處處度笙簫春色分明念四橋有酒勸君須盡醉百年能得

六

餞元宵

筵九

十九日謂之筵九每至筵九
皇上幸西廠子小金殿筵宴看貫跤蒙古王公請安告歸臣工之得着貂褂者於此日盡行脫去改穿白鋒毛矣民間無事可紀惟遊賞白雲觀者謂之會神仙焉

按帝京景物畧曰燕九又曰宴邱今則曰筵九究未知其孰是

打鬼

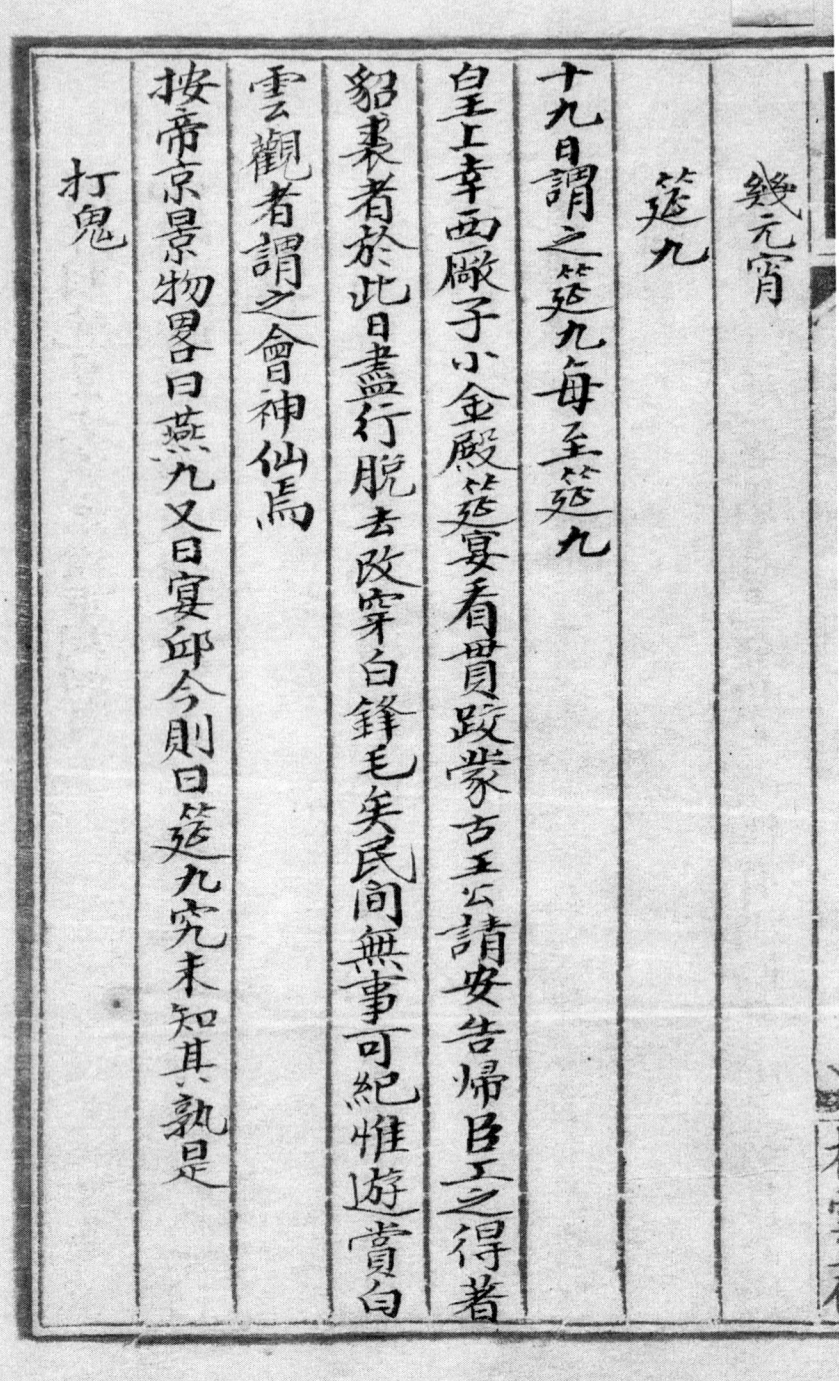

打鬼本西域佛法並非怪異即古者九門觀儺之遺風亦所以禳除不祥也

每至打鬼各喇嘛僧等扮演諸天神將以驅逐邪魔都人觀者甚衆

有萬家空巷之風

朝廷重佛法特遣一散秩大臣以臨之亦聖人朝服阼階之命意打鬼日

期黃寺在二十五日黑寺在二十三日

雍和宮在三十日

按宸垣識畧東黃寺在安定門外廂黃旗教場正北（琉璃門）順治八年奉

勅就普淨禪林興建康熙三十三年重脩寺西有坊曰清淨化城坊後有

此行仍用大字

石坊三座 座

石台一層石塔一座高八丈上有金輪相傳為般若佛塔般若佛又曰瘢
雕鏤精工 傘光彩奪目 禪 禪

疹佛蓋因出痘而示寂也塔傍有石幢四土鐫乾隆四十八年彭元瑞書
經 乃

御製清淨化城記清漢蒙古梵字四體書塔後有樓曰慧香閣
塔 在台東係 字

雍和宮在東直門內北新橋正北里許乃

世宗憲皇帝藩邸也

登極後

命名曰雍和宮黑寺在德勝門外西北前寺曰慈度後寺曰察罕喇嘛廟所謂黑寺者蓋指
梵之宗矣後寺有鐵香亭乃康熙乙卯年造

恭錄乾隆三十五年

打鬼本西域佛法並非怪異即古者九門觀儺之遺風亦所以禳除不祥也每至打鬼各喇嘛僧等扮演諸天神將以驅逐邪魔都人觀者甚衆有萬家空巷之風

朝廷重佛法特遣一散秩大臣以臨之亦聖人朝服阼階之命意打鬼日期黄寺在二十五日黑寺在二十三日雍和宮在三十日

按宸垣識畧東黄寺在安定門外廂黄旗教場正北（琉璃門）順治八年奉

勅就普淨禪林興建康熙三十三年重脩寺西有坊曰清淨化城坊後有

七

石坊三座
座
石台一層石塔一座高八丈上有金輪相傳為般若佛塔般若佛又曰瘢
雕鏤精工
傘光彩奪目
禪
禪
疹佛蓋因出痘而示寂也塔傍有石幢四上鎸乾隆四十八年彭元瑞書
塔在台東偏
經
乃
御製清淨化城記清漢蒙古梵字四體書塔後有樓曰慧香閣
字
雍和宮在東直门內北新橋正北里許乃
世宗憲皇帝藩邸也
登極後
命名曰雍和宮黑寺在德勝门外西北前寺曰慈度後寺曰察罕喇嘛廟所謂黑寺者蓋指
鐵色琉璃而言今無之矣後寺有鐵香爐一乃康熙乙卯年造
恭錄乾隆三十五年

御製詣

雍和宮禮佛作

興慶當年選佛場春初幾暇禮空王六街三市皆珠玉利物宜人大吉祥東壁圖書原好靜東書院即在宮左側齋曰太和昔時歲月暗神傷六旬兄弟相隨逐時和親王以領宮務相隨話到髫年雷火光

又

御製入安定門至

雍和宮瞻禮詩

邸第吾生長今年忽六旬昔年景頻憶先節敬應申八月间慶賀礼繁乘暇呈

先至此瞻拜砌下花新錦庭前松老鱗緬懷趨

訓日黯爾獨傷神

填倉

每至二十五日粮商米販致祭倉神鞭炮最盛居民不盡致祭然必烹治飲食以勞家人謂之填倉

按北京歲華記云二十五日人家市牛羊豕肉恣餐竟日客至苦留必盡飽而去謂之填倉此條所記與今大略相同惟富貴之家從未有

食牛肉者亦未有客至苦留之說乃記者一隅之論也

大鐘寺

大鐘寺本覺生寺以大鐘得名蓋歲時求雨處也每至正月自初一月起開廟十日十日之內遊人坌集士女如雲長安少年多馳騁車馬以為樂超塵逐電勞瘁不辭一騎之費有費至數百金者豈猶有燕金臺市駿之遺風歟

謹按日下舊聞考華嚴鐘鑄於前明永樂時高一丈五尺闊經一丈四尺

紐高七尺厚七寸　內外

字大五分寫如此楷乃學士沈度書

重八萬七千斤上勒楷字法華經一部嘉靖間懸於萬壽寺後言者

九

此行仍用大字

謂京城白虎方不宜有金聲乃撤樓卧鐘於地

國朝乾隆八年移置於覺生寺即所謂大鐘寺也寺在德勝门外西北（八里土城）

曾家莊雍正十一年建鐘樓高五丈下方上圓四面皆窗後有旋梯

左上右降鐘懸於中竟体純銅端正細膩誠至宝也惜未聽其一鳴耳

恭錄乾隆八年（十一年翰林院編修張若靄撰碑）

御製覺生寺大鐘詩

雷紋隱篆蟲半字薀洪銅（鐘上有法華經一部）善吼周三界聲聞是六通

橫桁為撞杵夏屋是乘風待扣何須扣當前悟色空

食牛肉者亦未有客至苦留之說乃記者一隅之論也

大鐘寺

大鐘寺本覺生寺以大鐘得名蓋歲時求雨處也每至正月自初一月起開廟十日十日之內遊人坌集士女如雲長安少年多馳騁車馬以為樂超塵逐電勞瘁不辭一騎之費有貴至數百金者豈猶有燕金臺市駿之遺風歟

謹按日下舊聞考華嚴鐘鑄於前明永樂時高一丈五尺闊一丈四尺經（紐高七尺厚七寸 內外）重八萬七千斤上勒楷字法華經一部（字大五分密如比櫛乃學士沈度書）嘉靖間懸於萬壽寺後言者

謂京城白虎方不宜有金聲乃撤樓卧鐘於地
國朝乾隆八年移置於覺生寺即所謂大鐘寺也寺在德勝门外西北八里土城
曾家莊雍正十一年建鐘樓高五丈下方上圓四面皆窗後有旋梯
左升右降鐘懸於中竟体純銅端正細膩誠至宝也惜未聽其一鳴耳
前殿有雍正十二年翰林院編脩張若靄撰碑
恭錄乾隆八年
御製覺生寺大鐘詩
雷紋隱篆蟲半字蕴洪銅鐘上有法華經一部善吼周三界聲聞具六通
横杵為撞杵夏屋是乘風待扣何須扣當前悟色空

又乾隆十一年

御製覺生寺大鐘歌用沈德潛韻原韻載吳長元宸垣識略詩碣在大鐘左側高七尺餘

鼂謀弗善野戰龍金川門開烈燄紅都城百丈燕飛入齊黃羣榜為奸凶成王安在乃定案夾輔公旦焉可同瓜蔓連抄何慘毒龍江左右京觀封謹嚴難逃南史筆懺悔詎賴佛氏鐘道衍儼被榮將命犍椎治盡丹陽銅穹窿重過萬石簴印泥精鏤禪機鋒夏屋十尋虡不舉鯨魚盈丈方堪舂山靈水族無不具魑魅魍魎怪哉蟲欲藉撞杵散憤氣安知天道憐孤忠榆木川邊想

遺恨皂氏徒添公案重憶昔遨遊西海子水天上下玻璃空一川可
通萬壽寺寅緣偶憶曹溪宗喬松偃蓋假山古傑閣巍巍獨據
中洪鐘在懸洵偉觀連吟更喜兄弟從蒼黝其色蟠其紐中
宏外聳何隆隆華嚴字蹟傳沈度半滿全揭開君掌覺生

鹿苑

皇考創材飭内帑羣鳩工謂是善吼周沙界乃從舊寺移乘風
太清十里渺乎日日演梵聞離宮覺生寺去圓明園三里抎考已廓迸芻眼
摩挲更暢騷人胸不離一步鐘如是東西分別心猶逢我惜德

潛老始達其論亦復論考功獨愛長歌踐其韻非後藻采爭雌雄載賡倡酬古弗廢詩話千載留芳蹤聖經佛旨究異路將以何道訓成童於倫於樂備法物安可以此歸辟雝安可以此歸辟雝不如任彼出林大且逢逢（末數語反德潛詩意）

白雲觀

白雲觀在阜成门外西南五六里其基最古自金元以來即有之觀內萬古長春四字尚傳為邱長春所書每至正月自初一日起開廟十九日遊人絡繹車馬奔騰至十九日為尤盛謂之會神仙相傳十八日夜內

必有仙真下降或幻遊人或化乞丐有緣遇之者得以却病延年故黃冠羽士三五成羣趺坐廊下以冀一遇究不知其遇不遇也觀内老人堂一所皆道士之年老者居之雖非神仙而年過百餘者時所恒有亦脩養之明徵也觀後有園亭一區乃近年所搆其先無之

謹按日下舊聞考白雲觀乃元太極宮故墟觀内塑邱真人像白皙無鬚眉正月十九日都人致酹祠下謂之燕九節真人登州棲霞人名處機號長春子年十九為全真學於寧海之崑崙山歲在己卯元太祖自奈曼遣使召之使者未至真人語其徒曰速遣裝天使召我我當

往翌日使者至乃與弟子十八人同往經數十國行萬餘里始達雪山時太祖時方西征日事攻戰真人每言欲一天下者必在乎不嗜殺人及問為治之方則對以敬天愛民為本問及長生久視之道則告以清心寡欲為要太祖大悦命左史書諸策真人之東還遂賜號曰神仙封為大宗師掌管天下道教使居燕之太極宮後改為長春宮即今之白雲觀也真人年八十尸解仙去

曹老公觀兒

曹老公觀在西直門內路北每至正月自初一日起開廟半月遊人亦多惟

此行及行末小字仍用大字單行

殿宇坍塌牆垣不整除碑記無可觀瞻矣有碑二左刻乾隆古佛雲游外殊首右無字後殿有鐵香爐一乃前明萬曆辛卯年造中殿有鐵香池一乃崇禎元年管理西苑衙門內官監 武平等造御馬監太監孫繼

謹按日下舊聞考曹老公觀名崇元觀乃明璫曹化純興建

國朝乾隆廿三年重脩規模壯麗法相尊嚴百餘年來傾圮殆盡無復舊觀矣或謂化純興建時有窖金藏之觀中以備將來重脩之用故京師有前七步後七步躧兒倒鑵兒脩之謠然其言究無驗也

廠甸兒

廠甸在正陽門外西南二里許古曰海王村即今工部之琉璃廠也街長亦二里許廛肆林立南北皆同所售之物以古玩字畫紙張書帖為正宗乃文人鑒賞之

往翌日使者至乃與弟子十八人同往經數十國行萬餘里始達雪山時太祖時方西征日事攻戰真人每言欲一天下者必在乎不嗜殺人及問為治之方則對以敬天愛民為本問及長生久視之道則告以清心寡欲為要太祖大悦命左史書諸策真人之東還遂賜號曰神仙封為大宗師掌管天下道教使居燕之太極宮後改為長春宮即今之白雲觀也真人年八十尸解仙去

曹老公觀兒

曹老公觀在西直門內路北每至正月自初一日起開廟半月遊人亦多惟

殿宇坍塌牆垣不整除碑記無可觀瞻矣有碑二左刻乾隆

古佛零落外殊

御製七律二首右無字後殿有鐵香爐一乃前明萬歷辛卯年造中殿有鐵香池一乃崇禎元年管理爵衙署□武等造 御馬監太監孫繼

謹按日下舊聞考曹老公觀名崇元觀乃明璫曹化純興建

國朝乾隆廿三年重脩規模壯麗法相尊嚴百餘年來傾圮殆盡

莊

無復舊觀矣或謂化純興建時有窖金藏之觀中以備將來重脩之

用故京師有前七步後七步罐兒倒罐兒脩之謠然其言究無驗也

廠甸兒

廠甸正陽门外西南二里許古曰海王村即今工部之琉璃廠也街長亦二里許

在

廛肆林立南北皆同所售之物以古玩字畫紙張書帖為正宗乃文人鑒賞之

所惟至正月自初一日起列市半月兒童玩好在廠甸紅貨在火神廟珠寶晶瑩鼎彝羅列豪富之輩日事搜求冀得異寶而紅貨之內以翡翠石為最尊一搬指翎管有價至萬金者翡翠之外並重料壺然必須官窯古月軒者方為上品新料不足重也蓋玩好之物風尚不同乾隆間重珊瑚賤碧霞璽後又重碧霞璽近更重翡翠石及料壺風雅之士亦間有重舊玉者笛頭劍隔古色斑斕而真偽殊不易辨故予嘗曰物而能言免去許多聚訟蓋指此也至於舊磁一類甚屬寥寥則多為外洋買去矣

十三

謹按日下舊聞考琉璃廠東有遼御史大夫李内貞墓乃乾隆三十六年工部郎中孟澔得其誌石於土中有葬於海王村之語

東西廟

西廟曰護國寺在皇城西北定府大街正西東廟曰隆福寺在東四牌樓北西馬市正北自正月起凡每逢七八日開西廟九十日開東廟開廟之日百貨雲集凡珠玉綾羅衣服飲食古玩字畫花鳥蟲魚以及尋常日用之物星卜雜技之流無所不有乃都城内之一大市會也兩廟花廠尤為雅觀春日以果木為勝夏日以茉莉為勝秋日以桂菊為

勝冬日以水仙爲勝至於春花中如牡丹海棠丁香碧桃之流皆能於嚴冬開放鮮豔常洵足以巧奪天工預支月令其於格物之理研求幾深惜無著書者耳嘗觀泰西農學書中謂一粒之穫可得十萬粒如以藝花之法藝之定能遠過其上但是人工既貴灌溉亦難以之治玩好則可以之治稼穡則斷斷乎其不能也即如冬瓜王瓜茄子扁豆之流皆能於嚴冬栽植色味俱佳但價值太昂不能盡人而食是亦是不能行之明證也

謹按日下舊聞考護國寺元曰崇國寺明曰大隆善護國寺今只

日護國寺乃元丞相脫克脫之故宅寺中千佛殿傍立一老髯幞頭朱衣一老嫗鳳冠朱裳即其夫婦之像今已無存矣隆福寺乃明景泰四年建役夫萬人寺中[白石]臺欄乃英宗南内翔鳳殿石闌干[故物]也

本朝雍正元年重加脩葺有

世宗御製碑文較之護國尚為完整

土帝廟

土帝廟在宣武門外土帝廟斜街路西自正月起凡初三十三二十三日有廟市[市]皆無長物惟花廠鴿市差為可觀

謹按日下舊聞考土帝庙其基最古有前明萬歷四十三年碑稱曰古蹟老君堂都土帝庙遼金元時庙在都城東门之外今莫得其方向矣

花兒市

花兒市在崇文门外迤東自正月起凡初四十四二十四日有市〻皆尋常日用之物所謂花市者乃婦女插戴之紙花非時花也花有通草綾絹綽枝乜頭之類頗能混真花市之外亦有鴿市在廛北小巷内

按居易錄京師花兒市鬻黃鴿〻毛羽作黃金色索直甚高蓋京師最好畜鴿種類亟繁其最著者有點子玉翅鳳頭白兩頭烏小灰皂

紫醬雪花銀尾子四塊玉喜鵲花跟頭花脖子道士帽鐵翅玉環等名色其最珍貴者有短嘴白鷺（躍）鷥白烏牛鐵牛青毛鶴秀蹭眼灰七星息背銀稜麒麟斑藍盤彩雲盤鸚嘴白鸚嘴點子麻背銅背紫烏紫點子（鐵翅玉環）等名色凡放鴿之時必以竹哨綴於尾上謂之壺盧又謂之哨子壺盧有大小之分哨子有三聯五聯十三星十一眼雙筩眾星捧月之別盤旋之際響徹雲霄五音皆備真可以悅（猴目）耳陶情又（李前輩）有所謂架鴿者今無之矣又余氏辨林云京師孟春之月兒女多剪采為花或草蟲之類插首曰鬧嚷嚷即古所謂鬧裝也是即綾絹花之濫觴歟

此行擬六十一頁第十三行

小藥王廟 北藥王廟

小藥王廟在東直門内路北 北藥王廟在舊鼓樓大街自正月起每月廟市〻皆婦女零用之物無甚可觀

二月

太陽糕 以下二月

二月初一日市人以米麵團成小餅五枚一層上貫以寸餘小雞謂之太陽糕都人祭日者買而供之 三五具不等

龍抬頭

十六

公□齋

二月二日古之中和節也今人呼為龍抬頭是日食餅者謂之龍鱗餅食麵者謂之龍鬚麵閨中停止針線恐傷龍目也

春分

春分前後官中祠廟皆有大臣致祭世家大族亦于是日致祭宗祠秋分亦然

按月令廣義云分者半也當九十日之半也故謂之分夏冬不言分者天地间二氣而已陽生于子極于午即其中分也

清明

小藥王庙北藥王庙

小藥王庙在東直门内路北北藥王庙在舊鼓樓大街自正月起每朔望日有庙市〻皆婦女零用之物無甚可觀

二月

太陽糕 以下二月

二月初一日市人以米麵團成小餅五枚一層上貫以寸餘小雞謂之太陽糕都人祭日者買而供之三五具不等

龍抬頭

十六

二月二日古之中和節也今人呼為龍抬頭是日食餅者謂之龍鱗餅食麵者謂之龍鬚麵閨中停止針線恐傷龍目也

春分

春分前後官中祠廟皆有大臣致祭世家大族亦于是日致祭宗祠秋分亦然

按月令廣義云分者半也當九十日之半也故謂之分夏冬不言分者天地間二氣而已陽生于子極于午卽其中分也

清明

清明即寒食又曰禁烟節古人最重之今人不為節但兒童戴柳祭掃坟塋而已世族之祭掃者于祭品之外以五色紙錢製成幡蓋陳于墓左祭畢子孫親執于墓門之外而焚之謂之佛多民間無用者

按析津志云遼俗最重清明上自內苑下至士庶俱立鞦韆架日以嬉戲為樂自前明以來此風久革不復有半仙之戲矣又歲時百問云萬物生長此時皆清淨明潔故謂之清明至清明戴柳者乃唐高宗三月三日祓禊于渭陽賜群臣柳圈各一謂戴之可免蠆毒今蓋師其遺意也

三月

三月三 以下三月

俗謂栽壺盧者必于三月三日下種否則結實不繁

恭錄乾隆十三年

御製詠壺盧器詩 有序

壺盧器者出于康熙年間

聖祖命奉宸取架匏而規模之及熟遂成器焉盌盂盒盦惟所命

蓋其朴可尚而其巧亦非人力之能為也爰令園人倣為之既成題以

句而識其源如是

纍在眾薪烝陶人豈藉憑玉成原有自匏落又何曾納約傳

遺製

遺製隨圓泯銳棱愛兹純樸器更切木從繩

蟠桃宮

太平宮在東便門路南門臨護城河因廟內有西王母之像故曰蟠桃宮每屆三月自初一日起開廟三日遊人亦多然較之白雲觀等則繁盛不如矣

東嶽廟

東嶽廟在朝陽門外二里許除朔望外每至三月自十五日起開廟半月士女雲集至廿八日爲尤勝俗謂之撢塵會其實乃東嶽大帝誕辰也廟有七十二司司各有神主之相傳速報司之神爲岳武穆最著靈異凡負屈含冤心迹不明者率於此處焚香設誓盟心其報最速階前有秦檜跪像見者莫不唾之已不辨面目矣後閣有梓潼帝君亦著靈異科舉之年祈禱相屬神座右有銅騾一匹頗能愈人疾病病耳者則撫其耳病目者則撫其目病足者則撫其足閣東有甲冑之像數半身沒于地中俗傳爲楊家將云云究不知其爲何神也廟中道教碑乃元翰林

承旨趙孟頫所書字畫雖真而丰神已失想為俗工鑿治矣

謹按日下舊聞考東嶽廟乃元延祐中建以祀東嶽天齊仁聖帝前

明正統中益拓其宇兩廡設七十二司後設帝妃行宮

本朝康熙三十七年居民不戒而燬于火

特頒內帑脩之閱三歲而落成殿閣廊廡視舊加飭乾隆二十六年

復加脩葺規制益崇故至今祇謁

東陵時必於此拈香用膳焉

潭柘寺

十九

潭柘寺在渾河石景山西粟園莊北離（去）京八十餘里每至三月自初一日起開廟半月香火甚繁廟在萬山中九峯環抱中有流泉（蜿蜒門外而沒）有銀杏樹者俗曰帝王樹高十餘丈闊數十圍實千百年物也其餘玉蘭脩竹松柏菩提（等）亦皆數百年物誠勝境也其先戒律森嚴葷酒莫入近則酒炙紛騰無復向時清淨矣有靈蛇二曰大青小青與祕（必）魔崖相彷彿殊不知是一是二所謂柘木者僅存數尺與（元妙嚴公主）拜佛磚同為古蹟凡至寺者必觀此數事焉

謹按日下舊聞考潭柘寺在羅睺嶺平原村去京城西北九十里晉

名曰嘉福唐曰龍泉京師諺曰先有潭柘後有北京蓋寺之最古者
本朝康熙间
賜名岫雲寺寺故海眼佛殿基即潭也唐華嚴師在山說法龍神
施潭為寺一夕大風雨潭成平地今潭徙而涓涓者不絕柘久枯高七
八尺覆以瓦亭龍去而子猶存青色長五尺大如盌時出現
附錄丁酉三月偕榮少湘及男和珍遊潭柘山拙作
古寺不知年龍潭自昔傳參天多翠竹繞地盡流泉神樹煙
雲護

二十

宸章日月懸欲叅清淨理何處問真禪

又岫雲寺晚眺拙作

琳宮紺宇梵王家

御輦曾經駐

翠華三徑暗穿春水亂九峯高插碧天斜風搖細影菩提樹月照瓊枝木筆花遥憶當年麟見老畫圖真蹟兩無差鴻雪因緣有遊潭柘圖

又曉度羅睺嶺拙作

絕巘登臨處茫茫眼界空諸山三面合濁水一灣通桃綻如脂染梨

廿行之次接六十二頁第八行

雪融筍輿行緩〻歸路栗園東

換季

每至三月換戴涼帽八月換戴暖帽届時由禮部奏請大約在二時十前後者居多換戴涼帽時婦女皆換玉簪換戴暖帽婦女皆

廿行之次接六十三頁頭行

四月　捨緣豆

捨緣豆　四月

四月八日都人之好善者取青黃豆數升宣佛號而拈之拈畢煮熟

散之市人謂之捨緣豆預結來世緣也
謹按日下舊聞考京師僧俗念佛號者輒以豆記其數至四月八日
佛誕生之辰煮豆微撒以鹽邀人于路請食之以為結緣今尚沿其
舊也

榆錢糕

四月榆初錢時取之而蒸之合以糖麵曰榆錢糕

萬壽寺

萬壽寺在西直门外五六里门臨長河乃

開似雪融筍輿行緩、歸路栗園東

換季

每至三月換戴涼帽八月換戴煖帽屆時由禮部奏請時大約在二十前後者居多換戴涼帽時婦女皆換玉簪換戴煖帽婦女皆換金簪

四月　捨緣豆

捨緣豆 四月

四月八日都人之好善者取青黃豆數升宣佛號而拈之拈畢煮熟

散之市人謂之捨緣豆預結來世緣也

謹按日下舊聞考京師僧俗念佛號者輒以豆記其數至四月八日佛誕生之辰煮豆微撒以鹽邀人于路請食之以為結緣今尚沿其舊也

榆錢糕

四月榆初錢時取之〔而〕蒸之合以糖麵曰榆錢糕

萬壽寺

萬壽寺〔在〕西直門外五六里門臨長河乃

皇太后祝釐之所每至四月初一日起開廟半月遊人甚多綠女紅男
聯翩道路柳風麥浪滌蕩襟懷殊有天朗氣清惠風和暢之致實
郊西之勝境也
謹按日下舊聞考萬壽寺在廣源閘西數十武明萬歷五年建
本朝乾隆十六年二十六年兩次重修門內為鐘鼓樓天王殿殿後為萬
壽閣後為禪堂堂後有假山山後左右門之內有後樓樓前松檜皆
數百年物光緒初年燬于火假山上為大士殿下為地藏洞山後為無
量壽佛殿三聖殿再後為後樓樓前松檜皆數百年物光緒初年燬

于火最後為菜園園有水車二光緒二十年重脩行宮併菜園而圈入矣

西頂

西頂娘娘廟在萬壽寺西八九里每至（自）四月初一日起開廟半月繁盛与萬壽寺同山門中四天王像神氣如生猙獰可畏座下八鬼怪尤覺駭人凡攜小兒者多掩其目而過之廟有七十二司神皆繪畫非塑像也每開廟時特派大臣拈香與學髻山同他處無之

謹按日下舊聞考西頂碧霞元君廟在京西藍靛廠前明萬曆年建
本朝康熙五十一年重修改名曰廣仁宮
恭錄康熙戊子
御製重修西頂碧霞元君廟碑文節略
京城西直門外有西頂舊建碧霞元君宮地近西山之麓直
今西苑之西南所謂萬泉莊者固郊畿一勝境也元君初號
天妃宋宣和間始著異厥後禦災捍患奇迹屢彰下迄元
明代加封號成弘而後祠觀尤盛郛郭之間五頂環列西頂其

一也歲時既久陳跡都荒碑碣猶存榱桷弗整其謂妥神何

歲在戊子發內帑命有司鳩工重葺之閱一載而落成棟宇

穹然垣廡翼然殿寢秩然丹雘燦然瞻拜其下者虔肅有

加焉朕于萬幾之暇亦往展禮仰祝

聖母之釐俯介生民之福以祈純嘏以鞏皇圖顏其額曰廣仁宮

羣臣請立石以紀之

妙峯山

妙峯山碧霞元君廟在京城西北八十餘里山路四十餘里共一百三十餘里

每屆四月自初一日開山半月香火亟盛凡開山以前有雨者謂之淨山雨在萬山中孤峯矗立盤旋而上勢如繞螺前可踐後者之頂後可見前者之足自始迄終繼晝以夜人無停趾香無斷烟奇觀哉廟南向爲山門爲正殿爲後殿後殿之前有石凸起似是妙峯之巔石有古柏三四株似是百年之物廟東有喜神殿觀音殿伏魔殿廟北有回香亭廟無碑（碣）記其原無可考然自雍乾以來即有之惜無記之者耳進香之路日闢日多曰南道者三家店也曰中道者大覺寺也曰北道者北安合也曰老北道者石佛殿也近日之最稱繁盛者莫如北安合人烟輻輳車馬喧闐夜間燈火之繁燦

如列宿以各路之人計之共約有數十萬以金錢計之亦約有數十萬香火之盛實可甲于天下矣

丫髻山

丫髻山碧霞元君廟在京城東北懷柔縣界每至四月自初一日起開廟半月繁盛亞於妙峯而山景過之都人謂之東山

恭錄康熙五十二年

御製丫髻山玉皇閣碑文節略

距京師百里有山曰丫髻隸懷柔縣兩峯高聳望之如丫髻故得

是名自元明以來號為近畿福地因上有碧霞元君之祠是以每歲孟夏四方之民會此祈禱者駢肩疊跡不可勝計古稱積高之區神明所舍況茲山北倚紫塞南拱神京岡巒迴合蜿蜒磅礴而鍾秀於是則其神氣之感歟有靈應理固然也康熙五十二年值朕六旬誕期諸臣民就茲山瞻禮為朕祝禧因共建玉皇閣以祈延壽經始于癸巳三月十八日落成于甲午三月十八日而請記其事

北頂 東頂附

廿五

北頂碧霞元君庙在德勝门外土城東北三里許每歲四月有庙市
市皆日用農具遊者多鄉人東頂在東直门外與北頂同

榆錢糕

四月榆初錢時採而蒸之合以糖麵謂之榆錢糕以玫瑰花為之者謂之
玫瑰餅以藤蘿花為之者謂之藤蘿餅皆應時之食物也

黄鸝

四月末花事將闌易增惆悵惟柳音陰中鶯聲婉囀如鼓笙簧殊
有斗酒雙柑之樂惟月餘則去不能久住也古詩云黄栗留鳴桑椹美葢

黄鸝既鳴則桑椹垂熟正合京師節候

蘆筍桃櫻

四月末蘆筍與櫻桃同食最為甘美古詩云蘆筍生時柳絮飛紫櫻風涼均與今京師時令最為相合

端陽 以下五月

京師謂端陽為五月節初五日為五月丹五蓋端字之轉音也每屆端陽以前府第朱門皆以粽子相餽贈並副以櫻桃桑椹荸薺桃杏及五毒餅玫瑰餅等物供佛祀先者仍以粽子及櫻桃桑椹為

正供亦薦其時食之義

按續齊諧記屈原以五月初五日投汨羅江楚人哀之至此日以竹筒子貯米投水以祭之以楝葉塞其上以綵絲纏之不為蛟龍所竊是即粽子之原起也

雄黃酒

每至端陽自初一日起取雄黃合酒晒之用塗小兒額及鼻耳間以避毒物

天師符

黄鸝既鳴則桑椹垂熟正合京師節候

蘆筍桃櫻

四月末蘆筍與櫻桃同食最為甘美古詩云蘆筍生時柳絮飛紫櫻桃熟麥風涼均與今京師時令最為相合

端陽 以下五月

京師謂端陽為五月節初五日為五月丹五蓋端字之轉音也每屆端陽以前府第朱門皆以粽子相餽贈並副以櫻桃桑椹荸薺桃杏及五毒餅玫瑰餅等物供佛祀先者仍以粽子及櫻桃桑椹為

正供亦薦其時食之義

按續齊諧記屈原以五月初五日投汨羅江楚人哀之至此日以竹筒子貯米投水以祭之以楝葉塞其上以綵絲纏之不為蛟龍所竊是即粽子之原起也

雄黃酒

每至端陽自初一日起取雄黃合酒晒之用塗小兒額及鼻耳間以避毒物

天師符

每至端陽市肆間用尺幅黃紙蓋以硃印或繪畫天師鍾馗之像或繪畫五毒符咒之形懸而賣之都人士爭相購買粘之中門以避祟惡

按後漢禮儀志五月五日朱索五色印為门户飾以止惡氣是即天師符之來由歟

菖蒲艾子

端午日用菖蒲艾子插于门傍以禳不祥亦古者艾虎蒲劍之遺意

綵線（絲）繫虎

每至端陽閨閣中之巧者用綾羅製成小虎及粽子壺盧櫻桃桑椹之類以綵線穿之懸于釵頭或繫於小兒之背古詩云玉燕釵頭艾虎輕即此意也

按風俗通云五月五日以綵絲繫臂辟鬼及兵令人不病瘟一名長命縷一名續命縷

剪綵為壺盧

又

每至端陽日閨閣中之巧者用綵紙剪成各樣壺盧倒粘于門闌之上以洩毒氣至初五日午後則取而棄之

賜葛

內廷王公大臣至端陽時皆得恩賜葛紗及畫扇

城隍出巡

四月廿二日宛平縣城隍出巡五月初一日大興縣城隍出巡出巡之時皆以人肩輿舁藤像而行有捨身為馬僮者有捨身為打扇者有臂穿鉄鉤懸燈而導者有披枷帶鎖儼然罪人者神輿之傍又扮有判官鬼卒之類彳亍而行亦無非神道設教之義

都城隍廟

都城隍廟在宣武門內城隍廟街路北每歲五月自初一日起廟市十日市皆兒童玩好無甚珍奇遊者鮮矣

謹按日下舊聞考都城隍廟在前明時以每月朔望及二十五日有廟市〻之日陳設甚夥人生日用所需精麤畢備羈旅之客持阿堵入市須臾富有完美書畫古董真偽陳錯其他剔紅填漆舊物自內廷闌出者尤為精好其初所索甚微後其價十倍矣至於窯器最貴成化次則宣德杯琖之屬初不過數金兩則成窯酒杯至博銀百金宣德香爐所酬亦略如之廟係元世祖至元七年創建前明重脩之本朝雍正四年乾隆二十八年又重脩之光緒初年廟燬於火碑皆燬裂所謂各直省城隍像者零落殆盡近惟將正殿脩復以便春秋祭享餘尚

殘破如故也

南頂

南頂碧霞元君廟在永定門外五六里西向左右有牌坊二左曰廣生長養右曰羣育滋蕃皆乾隆三十八年重脩時御書每至五月初一日起開廟十日士女雲集廟雖殘破而河中及土阜上皆有棚幛可以飲食坐落至夕散後多在大沙子口看賽馬焉

按宸垣識略云南頂以南之河名涼水河橋名永勝橋土阜名九龍山乃乾隆間疏濬涼水河堆成環植桃柳萬株開廟時遊人皆敷席攜

榼羣飲其下近則土阜雖存而桃柳零落矣

附錄蠡廠遊南頂詩

柳映紅亭水映橋碧霞宮殿鬱迢遥年年五月開香社大好風光慰寂寥

龍岡委宛似卷阿披拂薰風爽氣多一帶葦棚臨水岸酒徒豪飲姣童歌

十里河

十里河關帝廟在廣渠門外每至五月自十一日起開廟三日梨園獻戲歲

此行之下接卒三頁第十行

磨刀雨

京師諺曰大旱不過五月十三蓋五月十三乃俗傳漢壽亭過江會吳之期是日有雨者謂之磨刀雨

分龍兵

京師謂五月二十三日為分龍兵蓋五月以後大雨時行隔轍有雨故須將龍兵分之也

按宋陸佃埤雅世俗五月謂分龍雨曰隔轍雨言夏雨多暴至龍各

三十

松雲齋

有分域雨暘往往隔轍而異也是分龍之說已見於宋但為日不同耳
宋謂四月二十日為小分龍五月二十日為大分龍大晴主旱大雨主澇

惡月

京師諺曰善正月惡五月
按荆楚歲時記五月俗稱惡月多禁忌忌曝牀薦席及脩蓋房屋
此行之次接六十三頁第十六行
與燕京相去遠矣而自昔風俗有相同者

六月六　以下六月

京師於六月六日抖晾衣服物件謂可不生蟲蠹

以為常

磨刀雨

京師諺曰大旱不過五月十三蓋五月十三乃俗傳漢壽亭過江會吳之期是日有雨者謂之磨刀雨

分龍兵

京師謂五月二十三日為分龍兵蓋五月以後大雨時行隔轍有雨故須將龍兵分之也

按宋陸佃埤雅世俗五月謂分龍雨曰隔轍雨言夏雨多暴至龍各

有分域雨暘往往隔轍而異也是分龍之說已見於宋但爲日不同耳
宋謂四月二十日爲小分龍五月二十日爲大分龍大晴主旱大雨主澇

惡月

京師諺曰善正月惡五月

按荆楚歲時記五月俗稱惡月多禁忌忌曝牀薦席及脩蓋房屋
夫荆楚之與燕京相去遠矣而自昔風俗有相同者

六月六　以下六月

京師於六月六日抖晾衣服物件謂可不生蟲蠹

洗象

象房有象時每歲於六月六日牽往宣武门外河内浴之观者如堵後因象瘋傷人遂不畜養光緒十年以前尚及見之象房在宣武门内城跟迤西歸鑾儀衛管理有入觀者能以鼻作觱篥銅鼓聲觀者持錢畀象奴如教獻技又必斜睨象奴受錢滿數而後昂鼻俯首鳴鳴出聲將病目中出油謂之山性發象壽最長道光間有老象牙有銅箍謂是唐朝故物乃安史之輩攜來者後因象奴等剋扣太甚相繼倒斃故咸豐以後十餘年象房無象同治末年光緒初年越南國貢象

兩次共有六七隻亟其肥壯都人觀者喜其有太平之徵欣欣載道自東
長安門傷人之後全行拘禁不復應差三二年間飢餓殆盡矣
謹按日下舊聞考象房係前明弘治八年脩蓋象初至京先於射所演
習故謂之演象所而錦衣衛自有馴象所專管象奴及象隻特命錦
衣指揮一員提督之凡大朝會役象甚多駕車馱寶皆用之若常朝
止用六隻日所受祿秩俱視武弁有等差
國朝因之一如其舊但改錦衣衛為鑾儀衛耳

祭馬王

馬王者房星也凡營伍中及蓄養車馬人家均于六月二十三日祭之

祭關帝

六月廿四日致祭關帝歲以爲常鞭炮之多與新年無異

換葛紗

每至六月自暑伏日起至處暑日止百官皆萬絲帽黃葛紗袍

賜冰

京師自暑伏日起至立秋日止各衙門例有

賜冰届時由工部頒給冰票自行領取各有等差

中頂

中頂碧霞元君庙在右安门外十里草橋地方每歲六月初一日有庙市〻中花木甚繁燦如錦繡外城士女多往觀焉

按宸垣識略草橋在右安门外十里衆水所歸種水田者資以為利土近泉宜花居人以蒔花為業有蓮池香聞數里牡丹芍藥栽如稻麻橋去豐臺十里元明時多貴家園亭如廉右丞之萬柳堂趙參謀之匏瓜亭均在其左右今已無考吳巖詩注謂四月初一日開庙今改六月矣

附錄吳巖遊中頂詩

十里城南綠滿川春風春柳自經年名園幾廢靈祠在孤負看花穀雨天歲以四月一日開廟

都人士女競喧奔花市闌珊廟市繁已見田田好荷葉風流憶殺趙王孫元趙松雪有萬柳堂觀荷贈歌妓解語花詩

十剎海

十剎海又名河沿在地安門外迤西荷花最盛每至六月士女雲集然皆在前海之北岸他處雖有荷花無人玩賞也蓋德勝門以西者謂之

卅三

積水灘又謂之淨叢湖南有高廟北有滙通祠者是也德勝門大街以東今醇親王府前者謂之後海即所謂十刹海者是也三座橋以東響閘迤左者謂之前海即所謂蓮花泡子者是也今之游者但謂之什刹海焉凡開花時北岸一帶風景最佳綠柳垂絲紅衣膩粉花光人面掩映迷離直不知人之為人花之為花矣

謹按日下舊聞考積水灘淨業湖一帶古名海子園亭亟多有蓮花社蝦菜亭鏡園漫園楊園定園諸勝今皆析為民居矣前明李東陽西涯故居似在今恭親王府東南隅前海北岸非

淨業湖也。蓋鼓樓、響閘正在其左右耳。

附錄元宋本海子上即事詩

渡橋西望似江鄉，隔岸樓臺罨畫粧。十頃玻璃秋影碧，照人騎馬過宮牆。

又元許有壬飲海子舟中江城子詞

柳梢烟重滴春嬌。傍天橋。住蘭橈。吹暖香雲，何處一聲簫。天上廣寒宮闕近，金晃朗，碧岧嶤。誰家花外酒旗高。故相招。儘飄搖。我政悠然，雲水永今朝。誰道斜街風物好，纔此去，便

塵囂

掃晴娘

六月乃大雨時行之際凡遇連陰不止者則閨中兒女剪紙為人懸於門左謂之掃晴娘

丟針 以下七月

京師女子於七月七日以碗水暴日下各投小針浮之水面徐視水底日影或散如花動如雲細如線觕如椎因以卜女之巧謂之丟針

鵲填橋

七月七日清晨烏鴉喜鵲飛鳴較遲俗謂之塡橋去

謹按日下舊聞考金元宮中於七月七日穿鵲橋補子上元日穿燈景補子端午日穿壺盧補子蓋亦點綴節景之意若我

朝則崇尚節儉不復有此兒戲之事矣

中元

中元不爲節惟祭掃墳塋而已

荷葉燈蒿子燈蓮花燈

中元黄昏以後各巷兒童以荷葉燃燈沿街唱曰荷葉燈荷葉燈今

卅五

日點了明日扔又以青蒿粘香而燃之恍如萬點流螢謂之蒿子燈市人之巧者以各色綵紙製成蓮花蓮葉花籃鶴鷺之形謂之蓮花燈

謹按日下舊聞考荷葉燈之製自元明以來即有之今尚沿其舊也

法船

中元日各寺院製造法船至晚焚之有長至數丈者

盂蘭會

又設盂蘭會燃燈唪經以度幽冥之沉淪者

按釋經云目蓮以母生餓鬼中不得食佛令作盂蘭盆會于七月十五日以百

味五果著盆中供養十方大德而後母得食目蓮白佛凡弟子行孝順者亦應奉盂蘭盆供養佛言大善後世因之又釋氏要覽云或謂盂蘭盆乃天竺國語猶華言解倒懸也今人設盆以供誤矣

放河燈

運河二閘自端陽以後遊人甚多至中元日例有盂蘭會扮演秧歌獅子諸雜技晚間沿河燃燭謂之放河燈中元以後則遊船歇業矣

按宸垣識略大通橋在東便門外至通州石壩計四十里地勢高下四丈中間設慶豐等五閘以蓄水每閘各設官吏編夫一百八十名造剝船

卅六

公□齋

三百支大通河舊名通惠河元郭守敬所鑿
國朝康熙乾隆間屢加疏濬漕艘之分運京倉者實利賴焉慶
豐閘俗名二閘平津閘俗名高明店

附錄勞宗茂遊二閘詩

紅船白板綠烟絲好句楊州杜牧之何事大通橋上望風光一樣
動情思

慶豐纔過又平津立遍通渠轉運處頻莫謂盈盈衣帶水勝他
多少犢車輪

此行之系接六十四頁第十二行

江南城隍廟

江南城隍廟在正陽门外南横街之東先農壇之西北康熙年建内

本朝康熙年建内有塑城隍行宮每歲中元及清明十月朔日有廟市

都人迎賽祀孤

按寄園寄所寄都者美也詩云彼都人士以帝王所居文物齊整士女閒

故曰都門曰都人

中秋　以下八月

京師之曰八月節者即中秋也

每屆中秋府第朱门皆以月餅珍果相餽贈至十五月圓時

廿七

陳瓜果於庭以供月并祀以毛豆雞冠花是時也皓魄當空彩雲初散傳杯洗盞兒女喧嘩真所謂佳節也惟供月時男子多不行禮故京師諺曰男不拜月女不祭竈

月光馬

京師謂神像為神馬不敢斥言神也月光馬者以紙為之上繪太陰星君如菩薩像下繪月宮及搗藥之玉兔人立而執杵藻彩精緻金碧輝煌市肆間多賣之者長者七八尺短者二三尺頂有二旗作紅綠色或黃色向月而供之焚香行禮祭

江南城隍庙

江南城隍庙在正陽门外南横街之東先農壇之西北康熙年建內

本朝康熙年建内有塑城隍行宫每歲中元及清明十月朔日有庙市

都人迎賽祀孫

按寄園寄所寄都者美也詩云彼都人士以帝王所居文物齊整士女閑雅為美故曰都门曰都人

中秋　以下八月

京師之曰八月節者即中秋也

每届中秋府第朱门皆以月餅珍果相餽贈至十五月圓時

廿七

公雲齋

陳瓜果於庭以供月并祀以毛豆雞冠花是時也皓魄當空彩雲初散傳杯洗琖兒女喧嘩真所謂佳節也惟供月時男子多不行禮故京師諺曰男不拜月女不祭竈

月光馬

京師謂神像為神馬不敢斥言神也月光馬者以紙為之上繪太陰星君如菩薩像下繪月宮及搗藥之玉兎人立而執杵藻彩精緻金碧輝煌市肆間多賣之者長者七八尺短者二三尺頂有二旗作紅綠色或黃色向月而供之焚香行禮祭

畢與千張元寶等一并焚之

按宛署雜記阡張鑿紙為条與冥錢同

九節藕

内廷供月例用九節藕

蓮瓣西瓜

凡中秋供月西瓜必參差切之如蓮花瓣形

月餅

中秋月餅以前门致美齋者為京都第一他處不足食也至供月〻餅

到處皆有大者尺餘上繪月宮蟾兔形有祭畢而食者有留至除夕而食者謂之團圓餅

按帝京景物略八月十五日祭月其祭果餅必圓分瓜必牙錯瓣刻之如蓮花形紙肆市月光紙繢滿月趺坐蓮花者月光徧照菩薩也華下月輪桂殿有兔杵而人立搗藥臼中紙小者三尺大者丈工緻者金碧繽紛家設月光位於月所出方向月供而拜則焚月光紙徹所供散家之人必徧月餅月果戚屬餽相報餅有徑二尺者女歸寧是日必返其夫家曰團圓節也以上所云與今强半相同供月之說其來

舊矣

兔兒爺攤子

每屆中秋市人之巧者以黃土摶成蟾兔之像謂之兔兒爺有甲冑而

張蓋者有甲冑而帶纛旗者有騎虎者有默坐者大者三尺小者尺餘

其餘匠藝工人無美不備蓋亦謔而虐矣

附錄魏之琇兔兒爺詩

卯君家世本蟾宮幻列衣冠氣象雄却笑團圞好時節素娥

翻自怨秋風

卅九

皂君庙

皂君庙在崇文门外每至八月自初一日起開庙三日蓋即皂君誕日也

九月九 以下九月

京師謂重陽為九月九每屆九月九日則都人士提壺攜榼出郭登高南則天寧寺陶然亭龍爪槐等處北則薊门烟樹清淨化城等處遠則西山八剎等處賦詩飲酒烤肉分糕洵一時之快事也

謹按日下舊聞考天寧寺在廣寧门外二里許塔高二十七丈五尺五寸隋仁壽二年建以安舍利寺在元魏為光林在隋為宏業在唐為天王在金為

大萬安前明宣德中改曰天寧
本朝乾隆二十一年重脩名仍其舊陶然亭在正陽門外西南黑窰廠慈
悲菴内康熙乙亥工部郎中江藻建龍爪槐名興盛寺在陶然亭西北一
望之地舊聞考不載寺有二樓可以眺遠所謂龍爪槐者今已無存矣
薊門煙樹在德勝門外土城關相傳是古薊邱舊有樓館並廢但
門存二土阜旁多林木蓊鬱蒼翠故為八景之一今門已無存林木亦
憔悴清淨化城舊聞不載已見前篇西山八刹在阜成門外八里庄西北
二十里名翠微山又曰盧師山又曰平陂山所謂八刹者其說不一以今日論

四十

之在翠微山下東向者曰長安寺寺東北山巔南向者曰秘魔崖寺西北山麓有塔者曰靈光寺塔下有池池北有新築戒台靈光寺迤北東向者曰三山菴三山菴東北南向有牌坊者曰大悲寺正北東向有靈泉者曰龍王堂龍王堂迤北者曰香界寺俯視香界者曰寶珠洞此即所謂八刹也長安寺即善應寺三山菴舊聞不載靈光寺係合翠微寺而一之塔基鉄燈至今尚存

附錄緬脩顧莊龍爪槐記

興誠寺在黑窰廠之南建于宋時脩于明萬歷間故有龍爪槐一本歷

三百年見於徐虹亭釚菊莊詞話人遂以名其寺而興誠之名轉隱戒僧月亭浙之海昌人為吾鄉淡雲和尚法嗣性樸誠能書畫士大夫喜與之遊主持松筠菴奉祀楊椒山先生三十年矣道光二年購此寺為松筠下院顧少司農皋題山門額曰龍槐寺寺僅有前殿及東西兩廂皆脩葺一新鮑少司空桂星與月亭交最深重其清介贈白銀二百為香火資月亭不欲獨受復募於素所遊者重建大士殿及凌虛閣蒹葭簃余喜其地之清幽且以月亭之可與語也暇時輒登閣以望遠贈以楹帖云鱗作之而本無樹身原

清淨不看山蓋因西山在其右為牆垣所遮古槐已萎新植者尚不成陰故也月亭笑曰林木非培養根柢不能出前可以人力引之也因於西偏隙地築樓空其西牖日看山而屬余記之時道光八年三月也翰林院編脩吳縣顧蒓撰鴻臚寺少卿吳江程邦憲書

又鮑桂星蒹葭閣詩并序

京師城南龍爪槐寺蒹葭閣月亭上人出新意所構也同人索余詩落之將屬和焉謂他日流傳如棗花寺青松紅杏卷亦一佳話而野

雲朱文又欣然泚筆為之圖余不獲辭勉成五律四章僭書卷
端以當唱導云爾　道光甲申初伏日
小樓爭遠眺高出古槐枝野廓青三面天空碧四垂禪心生匠巧
物外得神奇春水秋煙際蒹葭觸我思
吟眸舒不極一面讓西山世事難兼美吾生幾得閒坐遲清梵
度行踏落花還檻外陶然景那能及此間
眺雪宜冬際（霽）披風愛夏涼春秋足佳日嘯詠到斜陽老惜朋簪
少間知駒隙忙遠公吾舊雨蓮社伴徜徉

四二

我有梅花屋閑窗列翠巒歸舟纔小住走馬又長安庭樹經
年長溪雲繞夢寒斯亭殊不惡只當故鄉看

釣魚臺

釣魚台在阜成門外三里許有行宫一所每屆重陽京師少年多於此處賽馬

謹按日下舊聞考釣魚台在三里河西北里許乃金主遊幸處台前有泉從地涌出冬夏不竭凡西山麓之支流悉灌注于此元時謂之玉淵潭為丁氏園池

國朝乾隆二十八年濬治成湖以受香山新開引河之水復于下口建設閘座俾資蓄洩湖水合引河水由三里河達阜成门之護城河三十九年始命脩建台座

御書釣鱼台三字懸之

恭錄乾隆三十九年

御製釣鱼台詩

釣鱼台水別一源毀於台下湧洌泉亦受西山夏秋潦漫為沮洳行旅艱通來治水因治此大加開拓成湖矣置閘下口為節宣滙以成川

四三

松雲齋

向東釃分流内外護城池金湯萬載鞏皇基衆樂康衢物滋阜

由來諸事在人為

附錄明嚴嵩釣魚台詩

金代遺踪寄草萊湖邊猶識釣魚台沙鷗汀鷺尋常（在）曾見龍

舟鳳舸來

花糕

花糕有二種其一以糖麵為之中夾細果兩層三層不同乃花糕之貴者也其一

蒸餅之上星星然綴以棗栗乃花糕之賤者也每屆重陽市肆間預為製造

以供用

按析津志九月九日都人以麵為糕饋遺作重陽節亦於闤闠中笊筴蘆席吁賣與今同又帝京景物畧麵餅種棗栗其面星星然曰花糕糕肆標綠旗父母必迎其女來食曰女兒節今糕肆無標旗者亦無迎女來食者蓋風尚之不同也

九花山子

九花者菊花也每屆重陽富貴之家以九花數百餘盆架度屋下前軒後輊望之若山故名曰九花山子四面堆積者曰九花塔

注曰花城即今之花山也蓋京師之菊種類最繁有陳秋新

糟蟹良鄉酒鴨兒廣柿子山裏紅

重陽時以良鄉酒配糟蟹等而嘗之最爲甘美良鄉酒者本產於良鄉近京師亦能造之其味清醇飲之舒暢但畏長熱不能過夏耳鴨兒廣梨屬形如木瓜色如鴨黃廣者黃之轉音也柿子山裏紅其用尤多皆京畿應時之物也

按寄園寄所寄明高帝微時過剩柴村已經二日不食矣行漸伶仃至一所乃人家故園垣缺樹彫是兵火所殘者帝悲歎之緩步周視東北隅有

以供用

按析津志九月九日都人以麵為糕饋遺作重陽節亦於闤闠中笊筴籚席叫賣與今同又帝京景物略麵餅種棗栗其面星星然曰花糕糕肆標綠旗父母必迎其女來食曰女兒節今糕肆無標旗者亦無迎女來食者蓋風尚之不同也

九花山子

九花者菊花也每屆重陽富貴之家以九花數百餘盆架度屋下前軒後輊望之若山故名曰九花山子四面堆積者曰九花塔

謹　日下舊聞考

按陳理詩注曰花城即今之花山也蓋京師之菊種類最繁有陳秋新

糟蟹良鄉酒鴨兒廣柿子山裏紅

重陽時以良鄉酒配糟蟹等而嘗之最為甘美良鄉酒者本産於良鄉近京師亦能造之其味清醇飲之舒暢但畏熱不能過夏耳

鴨兒廣梨屬形如木瓜色如鴨黄廣者黄之轉音也柿子山裏紅其用尤多皆京畿（師）應時之物也

按寄園寄所寄明高帝微時過剩柴村已經二日不食矣行漸伶仃至一所乃人家故園垣缺樹彫是兵火所戕者帝悲歎之緩步周視東北隅有

一樹霜柿正熟帝取食之食十枚使飽又惆悵久之而去乙未夏帝拔采石取太平道經於此樹猶在帝指樹以前事語左右因下馬加之赤袍曰封爾為凌霜侯是柿曾有功於人主矣則記之豈瑣瑣哉他物之記亦邀柿之

以行之下接六十五頁第七行

十月一　以下十月

十月初一日乃都人祭掃之候俗謂之送寒衣

按北京歲華記十月朔上塚如中元祭用豆泥骨朵豆泥骨朵乃元人語今不知為何物矣又帝京景物畧十月朔紙坊剪紙五色作男女衣長尺

四五

公雲齋

有咫曰寒衣有疏印緘識其姓字行輩如寄書然家〻脩具夜奠呼而焚之其門曰送寒衣今則以包袱代之有送寒衣之名無寒衣之實矣包袱者以冥鏹封於紙函中題其姓名行輩如前所云

添火

京師居人例於十月初一日添火〔設煤〕二月中旬徹火之爐係不灰木為之白於樹石輕煖堅固

按析津志西山化名根名之曰不灰木以之為粗布及器皿不畏火今西山有之

此条所記未盡得實以之為器皿則可為粗布則從未之見或即火浣布

一樹霜柿正熟帝取食之食十枚便飽又惆悵久之而去乙未夏帝按采石取太平道經於此樹猶在帝指樹以前事語左右因下馬加之赤袍曰封爾為淩霜侯是柿曾有功於人主矣則記之豈瑣瑣哉他物之記亦邀柿之幸也

十月一 以下十月

十月初一日乃都人祭掃之候俗謂之送寒衣

按北京歲華記十月朔上塚如中元祭用豆泥骨朵豆泥骨朵乃元人語今不知為何物矣又帝京景物畧十月朔紙坊剪紙五色作男女衣長尺

有恩曰寒衣有疏印緘識其姓字行輩如寄書然家家脩具夜奠呼而焚之其門曰送寒衣今則以包袱代之有送寒衣之名無寒衣之實矣包袱者以冥鏹封於紙函中題其姓名行輩如前所云

添火

京師居人例於十月初一日添火二月中旬徹火之爐係不灰木為之白於礬石輕煖堅固

按析津志西山化石根名之曰不灰木以之為粗布及器皿不畏火今西山有之

此条所記未盡得实以之為器皿則可為粗布則從未之見或即火浣布

之訛況此木実産易州非西山也

風箏鞬兒琉璃喇叭咘咘噔太平鼓空鐘

兒童玩好亦有関於時令京師十月以後則有風箏鞬兒等物蓋風箏者縛竹為骨以紙糊之製成仙鶴孔雀鴻雁飛虎之類繪畫亟工兒童放之空中最能清目鞬兒者墊以皮錢襯以銅錢束以雕翎縛以皮帶兒童踢弄之足以活血禦寒琉璃喇叭者口如酒盞柄長二三尺咘咘噔者形如壺盧而長柄大小不一皆琉璃廠所製兒童呼吸之足以導引清氣太平鼓者係鉄圈之一面蒙以驢皮形如團扇柄下綴以鉄環兒童三五成羣以籐杖擊之鼓聲鼕鼕然環

声錚〻然上下相應即所謂迎年之鼓也空鐘者以竹為之形如車輪中有短軸
兒童以雙杖繫棉線播弄之儼如天外晨鐘

謹按日下舊聞考紙鳶古傳韓信所作五代漢李李業與隱帝為
紙鳶於宮門外放之鞬兒即鞬子以鉛錫為錢裝以雞羽小兒三五成羣
有裏外簾拖鎗聳膝突肚佛頂珠剪刀拋之名色亦蹴踘之遺事也琉
璃喇叭舊聞不載咘〻噔即鼓璫亦名響壺盧又名倒掖氣小者三四
寸大者或至徑尺其色紫者居多小兒口銜噓吸成声又引帝京景物畧
謂元夕童子撾鼓旁夕向曉曰太平鼓今自十月即有之不必在元夕矣至謂

太平鼓即羯鼓者非也羯鼓者乃今梨園所用之迸鼓以雙杖擊之故唐人詩曰頭如青山峯手如白雨点若單杖擊之安能如此繁密耶空鐘舊聞不載

附錄魏之琇風箏詩

風勁幽燕自昔聞春來百幻盡凌雲青天碧石海魚龍戲鉄笛空夜月曾傳散楚軍

又錄魏之琇響壺盧詩

皎似冰壺徹底清微微呼吸類調笙兒童更愛新翻樣畫角喑嗚作楚声

又錄魏之琇抖空鐘詩

裁竹成形腰鼓如兩端縋索弄徐徐當風急轉如流水山寺聞鐘

此行之下接六十五頁第十五行有餘

踢毬

十月以後寒賤之子琢石為毬以足蹴之前後交擊為勝蓋京師冬寒足趾疲凍兒童踢弄之足以活血禦寒亦毽子之類也

謹按吳舊聞考踢毬一事自金元以來即有之不自今日始矣

蛐蛐兒聒聒兒油壺盧

太平鼓即羯鼓者非也羯鼓者乃今梨園所用之迸鼓以雙杖擊之故唐人
詩曰頭如青山峯手如白雨点若單杖擊之安能如此繁密耶空鐘舊聞不載

附錄魏之琇風箏詩

風勁幽燕自昔聞春來百幻盡淩雲青天碧若海魚龍戲鉄笛空夜月曾
傳散楚軍

又錄魏之琇響壺盧詩

皎似冰壺徹底清微微呼吸類調笙兒童更愛新翻樣畫角暗
嗚作楚声

四七

又錄魏之琇抖空鐘詩

裁竹成形腰鼓如兩端繩索弄徐徐當風急轉如流水山寺聞鐘韻有餘

踢毬

十月以後寒賤之子琢石為毬以足蹴之前後交擊為勝蓋京師冬寒足趾痠凍兒童踢弄之足以活血禦寒亦毽子之類也

謹按日下舊聞考踢毬一事自金元以來即有之不自今日始矣

蛐蛐兒聒聒兒油壺盧

蟲鳥之鳴最関時令而人力所致亦能與時令相轉移是亦有関時令矣京師五月以後則有聒聒兒沿街叫賣每枚不過一二文至十月則熯熅者生每枚可值數千矣七月中旬則有蛐蛐兒貴者可值數金以其能戰鬬也至十月則一枚不過數百文取其鳴而已矣蛐蛐兒之類又有油壺盧當秋令時一文可買十餘枚至十月則一枚可值數千文蓋其鳴時鏗鏘斷續聲韻而長冬夜聽之可悲可喜真閒人之韻事也故秋日之蛐蛐罐有永樂官窰趙子玉淡園主人靜軒主人紅澄漿白澄漿之別佳者數十金一對冬月之聒聒兒壺盧油壺盧葫盧佳者亦數十金一對以紫潤堅厚者為上即所謂壺

盧器者是也是之故京師世族貧者居多浩財之道实不止声色珠玉而已也
謹按日下舊聞考永定门外五里胡家村產促織善鬥勝他產促織者感
秋而生其音商其性勝今都人能種之留其鳴深冬其法实土于盆養之虫
生子土中入冬以其土置暖炕日水洒綿覆之伏五六日土蠕蠕動又伏七八日如蛆然置
子蔬葉仍洒覆之足翅成漸以黑匝月則鳴細於秋入春反僵也促織即蟋蟀
別種有三肥大色澤如油者曰油壺盧首大者曰梆子頭銳喙者曰老米嘴
(甚失本意)
云云以今日按之促織蟋蟀皆蛐蛐之正名絡緯聒聒兒之正名或謂聒聒兒
者即螻蟈也

恭錄乾隆十三年

御製咏絡緯詩 并序

皇祖時命奉宸苑使取絡緯種育於煖室蓋如煴花之能開臘底也每

設宴則置繡籠中唧唧之声不絶遂以為例絡緯者便腹青色以股

躍以短翼鳴其声聒聒以其声名之曰聒聒兒

羣知絡緯到秋吟耳畔何來唧唧音却共煴花榮此日將哂冷菊背而

今夏虫乍可同冰語朝槿原堪入朔尋生物機緘緣格物一斑猶見

聖人心

栗子白薯中果南糖薩齊瑪芙蓉糕冰糖壺盧

京師食品亦有關於時令十月以後則有栗子白薯等物栗子出北山用黑沙炒熟甘美異常青燈諷讀之餘剝而食之頗有味外之味白薯貧富皆嗜不假扶持用火煨熟自然甘美較之山藥芋頭尤足濟世可方為樸實勤能之君子中果南糖到處有之薩齊瑪乃滿洲餑餑以冰糖奶油合白麵為之形如糯米用不灰木烘爐烤熟遂成方塊甜膩可食芙蓉糕與薩齊瑪同但面有紅糖耳冰糖壺盧乃用竹籤貫以葡萄山藥豆海棠果山裏紅等物蘸以冰糖甜脆而涼冬夜食之頗能去煤炭之氣皆京師物產也

按宸垣識畧前明冬至日賜百官甜食一盒凡七種一松子海哩嗻鄭
以偉曰嗻字諸字書不載今亦不識海哩嗻為何物蓋緣元人語也
正可與薩齊瑪為對又戒菴漫筆載前明四月八日賜百官午門外
食不落夾不落夾者亦元人語也或云麵食或云粽子以鄙意揣之或即今
之涼糕歟是不可得而考矣因記薩齊瑪故連類及之

恭錄乾隆八年

御製食粟詩

小熟大者生大熟小者焦大小得均熟要在火候調堆盤陳玉几所恃

五十

獻歲同春椒何須學高士圍爐芋魁燒

梧桐交嘴老西兒祝頂紅老西兒燕巧兒

禽鳥之來最關時令京師十月以後則有梧桐等物梧桐者長六七寸灰身黑翅黃嘴短尾市兒買而調之能于空中接彈丸謂之打彈兒交嘴者長四五寸嘴左右交以別雌雄有紅黃二色訓而擾者能開鎖啣旂祝頂紅者小於家雀而紅其頂技如交嘴而靈巧過之老西兒者形如梧桐而黑嘴技同而價賤餵食之輩亦有食之者燕巧兒者形如燕子亦能空中接彈丸速此皆京師京時禽也至於秋天鴻雁社日烏衣則有月令在

此行二下接六十五頁第十三行

按宸垣識畧前明冬至日賜百官甜食一盒凡七種一松子海哩嗹鄭
以偉曰嗹字諸字書不載今亦不識海哩嗹為何物蓋緣元人語也
哥與薩齊瑪為對又戒菴漫筆載前明四月八日賜百官午門外
食不落夾不落夾者亦元人語也或云麵食或云粽子以鄙意揣之或即今
之涼糕歟是不可得而考矣因記薩齊瑪故連類及之

恭錄乾隆八年

御製食栗詩

小熟大者生大熟小者焦大小得均熟所恃要在火候調堆盤陳玉几

獻歲同春椒何須學高士圍爐芋魁燒

梧桐　交嘴　老西兒　祝頂紅　老西兒　燕巧兒

禽鳥之來最關時令京師十月以後則有梧桐等物梧桐者長六七寸灰身黑翅黃嘴短尾市兒買而調之能于空中接彈丸謂之打彈兒交嘴者長四五寸嘴左右交以別雌雄有紅黃二色訓而擾者能開鎖啣旂祝頂紅者小於家雀而紅其頂技如交嘴而靈巧過之老西兒者形如梧桐而黑嘴技同而價賤饕餮之輩亦有食之者燕巧兒者形如燕子亦能空中接彈丸而飛騰尤速此皆京師京時禽也至於秋天鴻雁社日烏衣則有月令在

翻褂子 以十一月

冬至月初一日臣工之得着貂裘者均於是日一体穿用謂之翻褂子

冬至

冬至郊天令節百官呈進賀表民间不為節惟食餛飩而已與夏至之食麵同故諺曰冬至餛飩夏至麵

按漢書冬至陽氣起君道長故賀夏至陰氣起故不賀又演繁露世言餛飩是塞外渾氏屯氏為之此言殊穿鑿夫餛飩一物也豈必待二氏為之若分而言之將何者為餛何者為飩耶要之餛飩者（湯餅中）北方之一食物更不必

五一

求其出處矣

恭錄乾隆二十三年

御製冬至日視朝詩

百官劍佩集明廷班末陪臣謁覲聆是日哈薩克使臣行礼黃道星辰聯

畢日卯小陽節候靄元冥東鶼西鰈誰分域琉球使臣適亦隨班叩闕北極南荒一

太寧遠服邇安心敢肆敬

天勤政

訓聰聽

此行之下接六十五頁第十六行

九九消寒圖

消寒圖乃九格八十一圈自冬至起日塗一圈上陰下晴左風右雨雪當中

按帝京景物略冬至日人家畫素梅一枝為瓣八十有一日染一瓣瓣盡而九九

八日九九消寒圖此事予兒時曾為之不謂與古暗合也

拖牀

冬至以後水澤腹堅則十剎海護城河二閘等處皆有冰牀一人拖之其行甚駛長約五尺寬約三尺以木為之脚有鉄条可坐三四人雪晴日暖之際如行玉壺中亦快事也惟立春以後則不可乘乘則甚危有陷入冰

五二

公雲齋

窟者而拖者逃矣近王大臣之有

恩命者亦准于

西苑门内乘坐拖牀牀甚華美上有冖如車篷可避風雪

按倚晴閣雜抄明時積水灘常有好事者聯十餘牀攜都藍酒具鋪

氍毹其上轉飲冰淩中以為樂此殆一時之豪舉非常有之事也

恭錄乾隆

御製臘日坐拖牀渡太液池誌興詩

破臘風光日日新曲池凝玉淨無塵不知待渡霜花冷暖坐冰牀

九九消寒圖

消寒圖乃九格八十一圈自冬至起日塗一圈上陰下晴左風右雨雪當中

按帝京景物畧冬至日人家畫素梅一枝為瓣八十有一日染一瓣瓣盡而九九出則春深矣曰九九消寒圖此事予兒時曾為之不謂與古暗合也

拖牀

冬至以後水澤腹堅則十剎海護城河二閘等處皆有冰牀一人拖之其行甚駛長約五尺寬約三尺以木為之腳有鐵條可坐三四人雪晴日暖之際如行玉壺中亦快事也惟立春以後則不可乘乘則甚危有陷入冰

寵者而拖者逃矣近王大臣之有

恩命者亦准于

西苑门内乘坐拖牀、、甚華美上有冖如車篷可避風雪

按倚晴閣雜抄明時積水灘常有好事者聯十餘〔牀〕攜都藍酒具鋪

躍踰其上轉飲冰凌中以為樂此殆〔誠〕一時〔之〕豪舉非常有之事也

恭錄乾隆

御製臘日坐拖牀渡太液池誌興詩

破臘風光日日新曲池凝玉淨無塵不知待渡霜花冷暖坐冰牀

過玉津

太液人行步玉花金鰲遥望鎖烟霞勝游不數瓊華島愛聽

寒林噪晚鴉

溜冰鞋

冰鞋以鐵為之中有單條縛于鞋上身起則行不能暫止技之巧者如

蜻蜓點水紫燕穿波殊可觀也

謹按日下舊聞考太液池冬月則陳冰嬉習勞行賞以簡武事而修

國俗云

恭錄乾隆

御製冰嬉賦序

陸行之疾者吾知其為馬水行之疾者吾知其為舟為魚雲行之疾者吾知其鶡鵬鵰鶚至於冰則向之族莫不躄躠膠滯滑擦而莫能施其技國俗有冰嬉者護膝以芾牢鞵以韋或底含雙齒使齧淩而不踣焉或踐鉄如刀使踐冰而步逾疾焉較東坡志林所稱更為輕利便捷惜自古無賦者故為賦之

又乾隆十一年

御製太液冰嬉十二韻

順時陳國俗擇地試雄觀號令傳河若威儀紀水官光凝元玉浦聲咽碎珠灘散處雲馳雨紛來雪噴湍端因智獨勝奚必力俱殫疾以徐斯疾安其危乃安御風列應讓逐日夸無難迅似巖飛電溫知犀避寒超羣殊閃爍作勢更盤跚擬議經催箭形容鏡舞鸞一時誇奪幟獨步早登壇一妙義韜鈐外憑人著眼看

打冰

冬至三九則冰堅于夜内鑿之聲如鏨石曰打冰三九以後冰雖堅不能用矣

按事物原會周成王命淩人掌冰歲十二月敕令斬冰納于淩陰淩陰者今之冰窖也周十二月今之十月也藏冰之制始此

賜貂

每至冬月凡乾清門侍衛大門侍衛均賜貂褂銀子人各數十金多寡不等

臘八粥　以下十二月

臘八粥者用黃米白米江米小米菱角米（栗子上）紅江豆去皮棗泥等合水煮熟外用染紅桃仁杏仁瓜子花生榛穰松子及白糖紅糖瑣瑣葡萄以作點染切不可用蓮子扁豆薏米桂元用則傷味每至臘七日則剝果滌器終夜經營至天明時則粥熟矣除祀先供佛外分餽親友不得過午並用紅棗桃仁等製成獅子小兒之類以見巧思

按燕都遊覽志十二月八日賜百官粥民間亦作臘八粥以果米雜成之品多者為勝今雖無百官之賜而朱門餽贈競巧爭奇較之古

人有過之無不及矣

大白菜

白菜者菘也大白菜者乃鹽醃白菜也凡送粥之家必以白菜為副菜之美惡可卜其家之盛衰

按廣羣芳譜白菜一名菘北方多入窖內不見風日長出苗葉皆嫩黃色脆美無比謂之黃芽乃白菜別種今之食者惟分皮之與心更無所謂別種也

雍和宮熬粥

雍和宫熬臘八粥特派大臣監視以昭誠敬其粥鍋之大可容數石米

祭皂

二十三日祭皂古用黄羊近聞内廷尚用之外間不見用也外間祭皂惟用南糖関東糖〻瓜糖餅及清水草豆而已糖者所以祀神也清水草豆者所以飼神馬也祭畢之後將神像揭下與千張元宝等一併焚之至除夕接神時再行供奉是日鞭炮亟多俗謂之小年下

五六

謹按日下舊聞考臣等謹按京師居民祀竈仍沿舊俗禁婦女主祭其祀期用二十三日惟南省客户用二十四日如劉侗所稱也

春聯

春聯者即桃符也自入臘以後即有文人墨客在市肆簷下書寫春聯以圖潤筆祭竈之後則漸次粘挂千門萬户焕然一新或用硃箋或用紅紙惟內廷及宗室王公等例用白紙緣以紅邊藍邊非宗室者不得擅用

門神

門神皆甲冑執戈懸弧佩劍或謂為神荼鬱壘或謂為敬德秦瓊其實皆非也但謂之门神可矣夫门為五祀之首別非邪神都人神之而不祀之失其旨矣

附錄張劭門神詩

功名一紙笑空虛也比淩雲畫像初每到殘年催致仕却逢新歷當除書衣冠濫買光朱戶靈爽難邀式敝廬負腹將軍癡宰相赫然、相對復何如

除夕

五七

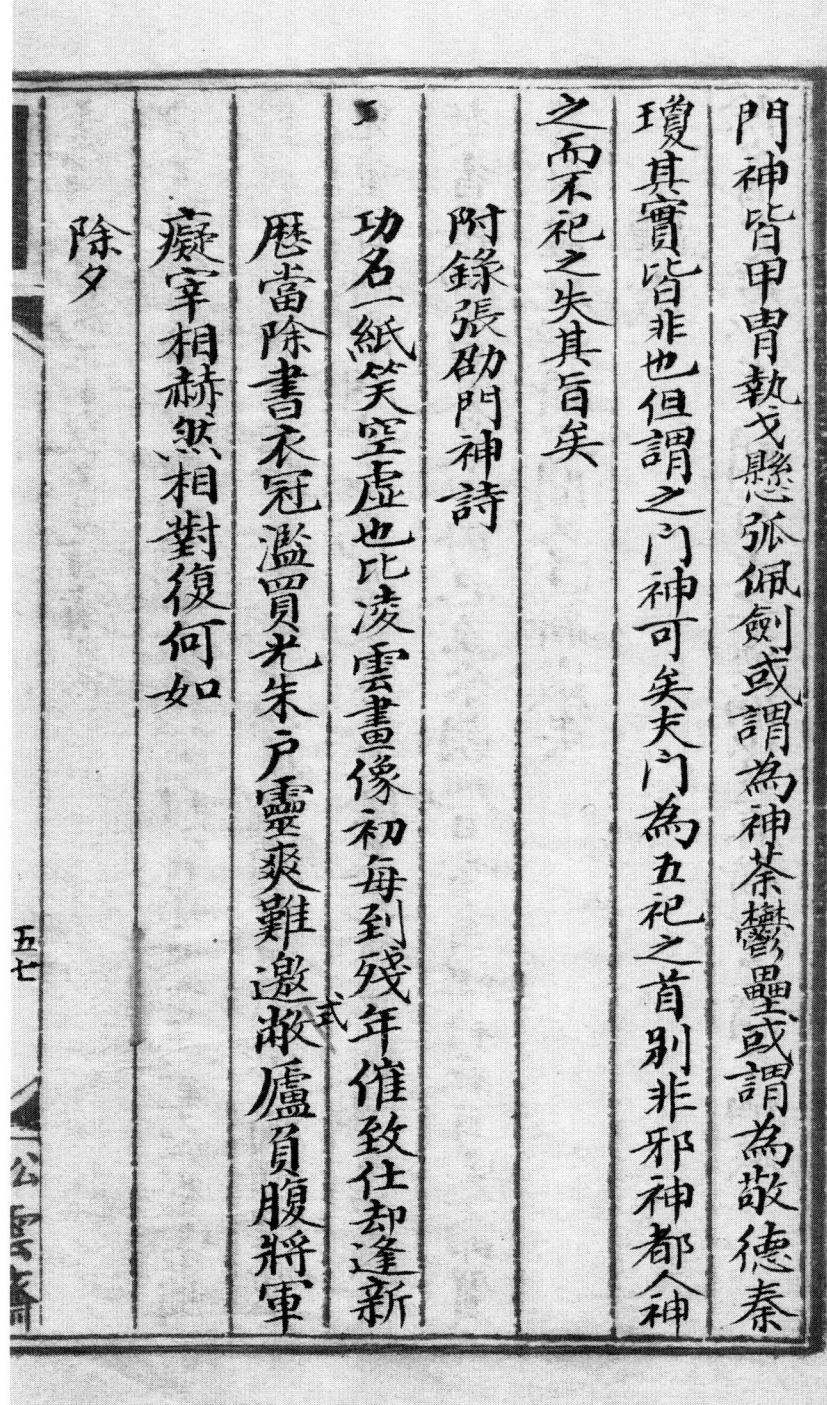

京師謂除夕為三十晚上是日清晨皇上陞殿受賀庶僚叩謁本管謂之拜官年世胄之家致祭宗祠懸掛影像黄昏之後合家團坐以度歲酒漿羅列燈燭輝煌婦女兒童皆擲骰鬥葉以為樂及亥子之際天光愈黑鞭炮益繁列案焚香接神下界合衣少卧已至來朝旭日當窗爆竹在耳家人叩賀喜氣盈庭轉瞬之間又逢新歲矣

躧歲

除夕自戶庭以至大門行走之處徧以芝麻稭撒之謂之跴歲

年飯

年飯用金銀米為之上插松柏枝綴以金錢棗栗龍眼香枝破五之後方始去之

唐花

凡賣花者謂熏治之花為唐花每至新年互相餽贈牡丹呈豔金橘垂黃滿座芬芳温香撲鼻故又謂之三春豔冶盡在一堂故又謂之堂花也

謹按日下舊聞考京師臘月即賣牡丹梅花緋桃探春諸花皆

貯暖室以火烘之所謂唐花又名堂花也其法自漢即有之漢世大官園冬葱韭菜茹覆以屋廡晝夜爔熅火得溫氣諸菜皆生召信臣為少府謂此皆不時之物有傷於人不宜以供奉養奏罷之唐人詩曰內園分得溫湯水二月中旬已進瓜亦是此法

恭錄乾隆二十四年

御製戲詠唐花詩

爔熅嫗嫗萬芳新巧得天工火迫春設使言行信且傳憐他

失業賣花人

附錄查嗣瑮灰洞詩

出窖花枝作態寒窨房烘火暖催看年年天上春先到二月中

旬進牡丹

藏香

藏香乃西藏所製其味濃厚得沉檀芸降之全每屆歲除府第

朱門焚之徹夜檐牙屋角觸鼻芬芳真香中之富貴者也

摇錢樹

取松柏枝之大者插于瓶中綴以古錢元宝石榴花謂之摇錢樹

壓歲錢

以綵繩穿錢編作龍形置于牀脚謂之壓歲錢尊長之賜小兒者亦曰壓歲錢

天地桌

每届除夕列長案於中庭供以百分百分者乃諸天神聖之全圖也百分之前陳設蜜供一層平果乾果饅頭素菜年糕各一層謂之全供〻上籤以通草八仙及石榴元宝等謂之供佛花及接神時將百分焚化接遞焚香至初五日而止謂之天地桌

辭歲

凡除夕蟒袍補褂走謁親賓者謂之辭歲家人叩謁尊長亦曰辭歲新婚者必至岳家辭歲否則為不恭

迎喜神

除夕接神時以後即為新年於初次出房時必迎喜神所臨之方而拜之

恭錄乾隆十八年

御製帝都篇序文

帝都者唐虞以前都有地而名不著夏商以後始各有所稱

如夏邑周京之類是也王畿乃四方之本居重馭輕當以形勝為要則伊古以來建都之地無如今之燕京矣然在德不在險則又鞏金甌之要道也故序大凡於篇

恭錄雍正

御製帝京篇

磐石占幽薊幅員金湯固帝京幅員寧有外帶礪自堪盟形勢河山拱星文氣象清休徵荷地力瑞應感天成濟濟匡時器熙熙擊壤情溪流穿禁籞霞彩映重城日照朱甍麗塵飛

此行三下接六十六頁第四行

紫陌輕烟花織錦繡鶯燕唱昇平池暖魚吹絮蘭熏蝶抱英
新荷初浥露宿麥晚蒸晴極浦漁舟杳斜陽牧笛橫所希均
雨澤南畝問春耕

跋

歲時而記遊覽似屬與例不合然各處遊覽多有定期亦與
歲時相表裏其遊覽而無定期者概不編錄以示區別
二十六年歲次庚子三月十六日敦崇自記

此三行接六頁九行之次

魏之琇大判兒詩 末句妄改

衣冠熖熖踞當塗入夜兒童雜笑呼一片熱腸心更赤世間

曾得似君無 近宛平縣西城隍廟内有此

此十二行接十六頁三行之次

耍耗子耍猴兒耍苟利子跑旱船

京師謂鼠為耗子耍耗子者木箱之上縛以橫架將小鼠調熟有滚尔鑽

圈之技均以鑼聲為起止耍猴兒者木箱之内藏有羽帽烏紗猴手自啟箱

戴而坐之儼如官之排衙猴人口唱俚歌抑揚可聽古称沐猴而冠殆指此

也其餘扶犁跑馬之類亦能聽人指揮扶犁者以犬代牛跑馬者以羊易

紫陌輕烟花織錦繡鶯燕唱昇平池暖魚吹絮蘭熏蝶抱英
新荷初浥露宿麥晚蒸晴極浦漁舟杳斜陽牧笛橫所希均
雨澤南畝問春耕

跋

歲時而記遊覽似屬與例不合然各處遊覽多有定期亦與
歲時相表裏其遊覽而無定期者概不編錄以示區別
光緒二十六年歲次庚子三月十六日敦崇自記

附又魏之琇大判兒詩 末句妄改

衣冠熖熖踞當塗入夜兒童雜笑呼一片熱腸心更赤世間曾得似君無 近宛平縣西城隍廟內有此

耍耗子耍猴兒耍苟利子跑旱船

京師謂鼠為耗子耍耗子者木箱之上縛以横架將小鼠調熟有汲水鑽圈之技均以鑼聲為起止耍猴兒者木箱之內藏有羽帽烏紗猴手自啟箱戴而坐之儼如官之排衙猴人口唱俚歌抑揚可聽古称沐猴而冠殆指此也其餘扶犁跑馬之類亦能聽人指揮扶犁者以犬代牛跑馬者以羊易

馬也苟利子即傀儡子乃一人在布帷之中頭頂小台演唱打虎跑馬諸雜劇跑旱船者乃村僮扮成女子手駕布船口唱俚歌意在學遊湖而採蓮者抑何不自醜也凡諸雜技皆京南人為之正月最多至農忙時則舍藝而歸耕矣

附錄唐明皇傀儡吟

刻木牵絲作老翁雞皮鶴髮與真同須臾弄罷寂無事還似人生一夢中

十三行在廿頁頭行之次戲台

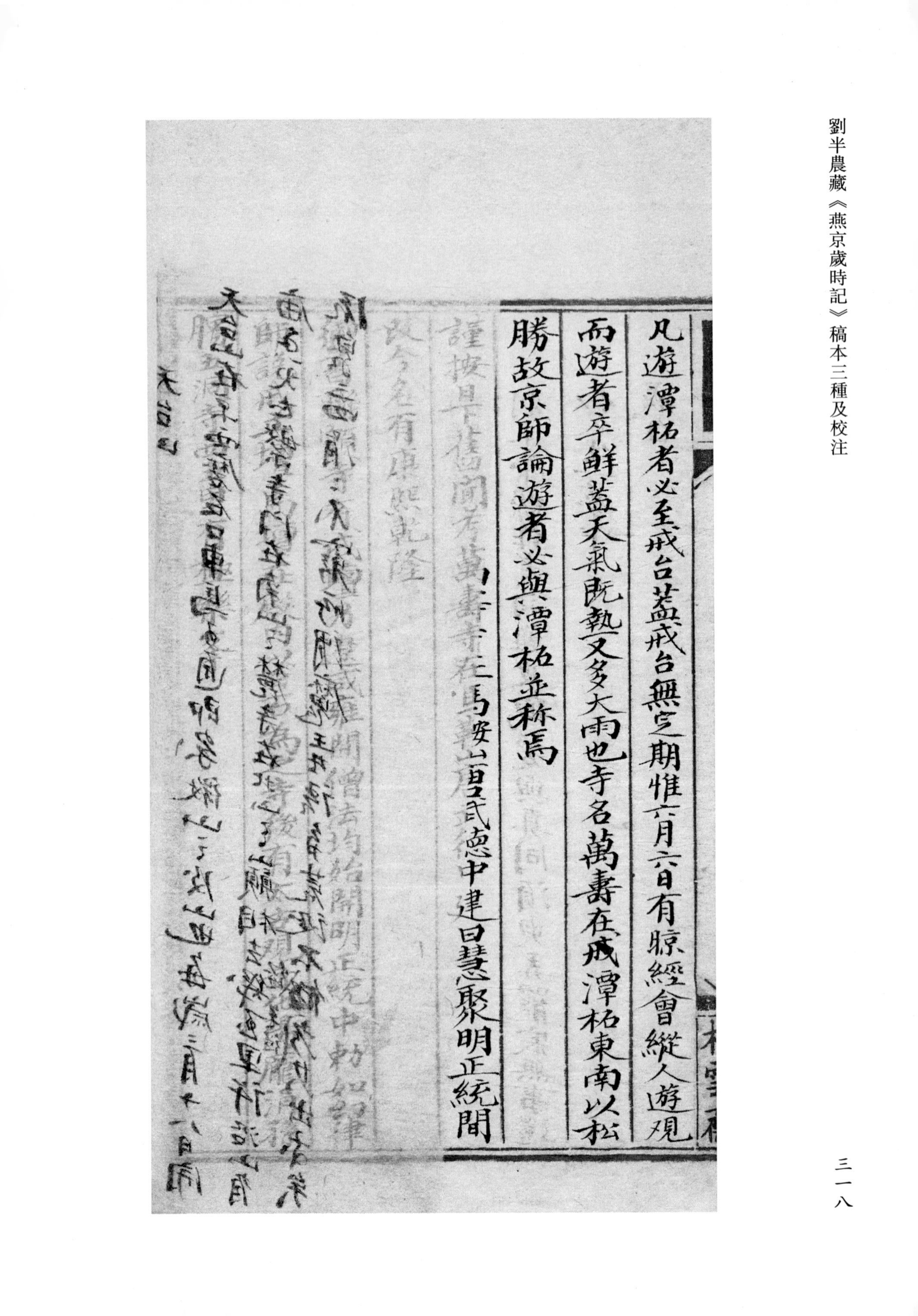

凡遊潭柘者必至戒台蓋戒台無定期惟六月六日有晾經會縱人遊觀而遊者卒鮮蓋天氣既熱又多大雨也寺名萬壽在戒潭柘東南以松勝故京師論遊者必與潭柘並称焉

謹按日下舊聞考萬壽寺在馬安鞍山唐武德中建曰慧聚明正統間改今名有康熙乾隆

[illegible]

馬也苟利子即傀儡子乃一人在布帷之中頭頂小台演唱打虎跑馬諸雜劇跑旱船者乃村童扮成女子手駕布船口唱俚歌意在學遊湖而採蓮者抑何不自醜也凡諸雜技皆京南人為之正月最多至農忙時則舍藝而歸耕矣

附錄唐明皇傀儡吟

刻木牽絲作老翁雞皮鶴髮與真同須臾弄罷寂無事還似人生一夢中

戒台

凡遊潭柘者必至戒台蓋戒台無定期惟六月六日有晾經會縱人遊覌而遊者卒鮮蓋天氣既熱又多大雨也寺名萬壽在戒潭柘東南以松勝故京師論遊者必與潭柘並稱焉

謹按日下舊聞考萬壽寺在馬鞍山唐武德中建曰慧聚明正統間改今名有康熙乾隆

御書聯額寺有戒壇乃遼咸雍間僧法均始開明正統中敕如幻律師說戒立壇焉壇在殿內以白石為之寺後有太古觀音化陽龐涓孫臏五洞寺西五里有極樂峯

天台山

天台山在京西磨石口車馬可通即翠微山之陂山也每歲三月十八日開廟香火甚繁寺門在南山之麓寺在北山之山巔相去幾一里許沿山有流泉之西涓涓不窮所謂魔王老爺荒誕不經無考矣

玫瑰　芍藥花

玫瑰其色紫潤甜香可人閨閣多愛之四月花開時沿街吆賣其韻悠揚晨起聽之最為有味芍藥乃豐台所產一望彌涯四月花含苞時折枝售賣遍歷城坊有楊妃傻白諸名色是之花者最為應序雖

六三

卌行在卌頁頭行之次

卌四行在卌頁十四行之次

加爛熅不能易候雨開是亦花中之強項令矣（君子強項令）

瑤台

瑤台即窑台在正陽门外黑窑廠地方時至五月則搭涼篷設茶具為遊人登眺之所亦南城之一古蹟也

謹按日下舊聞考黑窑廠為明代製造之所磚瓦之所本朝均交窑户備辦此廠遂廢其地坡壠高下蒲渚參差都人士登眺往往而集焉

夾竹桃

此四行在廿一頁五行之次

花魚大頭魚

京師三月有黄花魚即石首魚初次到時由崇文門監督照例進
呈否則為私貨雖有挾帶而來者不敢賣也四月有大頭魚即海鯽
魚其味稍遜例不進呈

此五行在廿六頁四行之次

花芍藥花

玫瑰其色紫潤甜香可人閨閣多多愛之四月花開時沿街吆賣其韵悠
揚晨起聽之最為有味芍藥乃豐台所産一望彌涯四月花含苞時
折枝售賣遍歷城坊有楊妃傻白諸名色是二花者最為應序雖

加爓熅不能易候而開是亦花中之強項令矣

君子强項令

卅六行在廿頁頭行之次

瑶台

瑶台即窑台在正陽门外黑窑廠地方時至五月則搭凉篷設茶具為遊登眺之所亦南城之一古蹟也

謹按日下舊聞考黑窑廠為明代製造之所磚瓦之所本朝均交窑户備辦此廠遂廢其地坡壠高下蒲渚參差都人士登眺往往而集焉

卅四行在廿頁十四行之次

夾竹桃

黄花鱼大頭鱼

京師三月有黄花鱼即石首鱼初次到時由崇文门監督照例進呈否則為私貨雖有挾帶而來者不敢賣也四月有大頭鱼即海鯽鱼其味稍遜例不進呈

玫瑰花芍藥花

玫瑰其色紫潤甜香可人閨閣多愛之四月花開時沿街吆賣其韻悠揚晨起聽之最為有味芍藥乃豐台所產一望彌涯四月花含苞時折枝售賣遍歷城坊有楊妃儍白諸名色是二花者最為應序雖

加爆熅不能易候而開是亦花中之强項令矣

君子　强項令

瑤台

瑤台即窑台在正陽门外黑窑廠地方時至五月則搭涼篷設茶具為遊人登眺之所亦南城之一古蹟也

謹按日下舊聞考黑窑廠為明代製造之所磚瓦之所本朝均交窑户備辦此廠遂廢其地坡壠高下蒲渚參差都人士登眺往〻而集焉

石榴夾竹桃

京師五月榴花正開鮮明照眼凡居人等往往與夾竹桃羅列中庭以為清玩榴竹之間必以魚缸配之朱魚數頭游泳其中幾於家家如此故京師諺曰天篷魚缸石榴樹蓋譏其同也

附錄京師消夏日閨辭拙作

夾竹桃開柳線長捲篷高覆午陰涼綺羅著體猶嫌重鸚鵡催人懶試粧甕枕漫添新汲水筠籠斜顫夜來香晚風過處偏貪坐月影朦朧上粉牆

碧玉簪花罷晚粧竹牀冰簟院中央春纖漫把芭蕉扇鈕

六四

公…齋

此三行在卅七頁

此九行在四十四頁

扣紙垂茉莉囊瓜果懶嘗防積冷流蘇不掩為貪涼更嫌燭焰

多塵濁戲捉飛螢放枕傍

染指甲

鳳仙花即透骨草又名指甲草五月花開之候閨閣兒女取而擣

之以染指甲鮮紅透骨經年乃消

西施粉　星々黄　去乃　楓林[illegible]吐　一稿背夕陽　金鈎挂玉

[illegible]面[illegible]有色其　[illegible]楊花[illegible]　[illegible]　[illegible]　鶴翎

曉天雲[illegible]　墨[illegible]麒麟　大紅[illegible]玉珠　芙蓉[illegible]　[illegible]　九　金針

[illegible]

秋紅針　[illegible]藍　[illegible]　[illegible]　紫[illegible]新　金盤[illegible]　[illegible]　其[illegible]

八十九

共十三[illegible]

金連環金匾金紫冠金紫背青肩平沙落雁玉池桃紅瀟湘妃子玉

京師五月榴花正開鮮明照眼凡居人等往往與夾竹桃羅列中庭以為清玩榴竹之間必以魚缸配之朱魚數頭游泳其中幾於家家如此故京師諺曰天篷魚缸石榴樹蓋譏其同也

附錄京師消夏日閒辭拙作

夾竹桃開柳線長捲篷高覆午陰涼綺羅著體猶嫌重鸎鵓催人懶試粧甆枕漫添新汲水筠籠斜顫夜來香晚風過處偏貪坐月影朦朧上粉牆

碧玉簪花罷晚粧竹牀冰簟院中央春纖漫把芭蕉扇鈕

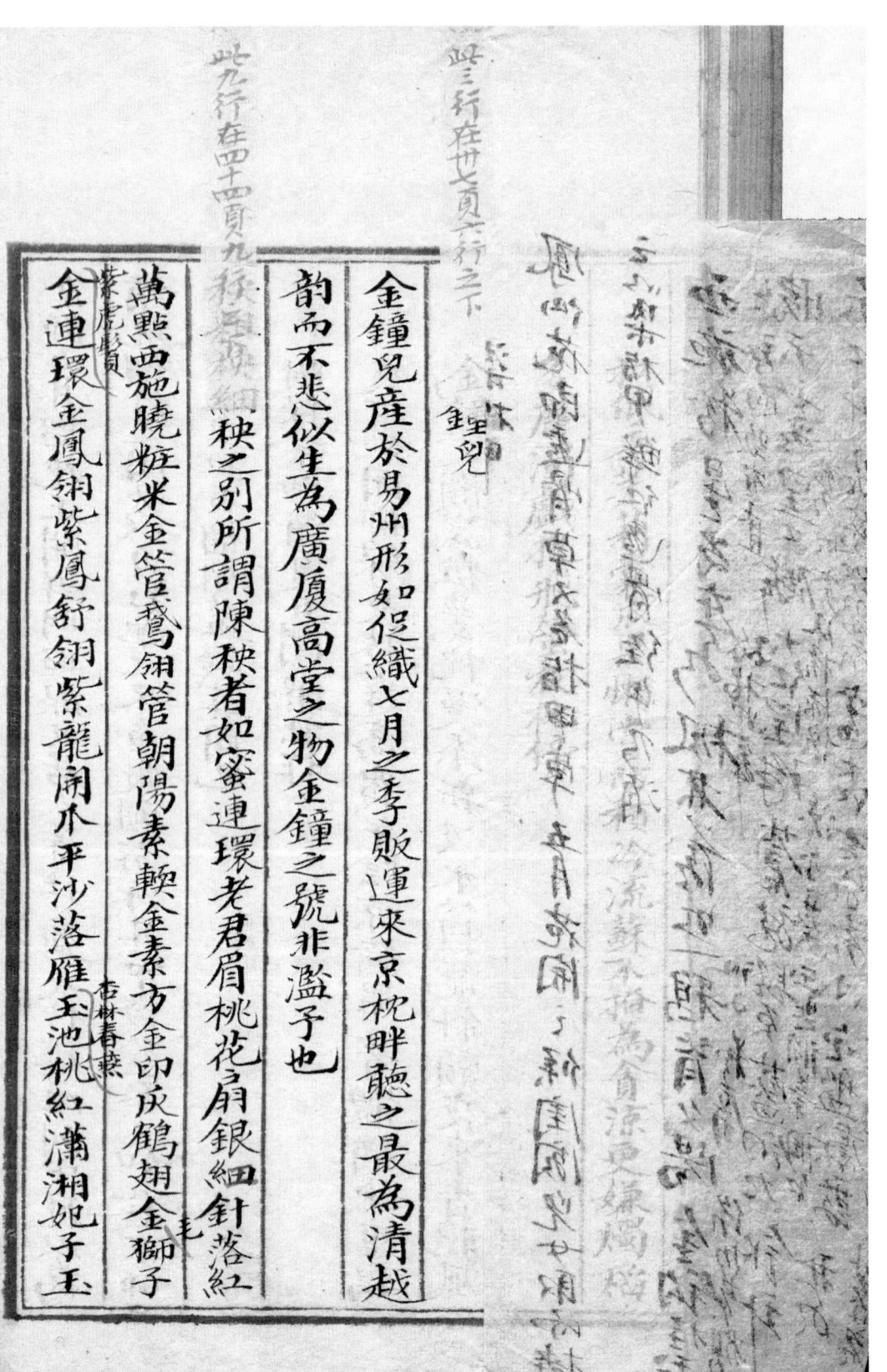

此三行在卌七頁六行之下

金鐘兒

金鐘兒產於易州形如促織七月之季販運來京枕畔聽之最為清越
韻而不悲似生為廣廈高堂之物金鐘之號非濫予也

此九行在四十四頁九行[illegible]

細秧之別所謂陳秧者如蜜連環老君眉桃花扇銀紅針落紅
萬點西施曉粧米金管鸞翎管朝陽素輳金素方金印灰鶴翅金獅子

紫虎鬚 毛

金連環金鳳翎紫鳳舒翎紫龍鬧木平沙落雁玉池桃紅瀟湘妃子玉

杏林春燕

京師五月榴花正開鮮明照眼凡居人等往往與夾竹桃羅列中庭以為清玩榴竹之間必以魚缸配之朱魚數頭游泳其中幾於家家如此故京師諺曰天篷魚缸石榴樹蓋譏其同也

附錄京師消夏日閨辭拙作

夾竹桃開柳線長捲篷高覆午陰涼綺羅著體猶嫌重鸚鵡催人懶試粧甃枕漫添新汲水筠籠斜顫夜來香晚風過處偏貪坐月影朦朧上粉牆

碧玉簪花罷晚粧竹牀冰簟院中央春纖漫把芭蕉扇鈕

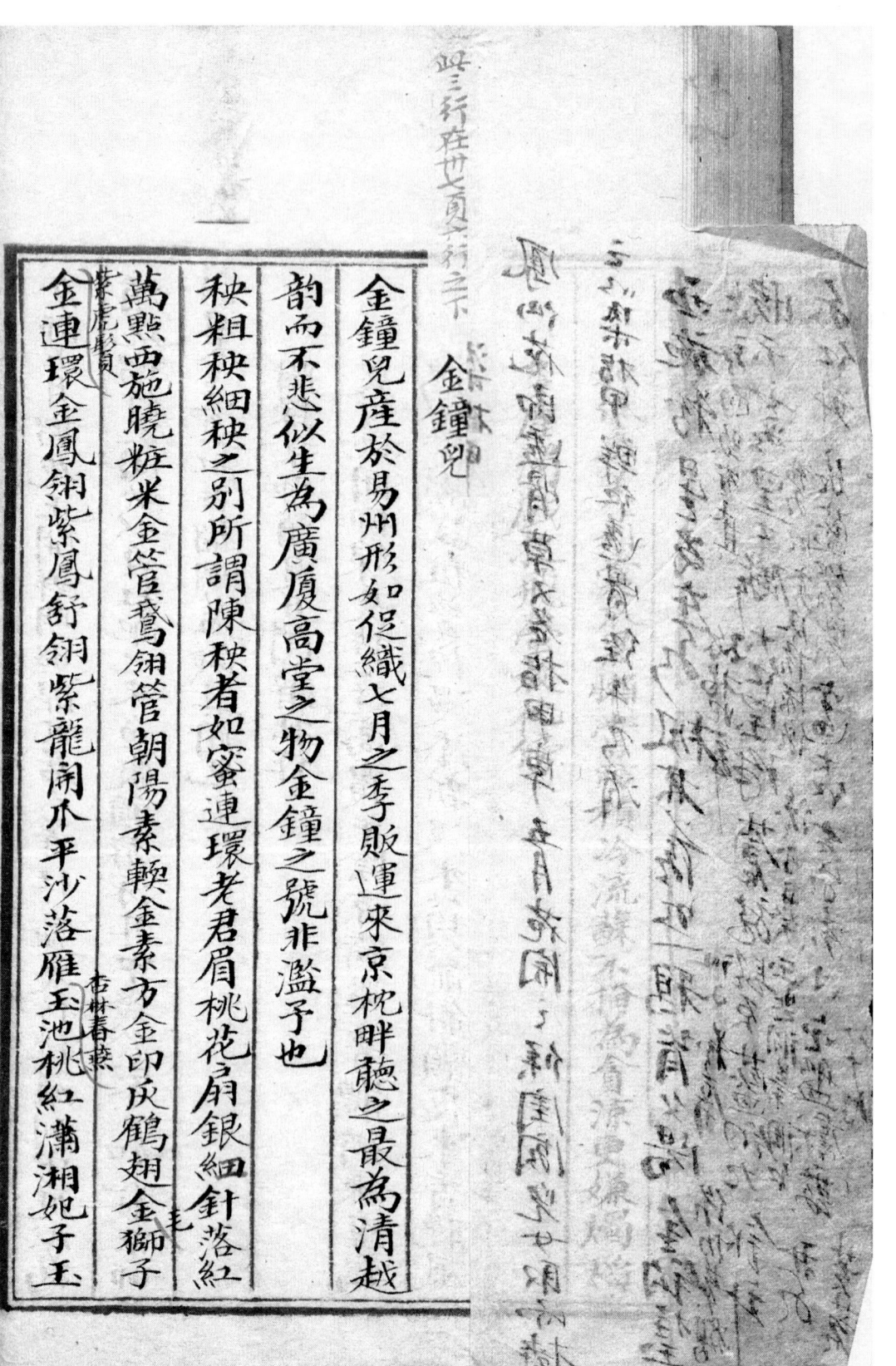

此三行在廿七頁六行之下

金鐘兒

金鐘兒產於易州形如促織七月之季販運來京枕畔聽之最為清越韵而不悲似生為廣廈高堂之物金鐘之號非濫予也

秧粗秧細秧之別所謂陳秧者如蜜連環老君眉桃花扇銀紅細針落紅萬點西施曉粧米金管鵞翎管朝陽素輭金素方金印灰鶴翅金獅子金連環金鳳翎紫鳳舒翎紫龍闹不平沙落雁玉池桃紅瀟湘妃子玉

紫虎彪頭

杏林春燕

樓春曉室剎浮圖青山蓋雪硃砂蓋雪青蓮子青河蓮三季秋荷玉（白鶴卧雪）
笋長芙蓉秋豔真紫鈎徐家紫白牡（大金葵）等是也所謂新秧者如銀虎鬚
黑虎鬚頁硃墨雙輝漢宮春曉浣花溪水烏爪仙人天女散花黃鶴仙人羔裘
大夫碧玉搔頭珊瑚鈎慈雲点玉文經武緯（仙人掌黃鶴毛）鳳管鸞笙洋蝴蝶黃繡毬水
晶如意金如意金帶風飃紫帶風飃金鈎挂玉羚羊挂角香白梨醉太白南極
仙翁等是也其餘新陳粗細之類尚有二百餘種他日得暇當與黃花訂譜也

卅三行至四十五頁四行二下

神廟

財神廟在彰義门外每至九月自十五日起開廟三日祈禱相屬而梨園（歌伴）

六五

此三行在四十七頁十二行之次

[illegible]子弟與青樓伎女為尤多士大夫之（好事）佻達者亦多命駕往觀焉

錄查慎行太平鼓詩

繭紙輕敲作鼓声啣環絡索鉄錚錚踏歌聯臂同兒戲何限年

光付送迎

此三行在五十頁第十六行之次

筍銀魚

（十月間）呈進冬筍銀魚（之）係初到（京者）時由崇文門監督照例辦（呈進）理與三月之黃花

魚同

此三行在五十二頁四行之次錄查嗣瑮消寒圖詩

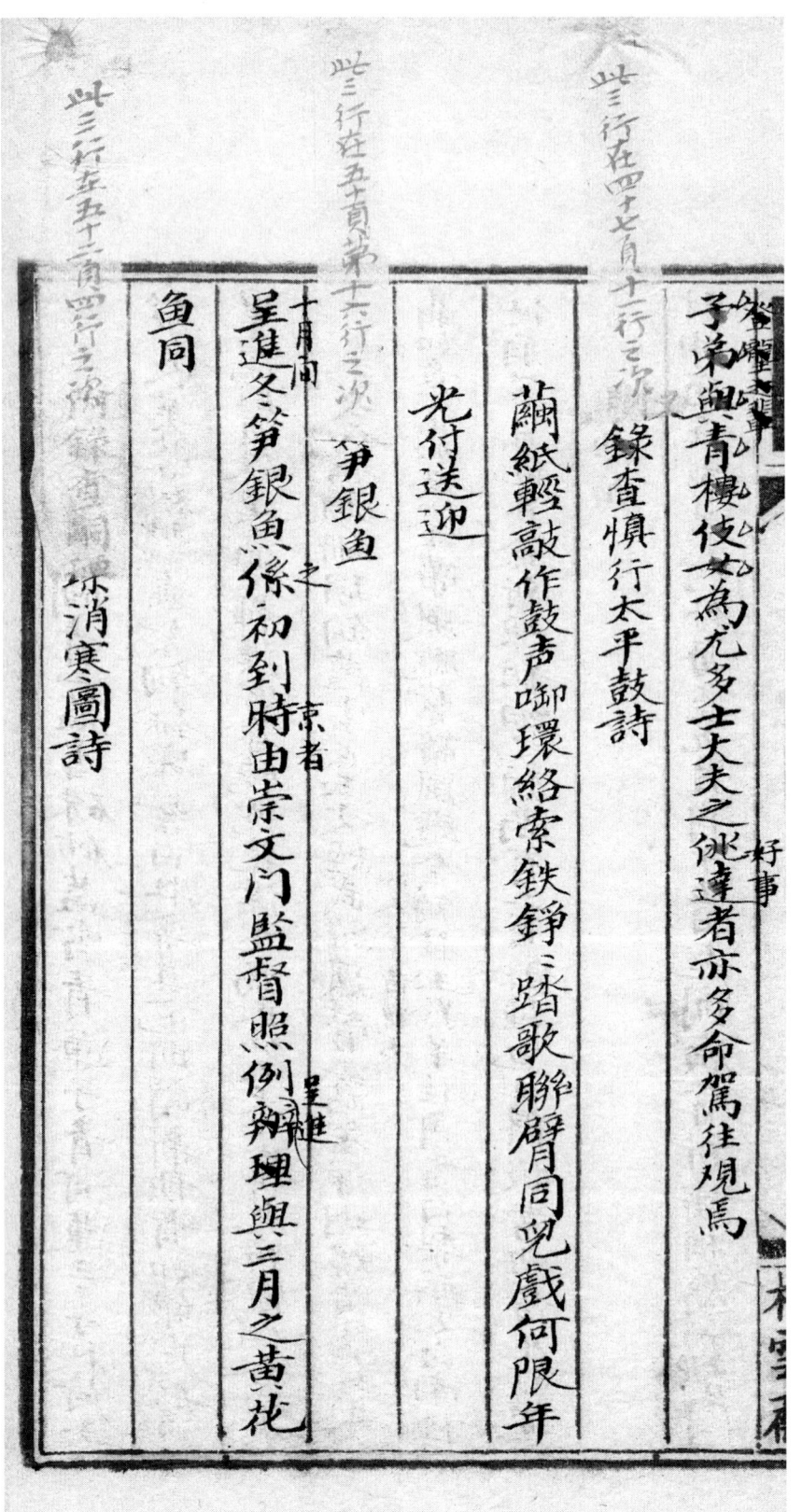

樓春曉宝剎浮圖青山蓋雪硃砂蓋雪青蓮子（白鶴卧雪）青河蓮三季秋荷玉笋長芙蓉秋豔貞紫鈎絲家紫白牡（大金葵）等是也所謂新秧者如銀虎鬚賁墨虎鬚賁硃墨雙輝漢宮春曉浣花溪水鳥爪仙人天女散花黃鶴仙人羔裘大夫碧玉搔頭珊瑚鈎慈雲点玉文經武緯鳳管鸞笙洋蝴蝶黃繡毬水晶如意金如意金帶風飄紫帶風飄（仙人掌黃鶴毛）金鈎掛玉羚羊掛角香白梨醉太白南極仙翁等是也其餘新陳粗細之類尚有二百餘種他日得暇當與黃花訂譜也

財神廟

財神廟在彰義门外每至九月自十五日起開廟三日祈禱相屬而梨園（歌舞）

子弟與青樓伎女爲尤多士大夫之好事佻達者亦多命駕往観焉

文附錄查慎行太平鼓詩

繭紙輕敲作鼓声㘉環絡索鉄錚錚踏歌聯臂同兒戲何限年

光付送迎

冬笋銀魚

十月間呈進冬笋銀魚係初到時之京者由崇文門監督照例呈進辦理與三月之黃花

魚同

附錄查嗣瑮消寒圖詩

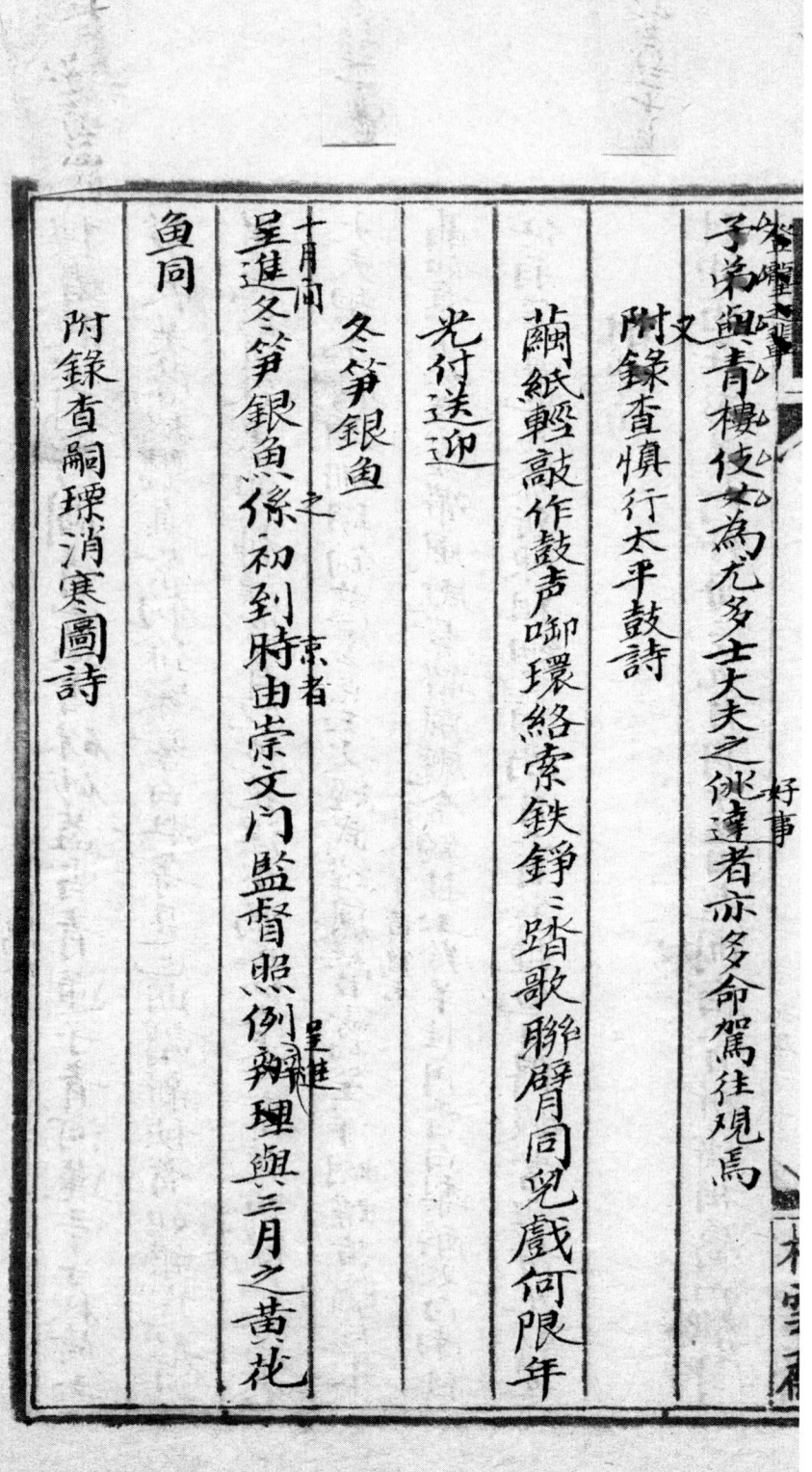

學畫消寒九九圖紅窗費盡好工夫朝朝和墨番番數算到花
朝得了無

此二行在六十頁七行之次

記皆從實錄寫事多瑣碎難免有挂一漏萬之譏而究其大
旨亦無非風俗遊覽物產技藝四門亦舊聞考之遺規也 又記

六六

學畫消寒〻九〻圖紅窗費盡好工夫朝〻和墨番〻數算到花

朝得了無

再此記皆從實錄寫事多瑣碎難免有挂一漏萬之譏而究其大

旨亦無非風俗遊覽物產技藝四門亦舊由聞考之遺規也　又記

雹　大略

文成天縱

劉半農藏《燕京歲時記》稿本三種及校注

2

〔清〕富察敦崇　著
趙長海　劉　洋　整理

廣西師範大學出版社
·桂林·

燕京歲時記（粗稿）

粗稿

燕京歲時記

己亥九月廿二日題簽

燕京歲時記

長白　富察敦崇禮臣氏編

大年初一

京師謂元旦為大年初一每至初一於子初後焚香接神燃爆竹以致敬連霄達巷絡繹不休接神之後自王公以及百官均應入朝朝賀朝賀以畢走謁親友謂之拜年又謂之道新喜親者登堂疎者投刺而已貂裘繡服道路紛馳真有車如流水馬如游龍之盛誠太平之景象也是日無論貧富貴賤

皆以白麵作角而食之謂之煮餑餑舉國皆然無不同也富貴之家暗以金銀小錁及寶石等藏之餑餑中以卜順利家人食得者則終歲大吉

按荆楚歲時記正月一日先於庭前爆竹以辟山臊惡鬼王安石詩爆竹聲中一歲除玉燭寶典正月一日爲元日亦云三元歲之元時之元月之元顔師古詩三元寶歷新

祭財神

初二日致祭財神鞭炮甚夥晝夜不休

八寶荷包

每至元日凡　内廷王公大臣　御前侍衛等均　賞八寶荷包懸於胸前

破五

初五日謂之破五破五之内不得以生米為炊婦女不得出门破五次日則王妃貴主以及宦室夫人等冠帔往來互相道賀新嫁女子亦於是日歸寧香車繡幰塞巷填衢而闤闠諸商亦漸次開張貿易矣

人日

初七日謂之人日，是日天氣晴明者，則人民順利。

按東方朔古書，歲後八日，一日雞，二日犬，三日豕，四日羊，五日牛，六日馬，七日人，八日穀。其日晴，所生之物育；陰，則災。○又劉餗《隋唐嘉話》：薛道衡聘陳，爲《人日》詩云：「入春纔七日，離家已二年。」南人嗤之曰：是底言？誰謂此虜解作詩？及云：「人歸落雁後，思發在花前。」乃喜曰：名下固無虛士。

順星

初八日黃昏之後燃香而祀之謂之順星以紙醮油燃燈一百零八盞十三日至十六日由堂奧以至大門燃燈而照之謂之散星又謂之散小人亦辟除不祥之意也

謹按日下舊聞考風俗門按帝京景物畧正月十三日家以小盞一百八枚夜燈之徧散井竈門戶砧石曰散燈其聚如螢散如星富者燈四夕貧者燈一夕又甚貧者無帝京景物畧所記與今大畧相同但未得其詳細物畧耳

打春

打春即立春在正月者多每屆立春前先一三日禮部呈進春牛圖

三

順天府官員

立春日塑春牛而擊之曰打春 是日富家多食……

京兆率大宛兩縣至東直门外迎春 春餅婦女等買蘿蔔而食之曰咬春謂可以却春困也

謹按日下舊聞考風俗门（大清會典）立春前一日順天府尹率僚屬朝服至東

迎春於東直门外隸役舁芒神土牛導以鼓樂至府署前陳

於綵棚立春（日大）立興宛平縣令設案於　午门外正中奉恭進

皇帝　皇太后　皇后芒神土牛配以春山府縣生員舁進

禮部官前導尚書侍郎府尹及丞後隨由　午门中门入至

乾清门　慈寧门恭進內監各接奏禮畢皆退府尹乃（迺）

出土牛環擊以示勸農之意大清會典○又京尹迎春自春場入府

是日塑小春牛芒神以京兆諸生舁入朝進上帝京景物畧○又正統中每歲立春順天府別造春牛春花進御前及仁壽宮中宮凡三座每座用金銀珠翠等物費錢九萬餘景皇即位諭明年春日當復增三座宛平坊民相率陳愬乞買時花充用從之灞幢小品○又立春日無貴賤買蘿蔔曰咬春蕪史○又立春日啖春餅謂之咬春陳檢討集○又乾隆御製集壬申春帖子詞壬日立新春重重吉蒞臻百昌欣律轉萬福自天申　喧鳴臘鼓發韶妍遲日罘罳颺瑞烟屏綵祥徵銀勝裏辛盤芳獻頌

椒前

燈節

自十三以至十七均謂之燈節惟十五日謂之正燈耳每至燈節內廷筵宴放烟火市肆張燈而六街之燈以東四牌樓及地安門為最盛工部次之兵部又次之他處皆不及也兵部燈于光緒九年經閻文介禁止各色燈彩多以紗絹玻璃及明角等為之並繪畫古今故事以資玩賞市人之巧者又復結冰為器裁麥苗為人物華而不侈樸而不俗殊可觀也爆竹（花炮）棚子製造各色烟火競巧

矜奇有盒子花盆太平花烟火杆子線穿牡丹水澆蓮金盤
落月蒲萄架起火花二踢脚飛天十响五鬼鬧判兒八角子炮打湘（襄）
（陽）鄉城匣炮天地燈等名色富室豪門爭相購買銀花火樹光彩
照人車馬喧闐笙歌聒（迭奏）耳自白晝以迄二鼓遊侶（燈火烟塵）漸稀而人影在
地明月當天士女兒童始相率喧笑而散市賣食物乾鮮俱備
而以元宵為大宗亦所以點綴節景耳（元宵即湯元）
按（見明人書）前明燈市在東華门王府街東崇文街西亘二里許南北兩廛即
今之燈市口也（市之由）凡珠玉寶器以逮日用微物無不悉具衢中列市棊置

五

數行相對俱高樓樓設氍毹簾幕為宴飲地一樓每日賃直至
則皆蒙古番屬也
有數百緡者夜燃燈於上望如星衢燈則有燒珠料絲紗紙明角麥
稭通草等樂則有鼓吹雜耍經索等烟火則以架以盒盒有械壽
帶珍珠簾葡萄架長明塔等自初八日起至十八日止乃十日非五日也至
百貨全集乃合燈與市為一處今則燈歸城内市歸琉璃厰矣
附錄范景文七絶四首以資考證　御溝春暖漲冰絲風煖沙吹日
影移珠綴九徽光燦爛張燈不待月高時　王孫約隊簇金貂
玉勒青驄綺陌驕文貝珊瑚看不盡東華门外市三條　朱樓一

帶鬱嵯峨陣〻香風襯綺羅龍燭薰風喧不夜天街到處月明
多月明處〻度笙簫春色分明念四橋有酒勸須盡醉百年能
得幾元宵

筵九

十九日謂之筵九每至筵九　小金殿筵宴看貫跤蒙古王
公請安告歸　廷臣之得著貂裘者於此日盡行脫去改穿
白鋒毛矣民間無事可紀惟遊覽白雲觀者謂之會神仙
按帝京景物略曰燕九又曰宴邱今則曰筵九究未知其孰

是

打鬼

打鬼本西域佛法並非怪異即古者九门觀儺之遺風亦所以禳除不祥也每至打鬼各喇嘛僧等扮演諸天神將以驅逐邪魔都人觀者甚衆有萬家空巷之風　朝廷重佛法特遣一散秩大臣以臨之亦聖人朝服阼階之命意打鬼日期黃寺在廿三日　雍和宮在三十日

按東黃寺在安定门外廂黃旗教場正北順治八年奉　勅就

普淨禪林興建康熙三十三年重脩西黃寺在東黃寺迤西俗曰黑寺雍正元年建乾隆三十六年重脩東黃寺寺西有坊曰清淨化成坊後有石台三層石塔一座高[illegible]丈上有金輪相傳為般占佛塔般占佛又曰瘢疹佛蓋因出痘而示寂也　雍和宮在北新橋北東直安定兩门之间　世宗憲皇帝藩邸也　登極後　命名曰　雍和宮乾隆三十五年　御製詔　雍和宮禮佛作　興慶當年選佛場春初幾暇禮空王六街三市皆珠玉利物宜人大吉祥東壁圖書原好靜東書院即在宮左側斋曰太和昔時

七

歲月暗神傷六旬兄弟相隨遂（時和親王以領宮務相隨）話到髫年雷火光

文

御製入安定門至　雍和宮瞻禮詩　邸第吾生長

今年忽六旬昔年景頻憶先節敬應申（八月間慶賀礼繁乘暇先至此瞻拜）砌

下花新錦庭前松老鱗緬懷趨　訓日黯亦獨神傷

填倉

每至二十五日糧商米販致祭倉神鞭炮最盛民間不盡致

祭然必烹治飲食以勞家人謂之填倉

按北京歲華記云廿五日人家市牛羊豕肉恣餐竟日客至苦留

必盡飽而去謂之填倉此條所記與今大略相同惟富貴之家從未有食牛肉者亦未有客至苦留者皆記者之失実也

大鐘寺

大鐘寺本覺生寺以大鐘得名蓋歲時求雨處也每至正月自初一日起開廟十日十日之内遊人坌集士女如雲長安少年多馳騁車馬以為樂超塵逐電勞瘁不辭一騎之費有費至數百金者豈猶有燕臺市駿之遺風歟

按華嚴鐘鑄於前明永樂時高二丈闊一丈餘上模楷字法華經

一部嘉靖间懸於萬壽寺後言者謂京城正西不宜有金聲乃徹樓卧鐘於地　國朝雍正间移置覺生寺即所謂大鐘寺也寺在德勝门城西曾家莊雍正十一年建鐘樓高六丈下方上圓四面皆窗後有旋梯左升右降鐘懸於中竟体繞端正細膩誠至寶也惜未聽其一鳴耳　乾隆八年　御製覺生大鐘詩　雷紋隱篆蟲半家藴洪銅鐘上有法華经一部善吼周三界聲聞具六通橫杵為撞杵夏屋是乘風待扣何須扣當前悟色空

白雲觀

白雲觀在阜成門外西南五六里其基最古自金元以來即有之觀内萬古長春四字尚傳為邱真人所書每至正月自初一起開廟十九日遊人絡繹車馬奔騰至十九日為尤盛謂之會神仙相傳十八日夜内必有仙真下降或幻遊人或化乞丐有緣遇之者得以却病延年故黄冠羽士三五成羣趺坐廊下以冀一遇究不知其遇不遇也觀内老人堂一所皆道士之年高者居之雖非神仙而壽至百餘者時所恒有亦脩養

之明徵也

按白雲觀（日下舊聞考乃）元太極宮故墟觀內塑邱真人像白皙無鬚眉正

月十九日都人致醮祠下謂之燕九節真人（名處機）登州棲霞人自號長

春子年十九為全真學于寧海之崑崙山歲在己卯元太祖自

奈曼遣使召之使者未至真人語其徒曰速促裝天使召我之

當往翌日使者至乃與弟子十八人同往經數十國行萬餘里

始達雪山太祖時方西征日事攻戰真人每言欲一天下者必不

嗜殺人及問為治之方則對以敬天愛民為本問長生久視之道

則告以清心寡欲為要太祖大悦命左史書諸策真人乞東還遂賜号曰神仙封為大宗師掌管天下道教使居之太極宮後改為長春宮即今之白雲觀也真人年八十仙去

曹老公观兒

曹老觀在西直门内路北每至正月自初一日起開廟半月遊人亦多惟殿宇坍塌牆垣不整除碑記外無一可觀瞻矣

按曹老公觀名崇元觀明璫曹化純興建　本朝乾隆廿三年重脩規模壯麗法相莊嚴百餘年來傾圮殆盡無復舊观

矣或謂化純興建時有窖金藏之覌中以備將來重脩之用故京師有前七步後七步罐兒倒罐兒脩之訛然其言究無驗也

廠甸兒

廠甸在正陽门外迤西古曰海王村即今工部之琉璃廠也街長二里許廛肆林立南北皆同所售之物以古玩字畫紙張書帖最多者為文人鑒賞之所也惟至正月自初一日起列市半月兒童玩好在廠甸紅貨在火神廟珠寶晶瑩鼎彝羅列豪富之輩

日事搜求冀得異寶而紅貨之內以翡翠石為最尊一搬指翎管有價至萬金者翡翠之外並重料壺然必須官窰古月軒者方為上品新料不足重也蓋玩好之物風尚不同乾隆間重珊瑚賤碧霞璽後又重碧霞璽近更重翡翠石及料壺風雅之士亦間有重舊玉者笛頭劍隔古色斑斕而贋偽殊不易辨故予嘗曰物而能言免去許多聚訟蓋指此也至於舊磁一類甚屬寥寥則多為外洋買去矣

謹按日下舊聞考琉璃廠東有遼御史大夫李內貞墓乃乾

十一

隆三十六年工部郎中孟澔得其誌石於土中有葬於海王村之語

東西廟

西廟曰護國寺在皇城西北定府大街正西東廟曰隆福寺在東西牌樓正西馬市正北自正月起每七八日開西廟九十日開東廟廟之日百貨雲集凡珠玉綾羅衣服飲食古玩字畫花鳥虫魚以及尋常日用之物星卜雜技之流無所不有乃都城內之一大市會也兩廟花廠尤為雅觀春日以果木為勝夏日以茉莉為

勝秋日以菊桂為勝冬日以水仙為勝至於春花中如牡丹海棠丁香碧桃之流皆能於嚴冬開放鮮豔異常洵足以巧奪天工預支月令其於格物之理研求幾深惜無著書者耳嘗觀泰西農學書中謂一粒之穫可得十萬粒如以執花之法執之定能遠過其上但是仝既貴灌溉亦難以之治玩好則可以之治稼穡則斷斷乎其不可也即如冬瓜王瓜茄子扁豆之類皆能於嚴冬栽植色味俱佳但價值太昂不能盡人而食是亦不能行之明證也

謹按日下舊聞考護國寺元日崇國寺明曰大隆善護國寺今只曰護國寺乃元丞相脫克脫之故宅寺中千佛殿傍立一老髯冉幞頭朱衣一老嫗鳳冠朱裳即其夫婦之像今已無存矣隆福寺乃明景泰四年建　本朝雍正元年重脩較之護國尚為完整

土帝庙

都土帝庙在宣武门外土帝庙斜街路西自正月起凡初三十三廿三日有庙市〻市無長物惟花廠鴿市〻差為可觀

謹按日下舊聞考土帝庙其基最古庙有前明萬歷四十三年碑稱曰古蹟老君堂都土帝庙

花兒市

花兒市在崇文门外迤東自正月起凡初四十四廿四日有市、、皆日用之物所謂花市者乃婦女插戴之紙花非時花也花有通草綾絹戳綽枝也頭之類頗能混真花市之外亦有鴿市在壓（土地庙）北小巷内

按居易錄京師花兒市鬻、黃、鴿作黃、金色索直甚高　又余氏辨林京師孟春之月兒女多剪采為花或草虫之類插首曰鬧嚷、即古所

十三

謂閙裝也是即綾絹花之濫觴歟

小藥王庙北藥王庙

小藥王庙在東直门内北藥王庙在舊鼓樓大街自正月起每朔望日均有庙市皆婦女零用之物無甚可观

龍抬頭

二月二日古之中和節也今人呼為龍抬頭是日食餅者謂之龍鱗餅食麵者謂之龍鬚麵

春分

春分清明原無定期姑錄于二月之内餘倣此

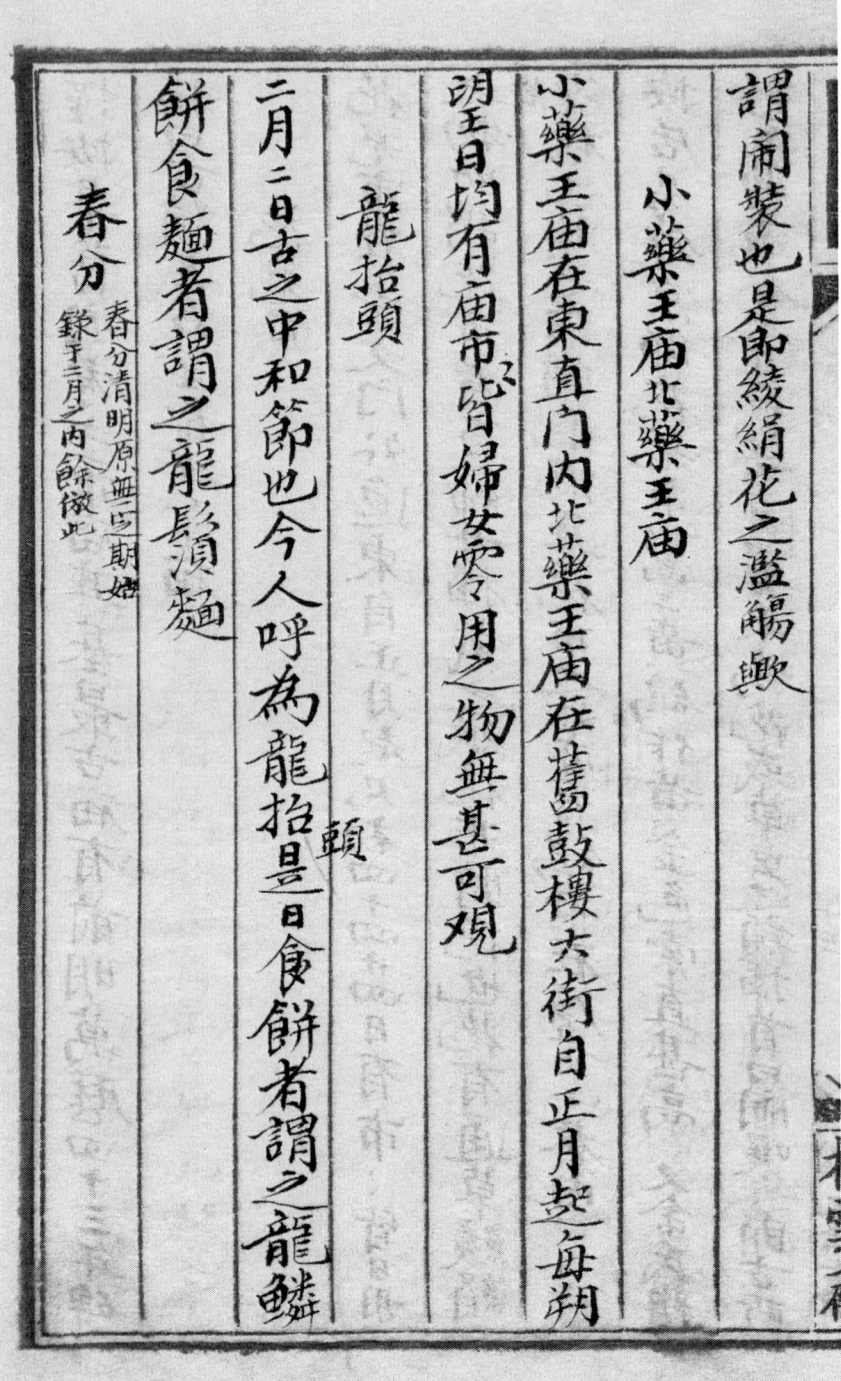

春分前後宫中祠庙皆有大臣致祭世家大族亦於是日致祭宗祠秋分亦並

清明

清明即寒食又曰禁烟節古人最重之今人不以為節但兒童戴柳祭掃坟塋而已世族之祭掃者于祭品之外以五色紙製成幡蓋陳于墓左祭畢子孫親執于墓门之外而焚之謂之佛多民间無用者

按析津志遼俗最重清明上自内苑下至士庶俱立鞦韆架日以嬉遊

十四

為樂自前明以來此風遂革不復有半仙之戲矣

三月三

俗謂栽壺盧者必於三月三日下種否則結實不繁

蟠桃宮

太平宮在東便门内路南门臨護城河因庙内有西王母之像故曰蟠桃宮每屆三月自初一日起開庙三日遊人亦多然較之白雲觀等則繁盛不如矣

東嶽廟

東嶽廟在朝陽门外二里許除朔望外每歲三月自十五日起開廟半月士女雲集至廿八日為尤勝俗謂之撢塵會其實乃東嶽大帝誕辰也廟有七十二司々各有神主之相傳速報司之神為岳武穆最著靈異凡負屈含冤心迹不明者率於此處盟心設誓其報最速階前有秦檜跪像見者莫不唾之已不辨面目矣後閣有梓潼帝君亦著靈異科舉之年祈禱相屬神座右有銅騾一匹頗能愈人疾病病耳者則捫其没耳病目者則捫其目病足者則捫其足是閣東有甲冑之像數半身埋於地中俗傳為楊家將云云究不知其為何神也廟中道教

十五

碑乃元翰林承旨趙孟頫所書字畫雖真而風神已失想為俗工鑿治矣

謹按日下舊聞考東嶽廟乃元延祐中建以祀東嶽天齊仁聖帝前明正統中益拓其宇兩廡設地獄七十二司後設帝妃行宮　本朝康熙三十七年居民不戒而燬于火　特頒內帑脩之閱三歲而落成殿閣廊廡視舊加飭焉乾隆二十六年復加脩葺規制益崇故至今祗謁　東陵特必於此拈香用膳焉

換季

每至三月換戴涼帽八月換戴暖帽屆時由禮部題請大約在二十前後者居多換戴涼帽時婦女皆換玉簪換戴暖帽時婦女皆換金簪

捨緣豆

四月初八日各寺院香湯浴佛都人之好善者取青黃豆數升宣佛號而拈之拈畢煑熟散之市人謂之捨緣豆預結來世緣也

萬壽寺

萬壽寺在西直門外五六里門臨長河乃
皇太后祝釐之所每至四月初一日起開廟半月遊人甚多綠女紅男聯蹁道路柳風麥浪滌蕩襟懷殊有天朗氣清惠風和暢之致實為郊西之勝境也

謹按日下舊聞考萬壽寺在廣源閘西數十武明萬歷五年建
本朝乾隆十六年二十六年兩次重修門內為鐘鼓樓天王殿為正殿殿後為萬壽閣閣後禪堂堂後有假山山後有後樓樓前松檜皆數百年物光緒初年後樓與松檜皆燬於火假山上

為大士殿下為地藏洞（洞）山後〻後樓之前為無量壽佛殿最為（三之殿後）

菜圃〻有水車二光緒二十年重脩　行宮併菜圃而圈入矣

西頂（娘〻廟　寺）

西頂在萬壽西八九里每至四月自初一日起開廟半月繁盛与

萬壽寺同山門中四天王像神氣如生猙獰可畏座下八

鬼怪尤覺駭人凡攜小兒者多掩其目而過之廟有七十二司

司皆繪像非塑像也每屆四月（開廟時）遣官拈香與髮亐髻山同他

處無之

十七

謹按日下舊聞考西頂碧霞元君廟在京西藍靛廠前明萬歷

年建 本朝康熙五十一年改曰廣仁宮重脩名 聖祖御製碑文

略

曰京城西直門外有西頂舊建碧霞元君宮地近西山之麓直今

西苑之西南所謂萬泉莊者固郊畿一勝境也元君初號天妃宋

宣和間始著靈異厥後禦災捍患奇迹屢彰下迄元明

代加封號成弘而後祠觀尤盛郛郭之間五頂環列西頂其

一也歲時既久陳跡都荒碑碣猶存榱桷弗整正其謂妥神何

歲在戊子發內帑命有司鳩工重葺之閱一載而落成棟宇穹然

垣廡翼然殿寢秩然丹雘燦然瞻拜其下者虔肅有加焉朕于萬幾之暇亦往展禮仰祝 聖母之釐俯介生民之福以祈純嘏以鞏皇圖顏其額曰廣仁宮羣臣請立石以紀之

妙峯山

妙峯山娘娘頂在京城西北七十餘里山路四十餘里共一百餘里每屆四月自初一日起開山半月香火極盛凡開山以前有雨者謂之淨山雨廟在萬山中孤峯矗立盤旋而上勢如繞螺前可踐後者之頂後可見前者之足自始迄終繼晝以夜人無停趾香無斷香奇

十七

觀哉廟南向爲山门為正殿爲後殿後殿之前有石凸起即妙峯之巔
石有松柏三四株似是百年之物廟東有喜神殿廟北有回香亭
廟無碑碣其原無可考然自 國初以來即有之惜無記之者耳
進香之路曰闢曰多曰南道者三家店也曰中道者大覺寺也曰北
道者北安合也曰老北道者石佛殿也近日之最称繁盛者莫如北安
合共人烟輻輳車馬喧闐夜间路燈火之繁燦如列宿以各路進香之人
計之約有數十萬以金錢計之亦約有數十萬香火之盛實可甲于
天下矣

丫髻山

丫髻山碧霞元君廟在京城東北懷柔縣界每至四月自初一日起開山半月繁盛亞於妙峯山而山景過之都人謂之東山

謹按日下舊聞考

聖祖御製丫髻山玉皇閣碑文曰距京師百里有山曰丫髻隸懷柔縣兩峯高矗望之如髻故得是名自元明以來號為近畿福地因上有碧霞元君祠是以每歲孟夏四方之民會此祈禱者駢肩疊跡不可勝計古稱積高之區神明所舍況茲山北倚紫塞南拱神京岡巒迴

十八

合蜿蜒磅礴而鍾秀於是則其神氣之感數有靈應理固然也康熙五十二年值朕六旬誕期諸臣民就茲山瞻禮為朕祝禧因共建玉皇閣以祈延壽經始於癸巳三月十八日落成於於甲午三月十八日而請記其事

中頂

中頂碧霞元君廟在右安門外十里草橋地方每歲四〔六〕月初

由有市

一開廟一日市中花木甚繁燦如錦繡外城士女多往遊焉

北頂

北頂碧霞元君庙在德勝门外土城東北三里許每歲四月有庙市
市皆日用升斗農具遊者多鄉人

端陽節

京師謂端陽為五月節初五日為五月丹五盖端字之轉音
也每屆端陽以前富室朱门皆以粽子相餽贈並副以櫻桃桑椹
荸薺桃杏及五毒餅玫瑰餅等物祀先敬佛者仍以粽子
及櫻桃桑椹為正供亦薦其時食之義
按續齊諧記屈原以五月五日投汨羅江楚人哀之至此日以竹筒

子貯米投水以祭之以楝葉塞其上以綵絲纏之不爲蛟龍所竊是即粽子之原起也沈亞之詩筠筒楚粽香章得象詩菰葉縈絲楚粽香又提要錄五月五日午時爲天中節

雄黃酒

每至端陽自初一日起取雄黃合酒晒之用塗小兒額爲王字及鼻耳間以避毒物

天師符

每至端陽市肆間用尺幅黃紙蓋以硃印或繪畫天師鍾馗

之像或繪畫五毒符咒之形懸而賣之都人士爭相購買粘之中门以避祟惡

按後漢禮樂〔儀〕志五月五日朱索五色印為门户飾以止惡氣是即天師符之來由歟〔矣〕

菖蒲艾子

端午日用菖蒲艾子插于门傍以禳不祥亦古者艾虎蒲劍之遺意

綵絲繫虎

二十

松雲齋

每至端陽閨閣中之巧者用綾羅製成小虎及粽子壺盧櫻桃桑椹之類以綵線穿之懸于釵頭或繫于小兒之背古詩云玉燕釵頭艾虎輕即此意也

剪綵為壺盧

端陽時用綵紙剪成各樣壺盧倒粘于门闌之上以洩毒氣至初五日午後則取而棄之

賜葛

每至端陽 内廷王公大臣皆 賜葛紗及畫扇

城隍出巡

四月廿二日宛平縣城隍出巡五月初一日大興縣城隍出巡出巡之時皆以八人肩輿舁藤像而行有許為馬僮者有許為打扇者有臂穿鐵鈎懸燈而導者有披枷帶鎖儼然罪人者神輿之傍又扮有判官鬼卒之類亻亍而行亦無非神道設教之義

都城隍庙

都城隍庙在宣武门内迤西城隍庙街路北每歲五月自初一日起開庙十日光緒初年庙之正殿燬于火遊者無多矣

市肆設寶兒童玩貨無不搜奇 蓋稀

謹按昔舊聞考都城隍廟在前明時以每月朔望及廿五日有廟
市〻之陳設甚夥人生日用所需精麤畢備羈旅之客持阿堵
入市頃刻富有完美以至書畫骨董真偽錯陳其他剔紅填漆
舊物自内廷闌出者尤為精好其初所索甚微後其價十倍至於窯
器最貴成化次則宣德杯琖之屬初不過數金廟則成窯酒杯
至博銀百金宣銅香爐所酬亦略如之廟係元世祖至元七年創建
前明重脩之　本朝雍正四年乾隆二十八年又重脩之光緒初年廟燬
於火碑皆煅裂所謂各省城隍像者亦零落殆盡近惟將正殿脩復以便
春秋

祭享餘尚殘破如故也

南頂

南頂碧霞元君廟在永定门外五六里西向左右有牌坊二廟已殘破

左曰廣生長養右曰君普育蒼滋皆乾隆卅年重脩時御書

廟雖殘破而

每至五月自初一日起開廟十日士女雲集河中及土阜上皆有葦棚可以飲食坐落至夕散後多在沙子口看賽馬焉

按宸垣識略南頂以南之河名涼水河橋名永勝橋土阜名九龍山乃乾隆間疏濬涼水河堆成環植桃柳萬株開廟時遊人皆數席擔榼羣飲剘其下近則土阜雖存而桃柳零落矣附錄吳巖嚴遊南頂

廿二

詩柳映紅亭水映橋碧霞宮殿鬱岧嶤年年五月開香社大好風
光慰寂寥　龍岡委宛似卷阿披拂薰風爽氣多一帶葦棚臨
水岸酒徒豪飲妓童歌

十里河

十里河関帝庙在廣渠門外每至五月自十一日起開庙三日梨園
獻
戲歲以為常

磨刀雨　分龍兵

京師諺曰大旱不過五月十三蓋五月十三乃俗傳漢壽亭過江會

吳之期是日有雨者謂之磨刀雨

惡月

京師諺曰善正月惡五月

按荊楚歲時記五月俗稱惡月多禁忌曝牀薦席及脩蓋房屋夫荊楚之與燕京相去遠矣而歲時風俗自昔有相同者是可怪矣

六月六

京師於六月六日抖晾衣服物件謂可不生蟲蠹

洗象

象房有象時，每歲於六月初六日牽往宣武門外河內浴之，觀者如堵。後因象瘋傷人，遂不蓄養。光緒十年以前尚及見之。象房在宣武門內城跟迤西，歸鑾儀衛衙門管理。有入觀者，能以鼻作觱篥銅鼓聲。觀者持錢畀象奴，如教獻技。又必斜睨象奴，受錢滿數而後昂鼻俯首，嗚嗚出聲。將病，耳中先有油出，名曰山性發。象壽最長，道光間有老象，牙有銅箍，謂是數百年物。後因象奴等剋扣太甚，相繼倒斃，故咸豐以後十餘年象房無象同治末年光緒初年越南國貢象兩次共有計六隻亟其肥壯都人觀者喜其有太平之徵欣欣載道自東長安門傷人之後全行因禁不復應差三二年飢餓殆盡矣（拘）（間）

謹按日下舊聞考象房係前明弘治八年修蓋象初至京先於射所演習故謂之演象所而錦衣衛自有馴象所專管象奴及象隻特命錦衣指揮一員提督之凡大朝會役象甚多駕輦馱寶皆用之若常朝止用六隻耳所受祿秩俱視（武弁）有等差 本朝因之一如其舊但改錦衣衛為鑾儀衛耳

廿四

祭馬王

馬王者房星也凡營伍中及蓄養車馬人家均于六月二十三日祭之

祭関帝

六月廿四日致祭関帝歲以為常鞭炮之多與新年無異

換葛紗 賜冰附 掃晴娘 戒壇

每至六月自暑伏日起處暑日止百官皆葛絲帽黃葛紗袍

十刹海 中頂附

十刹海在地安門外迤西荷花最盛每至六月士女雲集然皆在前

海之北岸他處雖有荷花無人玩賞也蓋德勝门以西者謂之
積水灘又謂之淨業湖南有高庙北有滙通祠者是也德勝
门大街以東今醇親王府前者謂之後海即所謂十剎海者是
也銀三座錠橋以東嚮南迪左一帶者謂之前海即所謂蓮花泡子者
是也今之遊者但謂之十剎海焉凡開花時北岸一帶風景最佳
綠柳垂絲紅衣膩粉花光人面掩映迷離直不知人之為人花之
為花矣
謹按日下舊聞考積水灘淨業湖一帶古名海子園亭亟多

廿五

有蓮花社蝦菜亭鏡園漫園楊園定園諸勝今皆析為民居矣前明李東陽西涯故居似在今恭親王府東南隅前海北岸非淨業湖也蓋鼓樓響閘正在其左右耳　附錄宋本詩渡橋西望似江鄉隔岸樓臺罨畫粧十頃玻璃秋影碧照人騎馬過宮牆海子上即事　許有壬飲海子舟中江城子詞　柳梢烟重滴春嬌傍天橋住蘭橈吹暖雲何處一声簫天上廣寒宮闕近金晃朗翠岧嶤　誰家花外酒高故相招儘飄摇我政悠然雲水永今朝休道斜街風物好纔出去便塵囂

丢針

七月七日午時閨閣少女以細莖投水中視其影以乞巧謂之丢針

鵲填橋

七月七日清晨烏鴉喜鵲飛鳴較遲俗謂之填橋去

中元

中元不為節惟祭掃坟塋而已

荷葉燈蒿子燈蓮花燈

中元黄昏以後各巷兒童以荷葉燃燈沿街唱曰荷葉燈荷

葉燈今日点了明日扔又以青蒿粘香而燃之恍如萬点流螢謂之蒿子燈市人之巧者又以各色綵紙製成蓮花蓮葉花籃鶴鷺之形以出售謂之蓮花燈

法船

中元日各寺院製造法船至晚焚之有長至數丈者

盂蘭會

運河二閘自端陽以後遊人甚多至中元日例有盂蘭會扮演秧歌獅子諸雜技晚間沿河燃燭謂之放河燈中元以後則遊船歇業矣

按宸垣識畧大通橋在東便门外東至通州入白河開渠置閘自大通橋起至通州石壩計四十里地勢高下四丈中間設慶豐等五閘以蓄水每閘各設官吏編夫一百八十名造剝船三百支總名大通河舊名通惠河元郭守敬所鑿 本朝康熙乾隆間屢加疏濬漕艘之分運京倉者實利賴焉慶豐閘俗名二閘平津閘俗名高明店

附錄勞宗茂遊二閘詩 紅船白板綠烟絲好向楊州杜牧之何事大通橋上望風光一樣動情思 慶豐纔過又平津立過通渠轉遞頻莫謂盈盈衣帶水勝他多少犢輪辛

廿七

中秋

每屆中秋府第朱门皆以月餅果餌相餽贈至十五月圓時陳瓜果於庭以供月并祀以月餅毛豆雞冠花等物是時也皓魄當空彩雲初散傳杯洗盞兒女喧嘩真所謂佳節也惟供月時男子多不行禮故京師諺曰男不拜月女不祭竈

月光馬

京師謂神像為神馬不敢斥言神也月光馬者以紙為之上繪諸太陰星君如菩薩像下繪月宮及搗藥之玉兎人立而執杵藻彩精

緻金碧輝煌市肆間多賣之者長者七八尺短者二三尺頂有二旗作紅綠色或黃色向月而供之焚香行禮祭畢與千張元寶等一并焚之

九節藕

闈 内廷中秋供月例用九節藕

西瓜

凡中秋供月西瓜必參差切之如蓮花瓣形

月餅

月餅

中秋月餅以前門致美齋者為京都第一他處不足食也至供月月餅到處皆有大者經尺上有〔繪〕月宮蟾兔形有祭畢而食者有留至除夕而食者謂之團圓餅

按帝京景物畧八月十五日祭月其祭果餅必圓分瓜必牙錯瓣刻之如蓮花紙肆市月光紙繢滿月像趺坐蓮花者月光徧照菩薩也華下月輪桂殿有兔杵而人立搗藥臼中紙小者三尺大者丈工緻者金碧繽紛家設月光位於月所出方向月供而拜

則焚月光紙徹所供散家之人必遍月餅月果戚屬餽相報餅有徑二尺者女歸寧是日必返其夫家曰團圓節也以上所云與今強半相同供月之說其來舊矣

九月九

京師謂重陽為九月九每屆是日都人士提壺攜榼出郭登高南則天寧寺陶然亭龍爪槐等處北則薊門烟樹清淨化城等處遠則西山八刹等處賦詩飲酒燒肉分餻洵一時之快事也

謹按日下舊聞考天寧寺在廣寧門外二里許餘塔高二十七丈五尺寺

廿九

隋仁壽二年建以安舍利寺在元魏為光林在隋為宏業在唐為天王在金為大萬安前明宣德中改曰天寧　本朝乾隆二十一年重脩名仍其舊　陶然亭在正陽外西南黑窰廠慈悲菴內康熙乙亥工部郎中江藻建　龍爪槐名興教寺在陶然亭西北一望之地舊聞考不載寺有二樓可以眺遠所謂龍爪槐者今已無存矣　薊門烟樹在德勝門外土城関相傳是古薊州遺址亦曰薊邱舊有樓館並廢但門存二土阜旁多林木蓊翳蒼翠故為八景之一今門已無存林木亦憔悴　清淨化城舊聞不載已見前

篇　西山八刹在阜成门外八里庄西北二十里名翠微山又曰平陂山又曰（又曰盧師山）馬鞍山所謂八刹者其説不一以今日論之在翠微山下東向者曰長安寺稍北山麓有塔者曰靈光寺（寺東北山嶺南向者曰秘魔崖寺西）塔下有池池北有新建戒臺靈光寺折而下再行里餘西（東）北南向者曰秘魔崖靈光寺迤北（東向）者曰三山菴三山菴東北南向（有牌坊）者曰大悲寺正北東向有靈泉者曰龍王堂龍王堂迤北者曰香界寺香界寺之後由盤道而上過小橋牌坊而仰視者曰宝珠洞此即所謂八刹也而長安寺靈三山菴皆舊聞考之（龕龍十六座）所不載靈光寺係合翠微寺而一之塔基鐵燈至今尚存

三十

釣魚臺

釣魚臺在阜成门外三里許有行宫一所每届重陽京師少年多於此處賽馬

謹按日下舊聞考釣魚臺在三里河西北里許乃金主遊幸處台前有泉從地涌出冬夏不竭凡西山麓之支流悉灌注于此元時謂之玉淵潭為丁氏園池　本朝乾隆二十八年濬治成湖以受香山新開引河之水復于下口建設閘座俾資宣蓄減湖水合引河水由三里河達阜成门之護城河三十九年始命脩建台座

台西面扁石恭懸　御書釣魚台三字東面扁石恭勒　御製詩
釣魚台水別一源夥於阜下湧洌泉亦受西山夏秋潦漫為沮洳行
旅艱迹來治水因治此大加開拓成湖矣置閘下口為節宣滙
以成河向東釃分流內外護城池金湯萬載鞏皇基眾樂康
衢物滋阜由來諸事在人為　又明人詩（鈐山堂咏釣魚台）金代遺蹤寄草萊
湖邊猶識釣魚台沙鷺（鷗）汀鷺尋常在曾見龍舟鳳舸來

花餻

花餻以糖麵為之中夾細果三層五層不同每屆重陽市肆間

預為製造以供用

按析津志九月九日都中以麵為餻饋遺作重陽節亦于闤闠中笊篱蘆席叫賣

十月一 財神廟

十月初一日乃都人祭掃之候俗謂之送寒衣

添火

京師居人例于十月初一日添設煤火二月中旬徹火火爐係不灰木為之白于礬石輕煖堅固

析津志

按宸垣識略西山化石根名之曰不灰木以之為粗布及器皿不畏火今西山有之此条所記未盡得實以之為器皿則可為粗布則從未之見或即火浣布之訛也況此木实出易州非西山也

風箏毽兒琉璃喇叭咘〻噔太平鼓空鐘

兒童玩好亦有関于時令京師十月以後則有風箏毽兒等物蓋風箏者縛竹為骨以紙糊之製成仙鶴孔雀鴻雁飛虎之形繪畫極工兒童放之空中最能清目毽兒者垫以皮錢稱以銅錢束以鵰翎縛以皮帶兒童踢弄之足以活血禦寒琉璃喇叭者口如酒盞稱

蝴

卅二

長二三尺吹之嗡嗡者形如壺盧而長柄大小不一皆琉璃所製兒童呼吸之足以導引清氣太平鼓係鉄圈之上蒙以驢皮形如團扇柄下綴以鉄環兒童三五成羣以藤杖擊之鼓聲鼕鼕然環聲錚錚然上下相應即所謂迎年之鼓也空鐘者形如車輪中有短軸兒童以雙杖繫棉線播弄之其聲空洞儼如天外晨鐘

謹按日下舊聞考紙鳶古傳韓信所作五代漢季李業與隱帝為紙鳶於宮門外放之毽兒即毽子以鉛錫為錢裝以雞羽小兒三五成羣有裏外廉拖鎗聳耳膝突肚佛頂珠剪刀拗之名色亦蹴踘之遺事也琉璃喇

吧舊聞考不載吶吶噔名即鳴鼓璫亦又名響壺盧謂又名倒掖氣小者畫寸許大
者或至徑尺其色紫者居多小兒口銜噓吸成聲數引帝京景物略謂元
夕童子撾鼓傍夕向曉曰太平鼓今自十月即有之不必在元夕矣空鐘舊
聞不載又北京歲華記謂太平鼓即羯者非也羯鼓者乃今梨元所用迸鼓以双杖擊之故唐人詩曰頭如青山峰手如白雨點一若單杖擊之安能如此稠密耶

魏之秀風箏詩

風勁幽燕自昔聞春來百幻盡凌雲青天碧海魚龍戲
鐵笛鷂空傳散楚軍

響壺盧詩

皎似冰壺徹底清微〻呼吸類調笙兒童更愛新翻
樣畫角喑嗚作楚聲

放空鐘詩

裁竹成形腰鼓如兩端繩索弄絲〻當風急轉如流水
山寺開鐘韻有餘

蛐〻兒聒〻兒油壺盧

蟲鳥之鳴最關時令而人力所致亦能與時令相轉移是亦有關
時令矣京師五月以後則有叫聒〻兒沿街呌呼賣每枚不過一二

文至十月則㸐煴者生則每枚可值數千矣六月下旬則有蛐〻兒貴者可值數金以其能戰鬬也至十月則一枚不過數百文取其鳴而已矣蛐〻兒之類又有油壺盧當秋令時一文可買十餘枚至十月則一枚可值數千蓋其鳴斷續聲顫而長冬夜聽之可悲可喜真閒人之韻事故秋日之蛐〻罐有永樂官窰趙子玉淡園主人靜軒主人紅澄漿白澄漿之別佳者數十金一對冬日之聒〻葫蘆油壺盧葫蘆佳者亦數十金一對以紫潤堅厚者為上即所謂葫蘆器者是也是故京師世族貧者居多浩財之

實不止聲色珠玉而已也

謹按日下舊聞考乾隆十三年　御製詠絡緯詩序云　皇祖時命
奉宸苑使取絡緯種育於暖室蓋如温花之能開臘底也每設宴
則置繡籠中唧唧之中不絕遂以為例絡緯者便腹青色以股躍
以短翼鳴其聲聒聒以其聲名之曰聒聒兒又引京景物畧謂永定
門外五里胡家村產促織善鬬勝他產又謂促織感秋而生其音
商其性勝秋盡則盡今都人能種之留其鳴深冬其法实土于盆
養之出生子土中入冬以其土置暖炕日洒水綿蒙之伏五六日土蠕蠕動又

伏七八日如蛆然置子蔬葉仍洒覆之足翅成漸以黑匝月則鳴細于
秋入春反僵也又謂（促織即）蟋蟀別種（有）三肥大色澤如油（者）曰油壺盧首大者曰
梆子頭銳喙者曰老米嘴（聒聒兒）以今日按之促織蟋蟀皆蛐蛐之正名絡
緯聒聒兒之正名或又謂絡緯者即螻蟈也

恭錄乾隆十三年

御製詠絡緯詩

羣知絡緯到秋吟耳畔何來唧唧音却共溫花榮此日將
嗁冷菊背而今夏虫乍可同冰語朝槿原堪入朔尋生

卅五

物机緘緣格物一斑猶見
聖人心

栗子白薯中東南糖薩齊瑪芙蓉糕冰糖壺盧

京師食品亦有関于歲時令十月以後則有栗子白薯等物栗子出北山用黑沙炒熟甘美異常青燈誦讀之餘剝而食之頗有味外之味白薯貧富皆嗜用火煨熟自然甘美不假扶持較之山藥芋頭尤足濟世可方為樸實勤能之君子中東南糖到處有之薩齊瑪乃滿州餑餑以冰糖奶油合白麵為之形如糯米用不灰木烘爐烤熟遂成方塊

甜膩可食芙蓉餻與薩齊瑪同但面有紅糖耳冰糖壺盧乃用竹籤貫以葡萄山藥豆海棠果山裏紅等物蘸以冰糖甜脆而涼冬夜食之頗能去煤炭之氣皆京師物產也

按宸垣識畧前明冬至日賜百官甜食一盒凡七種一松子海哩𠹭鄭以偉曰𠹭字諸字書不載今亦不識海哩𠹭為何物蓋緣元人語也以鄙意按之正可與薩齊瑪為對又戒菴漫筆載前明四月八日賜百官午门外食不落夾不落夾者亦元人語也或云麵食或云粽子以鄙意揣之或即薩齊馬之轉音歟

卅六

梧桐交嘴祝頂紅老西兒燕巧兒

禽鳥之有關時令者十月以後則有梧桐等物梧桐者長六七寸灰身黑翅黃嘴短尾能于空中接彈丸佳者可值數金（市兒買而調之）（謂之打彈兒）交嘴者長四五寸嘴左右交以別雌雄有紅黃二色馴之擾者能開鎖啣旗祝頂紅者較家雀而小頂有紅頂枝如交嘴而靈巧過之老西兒者形如梧桐而黑嘴枝同而賤價號饕餮之輩亦有食之者燕雀兒者形如燕子亦能空中接彈丸而飛騰尤速此皆京師時禽也至春秋鴻雁社日烏衣則有月令在

翻褂子

冬至月初一日臣工之得著貂裘者均于是日一体穿用謂之翻褂子

冬至

冬至郊天令節百官內閣呈進賀表民間不為節惟食餛飩而已與夏至之食麵同故諺曰冬至餛飩夏至麵

九九消寒圖

消寒圖乃九格八十一圈自冬至起日塗一圈上陰下晴左風右雨

按帝京景物畧冬至日人家畫素梅一枝為瓣八十有一日染一瓣瓣盡而九九出則春深矣日九九消寒圖此事予兒時曾為之不謂

廿七

與古暗合也　後錄消寒圖詩

拖牀

冬至以後水澤腹堅則十剎海護城河二閘等處皆有冰拖牀一人拖之其行甚駛長約五尺寬約三尺以木為之脚有鉄条可坐三四人雪晴日暖之際如在玉壺中亦快事也惟立春以後則不可乘乘則甚危有陷入冰窟者而拖者逃矣近王大臣之有　恩命者亦准于西苑门内乘坐拖牀牀甚華美上有六如車篷可避風雪

按倚晴閣雜抄明時積水灘常有好事者聯十餘牀攜都藍酒具鋪

躍踰其上轟飲冰凌中以為樂此殆一時豪舉非常有之事也

溜冰鞋

冰鞋以鐵為之中有單条縛于鞋上身起則行不能暫止技之巧者如蜻蜓点水紫燕穿波殊可觀也

打冰

冬至三九則冰堅于夜內鑿之日打冰三九以後冰雖堅不能用矣

臘八粥

臘八粥者用黃米白米江米小米菱角米紅江豆生栗子去皮棗泥

等合水煮熟外用染紅桃仁杏仁瓜子花生榛穰松子及白糖紅糖
瑣瑣葡萄等以作点染切不可用蓮子扁豆薏米桂元用則傷味
每至臘七日分餽親友則剝果滌器終夜經營至天明時則粥熟矣除
祀祖供佛外不得過午並用紅棗桃仁等製成獅子小兒之類以見
巧思
按燕都游覽志十二月八日賜百官粥民間亦作臘八粥以米果雜
成之品多者為勝今雖無百官之賜而朱門餽贈競巧爭奇較之古人
有過之無不及矣

雍和宮熬粥

雍和宮熬臘八粥時特派大員監視以昭誠敬其粥鍋之大可容數石米

大白菜

白菜者菘也大白菜者乃塩醃白菜也凡送粥之家必以白菜為副菜之美惡可卜其家之盛衰

按廣羣芳譜白菜一名菘北方多入窖内不見風日長出苗葉皆嫩黃色脆美無比謂之黃芽乃白菜別種今之食者惟忽皮

無所謂別種矣

祭灶

廿三日祭灶古用黃羊近聞　内廷尚用之外間不見用也外間祭灶惟用南糖関東糖瓜糖餅及清水草豆而已糖者所以祀神也清水草豆者所以飼神馬也祭畢之後將神像揭下與千張元寶等一并焚之至除夕接神時再行供奉是日鞭炮極多俗謂之小年下臣等謹按師

謹按日下舊聞考京都居民祀竈猶仍舊俗禁不婦女主祭其祀

期用二十三日惟南省客戶則用二十四日如劉侗所称也又宛署雜記于張鏨金紙為条與寘錢同

春聯

春聯者即桃符也自入臘以後即有文人墨客在市肆簷下書寫春聯以圖潤筆祭皁之後（及宗室王公等）則漸次粘貼千門萬戶煥然一新或用硃箋或用紅紙惟 內廷春聯例用白紙緣以紅边藍边非宗室者不得擅用

门神

门神皆甲冑執戈懸弧佩劍或謂（为）秦瓊敬德或謂為御（鬱）壘神荼

其实皆非也但謂之门神可矣夫门為五祀之一并非邪神都人神之而不祀之失其旨矣

除夕

京師謂除夕為三十晚上是日清晨　皇上陞殿受賀庶僚叩謁長（本）官謂之拜官年世胄之家致祭宗祠懸挂影像黄昏之後合家團坐以度歲酒漿羅列燈（燭）輝煌婦女兒童皆擲戳（骰）鬥葉以為樂及亥子之際天光愈黑鞭炮益響列案焚香迎衣（神）下界合衣少卧已至來朝旭日當窗爆竹在耳家人叩賀喜氣盈庭轉瞬之間又逢新歲矣

跴歲

除夕自房庭以至大門徧（行走之處）以芝麻稭撒之謂之跴歲

年飯

年飯用金銀米為之上插松柏枝綴以金錢棗栗龍眼香枝破五之後方始去之

唐花

凡賣花者謂熏治之花為唐花每至新年互相餽贈牡丹呈艷金橘垂黃滿座芬芳溫香撲鼻三春艷冶盡在一堂故又謂之唐（堂）花也

謹按日下舊聞考京師臘月即賣牡丹梅花緋桃探春諸花皆貯煖室
以火烘之所謂堂花又名唐花是也其法自漢即有之漢世太官園冬種葱
韭菜茹覆以屋廡晝夜爔熅火得溫氣諸菜皆生召信臣為少府
謂此皆不時之物有傷于人不宜以供奉養奏罷之唐人詩曰內園分得
溫湯水二月中旬已進瓜亦是此法

恭錄乾隆二十四年

御製戲詠唐花詩

爔熅嫋嫋萬芳新巧得天工火迫春設使言行信臣傳憐他失業

賣花人 查嗣瑮詩附後

藏香

藏香乃西藏乃出其味濃厚得沉檀芝降之全每屆歲除府第朱门焚之徹夜檐牙屋角馧鼻芬芳真香中之富貴者也

揺钱樹

取松柏枝之大者插于瓶中綴以古钱元宝石榴花謂之揺钱樹

壓歲钱

以綵繩穿钱編作龍形置于牀腳謂之壓歲钱尊長之賜小兒者

四十二

松雲齋

甲

亦謂之壓歲錢

天地桌

每屆除夕列長案于中庭供以百分百分者乃諸天神聖之全圖也百分之前陳設蜜供一層平果一層乾果素菜饅頭年糕一層謂之全供〻上籤以通草八仙及石榴元宝等謂之佛花兒及接神時將百分焚化接遞焚香至初五日而止謂之天地桌

辭歲

凡除夕蟒袍補褂走謁親賓者謂之辭歲家人叩謁尊長亦曰辭歲

新娶者必至岳家辭歲否則為不恭

迎喜神

除夕接神以後即為新年於初次出房時必迎喜神所臨之方而拜之

補遺

賜冰

京師自初伏日起至立秋日止　賜各衙门冰由工部頒給冰票自行領取各有等差

賜貂

每至冬月凡　乾清门侍衛大门侍衛均　賜貂褂銀子人各數十金

菊花山子

位置

九月菊開時富貴之家羅列菊花數百種堆積中庭前軒後輊燦若雲霞謂之九花山子九花者菊花也又四面堆積者謂之九花塔

雜錄補遺

冰嬉

謹按 西苑太液池冬月則陳冰嬉習勞行賞以簡武事而修

國俗云 舊聞考六卒廿卷六

恭錄乾隆

御製冰嬉賦序 仝上三

陸行之疾者吾知其為馬水行之疾者吾知其為舟為魚雲

行之疾者吾知其為鶻鵬鵰鶚至于冰則向之族辟（莫不）譬膠滯

滑擦而莫能施其技國俗有冰嬉者護膝以芾牢鞵以韋或
底合雙齒使齧淩而人不踣焉或踐鉄如刀使踐冰而步逾疾
馬較東坡志林所称更為輕利便捷惜自古無賦者故為賦之

又

御製臘日坐冰牀渡太液池誌興 仝上六

破臘風光日日新曲池凝玉淨無塵不知待渡霜花冷暖坐冰
牀過玉津

太液人行坐（步）玉花金鼇遥望鎖烟霞勝遊不數瓊華島愛聽

寒林噪晚鴉

又乾隆十一年

御製太液冰嬉十二韻 仝上七

順時陳國俗擇地試雄觀號令傳河若威儀紀水官光凝元

玉浦聲咽碎珠灘散處雲馳雨紛來雪噴湍端因智獨勝

奚必力俱殫疾以徐斯疾安其危乃安御風列鴈讓逐日夸

無難迅鷺嚴飛電溫知犀畢寒超羣殊閃燿作勢更盤跚

擬議綷傕翦形容鏡舞風一時誇奪幟獨步早登壇妙

四十五

義韜鈐外憑人著眼看

恭錄乾隆十一年

御製覺生寺大鐘歌用沈德潛韻

鼂謀弗善野戰龍金川門開烈燄紅都城百尺燕飛

入齊黃羣榜為奸凶成王安在乃定策夾輔公旦焉可

同瓜蔓連抄何慘毒龍江左右京觀封謹嚴難逃南

史筆懺悔詎賴佛氏鐘道衍儼被榮將命犍椎冶盡毋

陽銅穹窿重過萬石簴印泥精鏤禪机鋒夏屋十尋

虞不舉鯨魚盈文方堪蠡山靈水族無不具魑魅魍魎怪
哉蟲欲藉撞杵散憤氣安知天道憐孤忠榆木川邊想遺
恨皂氏徒添公案重憶昔遨遊西海子水天上下玻璃空川
可通萬壽寺禽緣偶憶曹溪宗喬松偃蓋假山古傑閣
巍巍獨據中洪鐘在懸洵偉觀連吟更喜兄弟從蒼翳
其色蟠其紐中宏外聲何隆隆華嚴字蹟傳沈度半滿全
揭開羣蒙覺生鹿苑斤
皇考創材飭內帑君羣鳩工謂是善吼周沙界乃從舊寺移

四十六

乘風太清十里渺乎小日〻演梵閘離宮覺生寺去圓明園二十里振考已

廓然剪眼摩挲更暢騷人胸不離一步鐘如是東西分別忽抗

逢我惜德潛老始達其詩亦復倫考功成篇著作呈乙覽不

聞肯作孫佯聾獨愛長歌踐其韻非後藻采爭雌雄載賡

酬倡古費弗廢詩話千載留芳躅圣经佛旨究異路將以何道

訓成童於倫於樂備法物安可以此歸辟雝安可以此歸辟雝不

如任彼出林大且逢末數語反德潛詩意

恭錄乾隆十八年

御製帝京篇有序

帝都者唐虞以前都有地而名不著夏商以後始各有所稱如夏邑周京之類是也王畿乃四方之本居重馭輕当以形勢爲要則伊古以來建都之地無如今之燕京矣然在德不在險則又舉金甌之要道也故序大凡於篇

恭錄雍正

御製帝京篇

磐石占幽薊金湯固帝京幅員寧有外帶礪自堪盟形

勢河山拱、星文氣象清休徵荷地利瑞應、感天成濟、庭時器
熙、擊壤情溪流穿林、籞霞彩映重、城日照朱甍麗麈
飛紫陌輕烟花織錦繡鶯蓋唱昇平池暖魚吹絮蘭薰蝶
抱英新荷初浥露宿麥晚蒸晴極浦漁舟杳斜陽牧笛
橫府希均雨露南畝問春耕

恭錄乾隆十三年

御製詠壺盧器詩 有序

壺盧器者出于康熙年間

聖祖命奉宸取架匏而規模之及熟遂成器焉盌盂盆盒惟所命蓋
其朴可尚而巧亦非人力之能為也爰令園人倣為之既成題以句而
識其源如是
纍在栗薪烝陶人豈藉憑玉成原有自匏落又何曾納約傳
遺製隨圓泯銳稜愛茲純樸器更切不從繩
恭錄乾隆八年
御製食栗詩
小熟大者生大熟小者焦大小得均熟所恃火候調堆盤陳玉几

獻歲同春椒何須學高士圍爐芋魁燒

恭錄乾隆二十三年

御製冬日視朝詩

百官劍佩集明廷班末陪臣謁贊聆（是日哈薩克使臣行礼）黃道星辰

聯畢昴小陽節候靄元冥東鶼西鰈誰分域（琉球使臣適亦隨班叩闕）北極

南荒一太寧遠服逾安心敢肆敬

天勤政●

訓聰聽

己亥十一月十七日燈下編錄竣

燕京歲時記（刻本）

光緒丙午

燕京歲時記

慶珍署

光緒丙午仲秋開雕

板存隆福寺文奎堂

序

吾友敦禮臣滿洲世家子乃

太傅大學士馬文穆公之雲孫世襲

敦惠伯承簡堂公之

次公子也幼與予共
硯席同受業於烏
紹雲司空之門禮臣
固司空猶子淵源有
自聰慧過人及習帖
括業亦能出色當行

群許爲必售之技乙
亥　恩科予兄弟
同領鄉薦而禮臣以
族人迴避不得一奏
牛刀誠可惜也嗣後
屢遭迴避抑鬱無聊

不得已而援例納官
非其志也退食之餘
仍以書史自遣於
國朝掌故多能識其
本源他日過以見案
頭有燕京歲時記一

卷捧讀一過具見匠
心雖非鉅製鴻文亦
足資將來之攷證是
即景物略歲華記之
命意也雖然如禮臣
者其學問豈僅如此

尚望引而伸之別有
著乍以爲同學光則
予實有厚望焉
光緒二十五年歲次
己亥嘉平月
賜進士出身刑部主

事硯愚兄潤芳澍田
氏拜序
花翎四品銜兵部員
外郎姻小弟慶珍博
如拜書

燕京歲時記

長白　富察敦崇　禮臣氏編

元旦

京師謂元旦爲大年初一每屆初一於子初後焚香接神燃爆竹以致敬連宵達巷絡繹不休接神之後自王公以及百官均應入

朝朝賀朝賀以畢走謁親友謂之道新喜親者登堂疏者投刺而已貂裘蟒服道路紛馳眞有車如流水馬如游龍之盛誠太平之景象也是日無論貧富貴賤皆以白麵作角而食之謂之煮餑餑舉國皆然無不同也富貴之家暗

以金銀小錁及寶石等藏之餑餑中以卜順利家人食得者則終歲大吉

按荊楚歲時記正月一日先於庭前燃爆竹以避山臊惡鬼又玉燭寶典正月一日爲元日亦云三元歲之元時之元月之元

八寶荷包

每至元旦凡
內廷行走之王公大臣以及
御前侍衛等均賞八寶荷包懸於胸前部院大臣不預此

例

祭財神

初二日致祭財神鞭炮甚夥晝夜不休

破五

初五日謂之破五破五之內不得以生米爲炊婦女不得出門至初六日則王妃貴主以及各宦室等冠帔往來互相道賀新嫁女子亦於是日歸甯春日融和春泥滑澾香車繡幰塞巷塡衢而闤闠諸商亦漸次開張貿易矣

八日

初七日謂之八日是日天氣清明者則人生繁衍

按東方朔古書歲後八日一日雞二日犬三日豕四日羊

五日牛六日馬七日人八日穀其日清明則所生之物育陰則災

順星

初八日黃昏之後以紙蘸油燃燈一百零八盞焚香而祀之謂之順星十三日至十六日由堂奧以至大門燃燈而照之謂之散燈花又謂之散小人亦辟除不祥之意也

按帝京景物略正月十三日家以小盞一百八枚夜燃之徧散井竈門戶砧石曰散燈其聚如螢散如星富者燈四夕貧者燈一夕又甚貧者無此條所記與今大略相同但未得其詳細耳

打春 節令無定期姑錄於正月之內餘倣此

打春卽立春在正月者居多立春先一日順天府官員至東直門外一里春場迎春立春日禮部呈進春山寶座順天府呈進春牛圖禮畢回署引春牛而擊之曰打春是日富家多食春餅婦女等多買蘿蔔而食之曰咬春謂可以却春困也

謹按大清會典載立春前一日順天府尹率僚屬朝服迎春於東直門外隸役舁芒神土牛導以鼓樂至府署前陳於綵棚立春日大興宛平縣令設案於

午門外正中奉恭進

三

皇帝
皇太后
皇后芒神土牛配以春山府縣生員舁進禮部官前導尚
書侍郎府尹及丞後隨由
午門中門入至
乾清門
慈甯門恭進內監各接奏禮畢皆退府尹迺出土牛環擊
以示勸農之意又滿幢小品載前明正統中每歲立春順
天府別造春牛春花進御前及仁壽宫凡三座每座用金
銀珠翠等物費錢九萬餘景皇帝位諭明年春日當復增

三座宛平坊民相率陳愬乃以時花充用由此觀之則前
明之過事擾民實不如
國朝之崇尚節儉矣
恭錄乾隆壬申
御製春帖子詞二首
其一
壬日立新春重重吉岦臻百昌欣律轉萬福自天申
首尾用壬申二字
其二
喧鳴臘鼓發韶妍遲日杲晨飈瑞烟屏綵祥徵銀勝

裹辛盤芳獻頌椒前

燈節

自十三以至十七均謂之燈節惟十五日謂之正燈耳每至燈節內廷筵宴放烟火市肆張燈而六街之燈以東四牌樓及地安門爲最盛工部次之兵部又次之他處皆不及也（兵部燈於光緒九年經閣文介禁止）若東安門新街口西四牌樓亦稍有可觀各色燈彩多以紗絹玻璃及明角等爲之並繪畫古今故事以資玩賞市人之巧者又復結冰爲器裁麥苗爲人物華而不侈樸而不俗殊可觀也花炮棚子製造各色烟火

競巧爭奇有盒子花盆烟火杆子線穿牡丹水澆蓮金盤落月葡萄架旂火二踢脚飛天十响五鬼鬧判兒八角子炮打襄陽城匣炮天地燈等名目富室豪門爭相購買銀花火樹光彩照人車馬喧闐笙歌聒耳自白晝以迄二鼓烟塵漸稀而人影在地明月當天士女兒童始相率喧笑而散市賣食物乾鮮俱備而以元宵爲大宗亦所以點綴節景耳又有賣金魚者以琉璃瓶盛之轉側其影大小俄忽實爲他處所無也

謹按日下舊聞考前明燈市在東華門王府街東崇文街西亘二里許南北兩廛卽今之燈市口也市之日凡珠玉

寶器以逮日用微物無不悉具衢中列市棊置數行相對
俱高樓樓設氍毹簾幕爲宴飲地一樓每日賃直至有數
百緡者皆豪貴家眷屬也燈則有燒珠料絲紗明角麥楷
通草等樂則有鼓吹雜耍絃索等烟火則以架以盒盒有
械壽帶葡萄架珍珠簾長明塔等自初八日起至十八日
止乃十日非五日也至百貨坌集乃合燈與市爲一處今
則燈歸城內市歸琉璃廠矣

附錄明范景文燕京燈市詞四首

御溝春暖漲冰絲風煖沙吹日影移珠綴九微光燦
爛張燈不待月高時

王孫約隊簇金貂玉勒青驄綺陌驕文貝珊瑚看不盡東華門外市三條

珠樓一帶欝嵯峨陣陣香風簇綺羅龍燭薰風喧不夜天街到處月明多

月明處處度笙簫春色分明念四橋有酒勸君須盡醉百年能得幾元宵

又魏之琇火判兒詩末句妄改

衣冠焰焰踞當塗入夜兒童雜笑呼一片熱腸心更赤世間會得似君無近宛平縣西城隍廟有此

筵九

六

十九日謂之筵九每至筵九
皇上幸西廠子小金殿筵宴看玩藝貫跤蒙古王公請安
告歸臣工之得著貂裘者盡於是日脫去改穿白鋒毛矣
民間無事可紀遊賞白雲觀者謂之會神仙焉
按帝京景物略曰燕九又曰宴邱今則曰筵九究未知其
孰是

開印

開印之期大約於十九二十二十一三日之內由欽天監
選擇吉日吉時先行知照朝服行禮開印之後則照常辦
事矣

打鬼

打鬼本西域佛法並非怪異即古者九門觀儺之遺風亦所以禳除不祥也每至打鬼各喇嘛僧等扮演諸天神將以驅逐邪魔都人觀者甚衆有萬家空巷之風朝廷重佛法特遣一散秩大臣以臨之亦聖人朝服阼階之命意打鬼日期黃寺在十五日黑寺在二十三日雍和宮在三十日

按宸垣識略東黃寺在安定門外鑲黃旗教場順治八年奉敕就普淨禪林興建康熙二十三年重脩寺西有琉璃門曰凊淨化城後有石坊二座石台一座石塔一座高八

二

丈雕鏤精工上有金傘光華奪目相傳爲般禪佛塔般禪
佛又曰瘢疹佛蓋因出痘而示寂也塔傍有經幢四乃乾
隆四十八年彭元瑞書
御製清淨化城記在台東係清漢蒙梵四體字塔後有樓
曰慧香閣
雍和宫在東直門內北新橋正北里許乃
世宗憲皇帝藩邸也
登極後
命名曰雍和宫黑寺在德勝門外西北三里許前寺曰慈
度後寺曰察罕喇嘛廟所謂黑寺者蓋指鐵色琉璃而言

今亦無之矣後寺有鐵香亭一乃康熙乙卯年造

恭錄乾隆三十五年

御製詣雍和宮禮佛作

興慶當年選佛場春初幾暇禮空王六街三市皆珠
玉利物宜人大吉祥東壁圖書原好靜東書院即在宮左側曰太和齋昔時歲月暗神傷六句兄弟相爭逐時和親王以領宮務相隨話到髫年電火光

又

御製入安定門至雍和宮瞻禮作

邸第吾生長今年已六旬昔時景頻憶先節敬應申

八月間慶賀禮繁砌下花新錦庭前松老鱗縐懷趨
乘暇先至此瞻拜
訓日黷爾獨傷神

填倉

每至二十五日糧商米販致祭倉神鞭炮最盛居民不盡
致祭然必烹治飲食以勞家人謂之填倉
按北京歲華記云二十五日人家市豕牛羊肉恣餐竟日
客至苦留必盡飽而去謂之填倉此條所記與今大略相
同惟富貴之家從未有食牛肉者亦未有客至苦留之說
乃記者一隅之論也

大鐘寺

大鐘寺本覺生寺以大鐘得名蓋歲時求雨處也每至正月自初一日起開廟十日十日之內遊人坌集女士如雲長安少年多馳騾車馬以爲樂超塵逐電勞瘁不辭一騎之費有貴至數百金者豈猶有金臺市駿之遺風歟

謹按日下舊聞考華嚴鐘鑄於前明永樂時高一丈五尺徑一丈四尺紐高七尺厚七寸重八萬七千斤內外勒楷字法華經一部字大五分密如比櫛乃學士沈度書嘉靖間懸於萬壽寺後言者謂京城白虎方不宜有金聲乃徹樓卧鐘於地

國朝乾隆八年移置於覺生寺即所謂大鐘寺也在德勝

門外七里土城西北曾家莊雍正十一年建鐘樓高五丈
下方上圓四面皆窗後有旋梯左升右降鐘懸於中竟體
純銅端正細膩誠至寶也惜未聽其一鳴耳前殿有雍正
十二年翰林院編脩張若靄撰碑

恭錄乾隆八年

御製覺生寺大鐘詩

雷紋隱篆蟲半字蘊洪銅（鐘上有法華經一部）善吼周三界聲
聞具六通橫栘爲撞杵夏屋是乘風待扣何須扣當
前悟色空

又乾隆十一年

御製覺生寺大鐘歌用沈德潛韻原韻載吳長元宸垣識畧詩碣在大鐘左側高七尺餘

鼂謀弗善野戰龍金川門開烈燄紅都城百尺燕飛入齊黃葦榜爲奸凶成王安在乃定案夾輔公旦焉可同瓜蔓連抄何慘毒龍江左右京觀封謹嚴難逃南史筆懺悔詎賴佛氏鐘道衍儼被榮將命犍椎治盡丹陽銅穹窿重過萬石簴印泥精鏤禪機鋒夏屋十尋虡不舉鯨魚盈丈方堪舂山靈水族無不具魑魅魍魎怪哉蟲欲藉撞鐘散憤氣安知天道憐孤忠榆木川邊想遺恨梟氏徒添公案重憶昔遨遊西海

子水天上下玻璃空一川可通萬壽寺寅緣偶憶曹溪宗喬松偃蓋假山石傑閣巍巍獨據中洪鍾在懸洵偉觀聯吟更喜兄弟從蒼黝其色蟠其紐中宏外聳何隆隆華嚴字蹟傳沈度半滿全偈開羣蒙覺生

鹿苑

皇考創材飭內帑鳩羣工是謂善吼周沙界乃從舊寺移乘風太清十里渺乎小日日演梵聞離宮覺生寺去圓明園十二里抎考已廓苾芻眼摩挲更暢騷人胸不離一步鐘如是東西分別心猶蓬我惜德潛老始達其詩亦復論考功獨愛長歌踐其韻非侈藻采爭雌雄載賡倡

酬古弗廢詩話千載留芳蹤聖經佛旨究異路將以何道訓成童於論於樂備法物安可以此歸辟雝安可以此歸辟雝不如任彼出林大且逢末數語反德潛詩意

白雲觀

白雲觀在阜城門外西南五六里其基最古自金元以來卽有之觀內萬古長春四字尙傳爲邱長春所書每至正月自初一日起開廟十九日遊人絡繹車馬奔騰至十九日爲尤盛謂之會神仙相傳十八日夜內必有仙眞下降或幻遊人或化乞丐有緣遇之者得以却病延年故黃冠羽士三五成羣趺坐廊下以冀一遇究不知其遇不遇也

觀內老人堂一所皆道士之年老者居之雖非神仙而年過百齡者時所恆有亦脩養之明徵也觀後有亭園一區乃近年所搆其先無之

謹按日下舊聞考白雲觀乃元太極宮故墟內塑邱眞人像白皙無鬚眉正月十九日都人致酹祠下謂之燕九節眞人登州棲霞人名處機號長春子年十九爲全眞學於甯海之崑崙山歲在已卯元太祖自奈曼遣使召之使者未至眞人語其徒曰速促裝天使召我我當往翌日使者至乃與弟子十八人同往經數十國行萬餘里始達雪山太祖時方西征日事攻戰眞人每言欲一天下者必在乎

不嗜殺人及問爲治之方則告以敬天愛民爲本問及長生久世之道則以清心寡慾爲要太祖大悅命左史書諸策眞人乞東還遂賜號曰神仙封爲大宗師掌管天下道教使居燕之太極宮後改爲長春宮即今之白雲觀也眞人年八十尸解仙去

曹老公觀兒

曹老公觀在西直門內路北每至正月自初一日起開廟半月遊人亦多惟殿宇坍塌牆垣不整古佛零落殊無可觀有碑二左刻乾隆

御製七律二首右無字後殿有鐵香爐一乃前明萬曆辛

卯年造中殿有鐵香池一乃崇正九年管理御馬營太監
孫繼武等造
謹按日下舊聞考曹老公觀名崇元觀乃明璫曹化純興
建
國朝乾隆二十三年重脩規模壯麗法相莊嚴百餘年來
傾圮殆盡無復舊觀矣或謂化純與時有窖金藏之觀中
以備將來重脩之用故京師有裹七步外七步觀兒倒觀
兒脩之謡然其言究無驗也
廠甸兒
廠甸在正陽門外二里許古曰海王村即今工部之琉璃

厰也街長二里許廛肆林立南北皆同所售之物以古玩字畫紙張書帖爲正宗乃文人鑒賞之所也惟至正月自初一日起列市半月兒童玩好在厰甸紅貨在火神廟珠寶晶瑩鼎彝羅列豪富之輩日事搜求冀得異寶而紅貨之内以翡翠石爲最尊一搬指翎管有價至萬金者翡翠之外並重料壺然必須官窰古月軒者方爲上品新料不足道也蓋玩好之物風尚不同乾隆間重珊瑚賤碧霞璽後又重碧霞璽近更重翡翠石及料壺風雅之士亦間有重舊玉者笛頭劍隔古色盎然而眞僞殊不易辨故予嘗日物而能言免去許多聚訟蓋指此也至於舊磁一類甚

屬寥寥已多爲外洋買去矣

謹按日下舊聞考琉璃廠東有遼御史大夫李內貞墓乃乾隆三十六年工部郎中孟澔得其誌石於土中有葬於海王村之語

東西廟

西廟曰護國寺在皇城西北定府大街正西東廟曰隆福寺在東四牌樓西馬市正北自正月起每逢七八日開西廟九十日開東廟開廟之日百貨雲集凡珠玉綾羅衣服飲食古玩字畫花鳥蟲魚以及尋常日用之物星卜雜技之流無所不有乃都城內之一大市會也兩廟花廠尤爲

雅觀春日以果木爲勝夏日以茉莉爲勝秋日以桂菊爲勝冬日以水仙爲勝至於春花中如牡丹海棠丁香碧桃之流皆能於嚴冬開放鮮豔異常洵足以巧奪天工頊支月令其於格物之理研求幾深惜未有著書者耳嘗觀泰西農學書中謂一粒之種可得十萬粒如以藝花之法藝之定能遠過其上但是人工既貴灌溉亦難以之治玩好則可以之治稼穡則斷斷乎其不能也即如冬瓜王瓜茄子扁豆之類皆能於嚴冬栽植色味俱佳但價值太昂不能盡人而食是亦不能行之明證也

謹按日下舊聞考護國寺元曰崇國寺明曰大隆善護國

寺今只曰護國寺乃元丞相脫克脫之故宅寺中千佛殿傍立一老髯幞頭朱衣一老嫗鳳冠朱裳即其夫婦之像今已無存矣隆福寺乃前明景泰四年建役夫萬人寺中白石臺欄乃英宗南内翔鳳殿故物也

本朝雍正元年重加脩葺有

世宗御製碑文較之護國寺尚爲完整（隆福寺於光緒二十七年十月二十二日燬於火）

土地廟

土地廟在宣武門外土地廟斜街路西自正月起凡初三十三二十三日有廟市市無長物惟花廠鴿市差爲可觀

謹按日下舊聞考土地廟其基最古有前明萬歷四十三年碑稱曰古蹟老君堂都土地廟遼金時廟在都城東門之外今莫得其方向矣

花兒市

花兒市在崇文門外迤東自正月起凡初四十四二十四日有市市皆日用之物所謂花市者乃婦女插戴之紙花非時花也花有通草綾絹綽枝摔頭之類頗能混眞花市之外亦有鴿市在壓北小巷內

按居易錄京師花兒市鬻黃鴿三毛羽作黃金色索價甚高云云蓋京師多好蓄鴿種類亟繁其尋常者有點子玉

翅鳳頭白兩頭烏小灰皂兒紫醬雪花銀尾子四塊玉喜鵲花跟頭花脖子道士帽倒插兒等名色其珍貴者有短嘴白鷺鷥白烏牛鐵牛青毛鶴秀蟾眼灰七星鳧背銅背麻背銀楞麒麟斑躧雲盤藍盤鸚嘴白鸚嘴點子紫烏紫點子紫玉翅烏頭鐵翅玉環等名色凡放鴿之時必以竹哨綴於尾上謂之壺盧又謂之哨子壺盧有大小之分哨子有三聯五聯十三星十一眼雙筩截口眾星捧月之別盤旋之際響徹雲霄五音皆備真可以悅耳陶情至前輩所謂架鴿者今無之矣又余氏辨林云京師孟春之月兒女多剪綵爲花或草虫之類插首曰鬧嚷嚷即古所謂鬧

裝也是卽綾絹花之濫觴歟

小藥王廟 北藥王廟

小藥王廟在東直門內路北北藥王廟在舊鼓樓大街自正月起每朔日望日有廟市市皆婦女零用之物無甚可觀

耍耗子 耍猴兒 耍苟利子 跑旱船

京師謂鼠爲耗子耍耗子者木箱之上縛以橫架將小鼠調熟有汲水鑽圈之技均以鑼聲爲起止耍猴兒者木箱之內藏有羽帽烏紗猴手自啟箱戴而坐之儼如官之排衙猴人口唱俚歌抑揚可聽古稱沐猴而冠殆指此也其

餘扶犁跑馬均能聽人指揮扶犁者以犬代牛跑馬者以羊易馬也苟利子即傀儡子乃一人在布帷之中頭頂小台演唱打虎跑馬諸雜劇跑旱船者乃村僮扮成女子手駕布船口唱俚歌意在學遊湖而採蓮者抑何不自醜也凡諸雜技皆京南人爲之正月最多至農忙時則舍藝而而歸耕矣

附錄唐明皇傀儡吟

刻木牽絲作老翁雞皮鶴髮與眞同須臾弄罷寂無事還似人生一夢中

太陽糕以下二月

二月初一日市人以米麪團成小餅五枚一層上貫以寸餘小雞謂之太陽糕都人祭日者買而供之三五具不等

龍抬頭

二月二日古之中和節也今人呼爲龍擡頭是日食餅者謂之龍鱗餅食麪者謂之龍鬚麪閨中停止針線恐傷龍目也

春分

春分前後官中祠廟皆有大臣致祭世家大族亦於是日致祭宗祠秋分亦然

按月令廣義云分者半也當九十日之半也故謂之分夏

冬不言分者天地間二氣而已陽生于子極于午即其中分也立春至立夏九十日

清明

清明即寒食又曰禁烟節古人最重之今人不爲節但兒童戴柳祭掃坟塋而已世族之祭掃者于祭品之外以五色紙錢製成幡蓋陳於墓左祭畢子孫親執于墓門之外而焚之謂之佛多民間無用者

按析津志云遼俗最重清明上自內苑下至士庶俱立鞦韆架日以嬉戲爲樂自前明以來此風久革不復有半仙之戲矣又歲時百問云萬物生長此時皆清淨明潔故謂

之清明至清明戴柳者乃唐高宗三月三日祓禊於渭陽賜羣臣柳圈各一謂戴之可免蠆毒今蓋師其遺意也

賣小油雞小鴨子

二月下旬則有販乳雞乳鴨者沿街吆賣生意暢然蓋京師繁盛雞鶩之屬日須數萬隻是皆以人力育之非自乳也執此業者名曰雞鴨房在齊化門東直門一帶

三月三 以下三月

俗謂栽壺盧者必於三月三日下種否則結實不繁

恭錄乾隆十三年

御製詠壺盧器詩有序

壺盧器者出于康熙年間
聖祖命奉宸取架匏而規模之及熟遂成器焉盌盂盆盒
惟所命蓋其朴可尙而其巧亦非人力之能爲也爰
令園人倣爲之旣成題以句而識其源如是
纍在栗薪烝陶人豈藉憑玉成原有自匏落又何曾
納約傳
遺製隨圜泯銳棱愛茲純樸器更切木從繩

蟠桃宮

太平宮在東便門路南門臨護城河因廟內有西王母之像故曰蟠桃宮每屆三月自初一日起開廟三日遊人亦

多然較之白雲觀等則繁盛不如矣

東嶽廟

東嶽廟在朝陽門外二里許除朔望外每至三月自十五日起開廟半月士女雲集至二十八日爲尤盛俗謂之撢塵會其實乃東嶽大帝誕辰也廟有七十二司司各有神主之相傳速報司之神爲岳武穆最著靈異凡負屈含寃心迹不明者率於此處設誓盟心其報最速階前有秦檜跪像見者莫不唾之已不辨面目矣後閣有梓潼帝君亦著靈異科舉之年祈禱相屬神座右有銅騾一匹頗能愈人疾病病耳者則摩其耳病目者則拭其目病足者則撫

其足閣東有甲胄之像數半身没於地中俗傳爲楊家將云云究不知其爲何神也廟中道教碑乃元翰林院承旨趙孟頫所書字畫雖真并神已失想爲俗工鑿治矣

謹按日下舊聞考東嶽廟乃元延祐中建以祀東嶽天齊仁聖帝前明正統中益拓其宇兩廡設七十二司後設帝妃行宫

本朝康熙三十七年居民不戒而燬於火

特頒内帑脩之閲三歲而落成殿閣廊廡視舊加飭乾隆二十六年復加脩葺規制益崇故至今祗謁

東陵時必於此拈香用膳焉

潭柘寺

潭柘寺在渾河石景山西栗園莊北去京八十餘里每至三月自初一日起開廟半月香火甚繁廟在萬山中九峰環抱中有流泉蜿蜒門外而没有銀杏樹者俗曰帝王樹高十餘丈闊數十圍實千百年物也其餘玉蘭修竹松柏菩提等亦皆數百年物誠勝境也其先戒律亟嚴葷酒莫入近則酒炙紛騰無復向時清淨矣有靈蛇二曰大靑小靑與祕魔厓相仿彿殊不知是一是二所謂柘木者僅存數尺與元妙嚴公主拜佛磚同爲古蹟凡至寺者必觀此數事焉

謹按日下舊聞考潭柘寺在羅睺嶺平原村去京城西北九十里晉曰嘉福唐曰龍泉京師諺曰先有潭柘後有北京蓋寺之最古者

本朝康熙間更名岫雲寺寺故海眼佛殿基即潭也唐華嚴師在山說法神龍施潭爲寺一夕大風雨潭成平地今潭徙而涓涓者不絕柘久枯高七八尺覆以瓦亭龍去而子猶存青色長五尺大如盌時出現

附錄丁酉三月遊潭柘山拙作五律七律各一首

古寺不知年龍潭自昔傳參天多翠竹繞地盡流泉

神樹烟雲護

宸章日月懸欲參清淨理何處問眞禪

琳宮紺宇梵王家

御輦曾經駐翠華三徑晴穿春水亂九峰高插碧天斜風搖細影菩提樹月照瓊枝木筆花遥憶當年麟見老畫圖眞蹟兩無差（鴻雪因緣有遊潭柘寺圖）

又曉度羅睺嶺拙作

絕巘登臨處茫茫眼界空赭山三面合濁水一灣通桃綻如脂染梨開似雪融筍輿行緩緩歸路栗園東

戒臺

凡遊潭柘者必至戒台蓋戒台無定期惟六月六日有晾

三

經會縱人遊觀而遊者卒鮮蓋天氣既熱又多大雨也寺名萬壽在潭柘東南以松勝故京師論遊者必與潭柘並稱焉

謹按日下舊聞考萬壽寺在馬鞍山唐武德中建曰慧聚寺明正統間改今名有康熙乾隆

御書聯額寺有戒台乃遼咸雍間僧法均始開明正統中

敕如幻律師說戒立壇焉壇在殿內以白石爲之寺後有太古觀音化陽龐涓孫臏五洞寺西五里有極樂峰

天台山

天台山在京西磨石口車馬可通即翠微山之後山也每

歲三月十八日開廟香火甚緐寺門在南山之麓寺在北山之巔相去幾至里許沿山有流泉三四涓涓不窮所謂魔王者語多荒誕不經無從考其出處矣

換季

每至三月換戴涼帽八月換戴暖帽屆時由禮部奏請大約在二十日前後者居多換戴涼帽時婦女皆換玉簪換戴暖帽時婦女皆換金簪

黃花魚大頭魚

京師三月有黃花魚即石首魚初次到京時由崇文門監督照例呈

進否則爲私貨雖有挾帶而來者不敢賣也四月有大頭
魚即海鯽魚其味稍遜例不進呈

捨緣豆以下四月

四月八日都人之好善者取青黃豆數升宣佛號而拈之
拈畢煮熟散之市人謂之捨緣豆預結來世緣也
謹按日下舊聞考京師僧人念佛號者輒以豆記其數至
四月八日佛誕生之辰煮豆微撒以鹽邀人于路請食之
以爲結緣今尚沿其舊也

萬壽寺

萬壽寺在西直門外五六里門臨長河乃

皇太后祝釐之所每至四月自初一日起開廟半月遊人甚多綠女紅男聯蹁道路柳風麥浪滌蕩襟懷殊有天朗氣清惠風和暢之致誠郊西之勝境也

謹按日下舊聞考萬壽寺在廣源閘西明萬歷五年建

本朝乾隆十六年二十六年兩次重修山門之內爲鐘鼓樓天王殿殿後爲萬壽閣再後爲禪堂堂後有假山假山上爲大士殿下爲地藏洞山後爲無量壽佛殿三聖殿又後爲後樓樓前松檜皆數百年物光緒初年燬於火最後爲菜圃圃有水車二光緒二十年重脩

行宮併菜圃而圈入矣

西頂

西頂娘娘廟在萬壽寺西八九里每至四月自初一日起開廟半月繁盛與萬壽寺同山門中四天王像神氣如生猙獰可畏座下八鬼怪尤覺駭人凡攜小兒者多掩其目而過之廟有七十二司神皆繪畫非塑像也每開廟時特派大臣拈香與髫髻山同他處無之

謹按日下舊聞考西頂碧霞元君廟在京西藍靛廠前明萬歷年建國朝康熙五十一年重修改名曰廣仁宮

恭錄康熙戊子

御製重脩西頂碧霞元君廟碑文節略

京城西直門外有西頂舊建碧霞元君宮地近西山之麓直今西苑之西南所謂萬泉莊者固郊畿一勝境也元君初號天妃宋宣和閒始著靈異厥後禦災捍患奇蹟屢彰下迄元明代加封號成弘而後祠觀尤盛郛郭之間五頂環列西頂其一也歲時旣久陳迹都荒碑碣猶存榱桷弗整其謂安神何歲在戊子發內帑命有司鳩工重葺之閱一載而落成棟宇穹然垣廡翼然殿寢秩然丹雘燦然瞻拜其下者虔肅有加朕于萬幾之暇亦往展禮仰祝

聖母之鳌俯介生民之福以祈純嘏以鞏皇圖顏其額曰
勑建廣仁宮羣臣請立石以紀之文長未及備載

妙峯山

妙峯山碧霞元君廟在京城西北八十餘里山路四十餘
里共一百三十餘里地屬昌平每屆四月自初一日開廟
半月香火亟盛凡開山以前有雨者謂之淨山雨廟在萬
山中孤峯矗立盤旋而上勢加繞螺前可踐後者之頂後
可見前者之足自始迄終繼晝以夜人無停趾香無斷烟
奇觀哉廟南向爲山門爲正殿爲後殿後殿之前有石凸
起似是妙峯之巔石有古柏三四株亦似百年之物廟東

有喜神殿觀音殿伏魔殿廟北有回香亭廟無碑碣其原無可考然自雍乾以來卽有之惜無記之者耳進香之路日闢日多曰南道者三家店也曰中道者大覺寺也曰北道者北安合也曰老北道者石佛殿也近日之最稱繁盛者莫如北安合人烟輻輳車馬喧闐夜間燈火之繁燦如列宿以各路之人計之共約有數十萬以金錢計之亦約有數十萬香火之盛實可甲於天下矣

髫髻山

髫髻山碧霞元君廟在京城東北懷柔縣界每至四月自初一日起開廟半月繁盛亞於妙峯而山景過之都人謂

之東山
御製髻髻山玉皇閣碑文節略　恭錄康熙五十二年
距京師百里有山曰髻髻隸懷柔縣兩峯高矗望之如髻故得是名自元明以來號爲近畿福地因上有碧霞元君之祠是以每歲孟夏四方之民會此祈禱者駢肩疊跡不可勝計古稱積高之區神明所舍況兹山北倚紫塞南拱神京岡巒迴合蜿蜒磅礴而鍾秀於是則其神氣之感敷有靈應理固然也康熙五十二年值朕六旬誕期諸臣民就兹山展理爲朕祝

禧因共建玉皇閣以祈延壽經始于癸巳三月十八日落成于甲午三月十八日而請記其事文長未及備載

北頂東頂附

北頂碧霞元君廟在德勝門外土城東北三里許每歲四月有廟市市皆日用農具遊者多鄉人東頂在東直門外與北頂同

榆錢糕

三月榆初錢時採而蒸之合以糖麪謂之榆錢糕四月以玫瑰花爲之者謂之玫瑰餅以藤蘿花爲之者謂之藤蘿餅皆應時之食物也

黃鸝

四月末花事將闌易增惆悵惟柳陰中鶯聲婉轉如鼓笙簧殊有斗酒雙柑之樂惟月餘則去不能久住耳古詩云黃栗留鳴桑椹美黃鸝旣鳴則桑椹垂熟正合今京師節候

蘆筍櫻桃

四月中蘆筍與櫻桃同食最爲甘美古詩云蘆筍生時柳絮飛紫櫻桃熟麥風涼均與今京師時令最爲符合

涼炒麵

四月麥初熟時將麵炒熟合糖拌而食之謂之涼炒麵

玫瑰花芍藥花

玫瑰其色紫潤甜香可人閨閣多愛之四月花開時沿街喚賣其韻悠揚晨起聽之最爲有味芍藥乃豐台所產一望彌涯四月花含苞時折枝售賣遍歷城坊有楊妃傻白諸名色是二花者最爲應序雖加以爔煴之力不能易候而開是亦花中之强項令矣

端陽以下五月

京師謂端陽爲五月節初五日爲五月單五蓋端字之轉音也每屆端陽以前府第朱門皆以粽子相餽貽並副以櫻桃桑椹荸薺桃杏及五毒餅玫瑰餅等物其供佛祀先

者仍以粽子及櫻桃桑椹爲正供亦薦其時食之義

按續齊諧記屈原以五月初五日投汨羅江楚人哀之至此日以竹筒子貯米投水以祭之以楝葉塞其上以綵絲纏之不爲蛟龍所竊是卽粽子之原起也

雄黃酒

每至端陽自初一日起取雄黃合酒晒之用塗小兒額及鼻耳間以避毒物

天師符

每至端陽市肆間用尺幅黃紙蓋以硃印或繪畫天師鍾馗之像或繪畫五毒符咒之形懸而售之都人士爭相購

買粘之中門以避祟惡

按後漢禮儀志五月五日朱索五色印爲門戶飾以止惡氣是卽天師符之由來歟

菖蒲艾子

端午日用菖蒲艾子插于門傍以禳不祥亦古者艾虎蒲劍之遺意

綵絲繫虎

每至端陽閨閣中之巧者用綾羅製成小虎及粽子壺盧櫻桃桑椹之類以綵線穿之懸於釵頭或繫於小兒之背古詩云玉燕釵頭艾虎輕卽此意也

按風俗通云五月五日以綵絲繫臂辟鬼及兵令人不病瘟一名長命縷一名續命縷

剪綵爲葫盧

又端陽日用綵紙剪成各樣葫盧倒粘于門闌之上以洩毒氣至初五午後則取而棄之

賜葛

内廷王公大臣至端陽時皆得
恩賜葛紗及畫扇

城隍出巡

四月二十二宛平縣城隍出巡五月初一日大興縣城隍

出巡出巡之時皆以八人肩輿舁藤像而行有捨身爲馬僮者有捨身爲打扇者有臂穿鐵鈎懸燈而導者有披枷帶鎖儼然罪人者神輿之傍又扮有判官鬼卒之類亻亍而行亦無非神道設教之意

過會

過會者乃京師游手扮作開路中幡槓箱官兒五虎棍跨鼓花鈸高蹺秧歌什不閒耍壜子耍獅子之類如遇城隍出巡及各廟會等隨地演唱觀者如堵最易生事如遇金吾之賢者則出示禁之

附錄恩竹樵侍郎高蹻秧歌詩

捷足居然逐隊高步虛應許快聯曹笑他立脚無根
據也在人間走一遭

都城隍廟

都城隍廟在宣武門內溝沿西城隍廟街路北每歲五月
自初一日起廟市十日市皆兒童玩好無甚珍奇遊者鮮
矣

謹按日下舊聞考都城隍廟在前明時以每月朔望及二
十三日有廟市市之日陳設甚夥人生日用所需精麤畢
備羈旅之客持阿堵入市頃刻富有完美書畫古董眞僞
錯陳其他剔紅塡漆舊物自內廷闌出者尤爲精好其初

所索甚微後其價十倍矣至於窯器最貴成化次則宣德杯琖之屬初不過數金嗣則成窰酒杯至博銀百金宣德香爐所酬亦略如之廟係元世祖至元十七年創建前明重脩之本朝雍正四年乾隆二十八年又重脩之光緒初年廟燬於火碑皆煅裂所謂各直省城隍像者零落殆盡近惟將正殿脩復以便春秋祭享餘尚殘破如故也

南頂

南頂碧霞元君廟在永定門外五六里西向左右有牌坊二左曰廣生長養右曰羣育滋藩皆乾隆三十八年重脩

時
御書每至五月自初一日起開廟十日士女雲集廟雖殘破而河中及土阜上皆有亭幛席棚可以飲食坐落至夕散後多在大沙子口看賽馬焉
按宸垣識略云南頂以南之河名涼水河橋名永定橋土阜名九龍山乃乾隆間疏濬涼水河時堆成環植桃柳萬株開廟時遊人皆敷席攜榼羣飲其下近則土阜雖存而桃柳零落矣

附錄吳巖遊南頂詩

柳映紅亭水映橋碧霞宮殿鬱迢遙年年五月開香

社大好風光慰寂寥

龍岡委宛似卷阿披拂薰風爽氣多一帶葦棚臨水岸酒徒豪飲妓童歌

十里河

十里河關帝廟在廣渠門外每至五月自十一日起開廟三日梨園獻戲歲以爲常

瑤台

瑤台卽窯台在正陽門外黑窯廠地方時至五月則搭凉篷設茶肆爲遊人登眺之所亦南城之一古蹟也

謹按日下舊聞考黑窯廠爲明代製造磚瓦之所

本朝均交窰戶備辦此廠遂廢其地坡壠高下蒲渚參差都人士登眺往往而集焉

磨刀雨

京師諺曰大旱不過五月十三蓋五月十三乃俗傳漢壽亭過江會吳之期是日有雨者謂之磨刀雨

分龍兵

京師謂五月二十三日爲分龍兵蓋五月以後大雨時行隔轍有雨故須將龍兵分之也

按宋陸佃埤雅云世俗五月謂分龍雨曰隔轍雨言夏雨多暴至龍各有分域雨暘往往隔轍而異也是分龍之說

已見於宋但爲日不同耳宋謂四月二十日爲小分龍五月二十日爲大分龍大晴主旱大雨主澇

惡月

京師諺曰善正月惡五月

按荆楚歲時記五月俗稱惡月多禁忌忌曝牀薦席及脩蓋房屋夫荆楚之與燕京相去遠矣而自昔風俗有相同者

石榴夾竹桃

京師五月榴花正開鮮明照眼凡居人等往往與夾竹桃羅列中庭以爲清玩榴竹之間必以魚缸配之朱魚數頭

游泳其中幾於家家如此故京師諺曰天篷魚缸石榴樹
蓋譏其同也
附錄京師夏日閨詞拙作
夾竹桃開柳線長捲篷高覆午陰涼綺羅著体猶嫌
重鸜鵒催人懶試粧藝枕漫添新汲水筠籠斜顫夜
來香晩風過處偏貪坐月影朦朧上粉牆
碧玉簪花罷晩粧竹牀冰簟院中央春纖漫把芭蕉
扇鈕扣低垂茉莉囊瓜果懶嘗防積冷流蘇不掩為
貪涼更嫌燭焰多塵濁戲捉飛螢放枕傍
五月先兒

五月玉米初結子時沿街吆賣曰五月先兒其至嫩者曰珍珠筍食之之法與菀豆同

甜瓜

五月下旬則甜瓜已熟沿街吆賣有旱金墜青皮脆羊角蜜哈密酥倭瓜瓤老頭兒樂各種

染指甲

鳳仙花即透骨草又名指甲草五月花開之候閨閣兒女取而擣之以染指甲鮮紅透骨經年乃消

六月六 以下六月

京師於六月六日抖晾衣服書籍謂可不生蟲蠹

洗象

象房有象時每歲六月六日牽往宣武門外河內浴之觀者如堵後因象瘋傷人遂不豢養光緒十年以前尚及見之象房在宣武門內城跟迤西歸鑾儀衛管理有入觀者能以鼻作觱篥銅鼓聲觀者持錢畀象奴如教獻技又必斜睨象奴受錢滿數而後昂鼻俯首嗚嗚出聲將病耳中出油謂之山性發象壽最長道光間有老象牙有銅箍謂是唐朝故物乃安史之亂擄來者後因象奴等尅扣太甚相繼倒斃故咸豐以後十餘年象房無象同治末年光緒初年越南國貢象二次共六七隻亟其肥壯都人觀者喜

有太平之徵欣欣載道自東長安門傷人之後全行拘禁不復應差三二年間饑餓殆盡矣

謹按日下舊聞考象房係前明弘治八年脩蓋象至京先於射所演習故謂之演象所而錦衣衛自有馴象所專管象奴及象隻特命錦衣指揮一員提督之凡大朝會役象甚多駕車馱寶皆用之若常朝止用六隻耳所受祿秩俱視武弁有差等

國朝因之一如其舊但改錦衣衛爲鑾儀衛耳

祭馬王

馬王者房星也凡營伍中及蓄養車馬人家均於六月二

十三日祭之

祭關帝

六月二十四日致祭關帝歲以爲常鞭炮之多與新年無異蓋帝之禦災捍患有德於民者深也

賜冰

京師自暑伏日起至立秋日止各衙門例有賜冰屆時由工部頒給冰票自行領取多寡不同各有等差

按帝京景物略前明於立夏日啟冰賜文武大臣編氓賣者手二銅盞疊之其聲噎噎曰冰盞是物今尚有之清泠可聽亦太平之音響也

換葛紗

每至六月自暑伏日起至處暑日止百官皆服萬絲帽黃葛紗袍

中頂

中頂碧霞元君廟在右安門外十里草橋地方每歲六月初一日有廟市市中花木甚繁燦如列錦南城士女多往觀焉

按宸垣識略草橋在右安門外十里衆水所歸種水田者資以爲利土近泉宜花居人以蒔花爲業有蓮花池香聞數里牡丹芍藥栽如稻麻橋去豐台十里元明時多貴家

園亭如廉右丞之萬柳堂趙参謀之匏瓜亭均在其左右今已無考吳巖詩註謂四月初一開廟今改六月矣

附錄吳巖遊中頂詩

十里城南綠滿川春風春柳自經年名園幾廢靈祠在孤負看花轂雨天歲以四月一日開廟

都人士女競喧奔花市闌珊廟市繁已見田田好荷葉風流憶煞趙王孫元趙松雪有萬柳堂觀荷贈歌妓解語花詩

十剎海

十剎海俗呼河沿在地安門外迤西荷花最盛每至六月士女雲集然皆在前海之北岸他處雖有荷花無人玩賞

也蓋德勝橋以西者謂之積水灘又謂之淨業湖南有高廟北有滙通祠者是也德勝橋以東昔成親王府今醕親王府前者謂之後海即所謂十剎海者是也三座橋以東響閘迤左者謂之前海即所謂蓮花泡子者是也今之遊者但謂之十剎海焉凡花開時北岸一帶風景最佳綠柳垂絲紅衣膩粉花光人面掩映迷離直不知人之爲人花之爲花矣

謹按日下舊聞考積水灘淨業湖一帶古名海子園亭亟多有蓮花社蝦菜亭鏡園漫園楊園定園諸勝今皆析爲民居矣前明李東陽西涯故居似在今恭親王府東南隅

前海北岸非淨業湖也蓋鼓樓響閘正在其左右耳

附錄元宋本海子上即事詩

渡橋西望似江鄉隔岸樓台罨畫粧十頃玻璃秋影碧照人騎馬過宮牆

又元許有壬飲海子舟中江城子詞

柳梢烟重滴春嬌倚天橋住蘭橈吹暖香雲何處一聲簫天上廣寒宮闕近金晃朗碧岧嶢誰家花外酒旗高故相招儘飄搖我政悠然雲水永今朝誰道斜街風物好纔此去便塵囂

掃晴娘

六月乃大雨時行之際凡遇連陰不止者則閨中兒女剪紙爲人懸於門左謂之掃晴娘

冰胡兒

京師暑伏以後則寒賤之子擔冰吆賣曰冰胡兒胡者核也

酸梅湯

酸梅湯以酸梅合冰糖煮之調以玫瑰木樨冰水其涼振齒以前門九龍齋及西單牌樓邱家者爲京都第一

西瓜

六月初旬西瓜已登有三白黑皮黃沙瓤紅沙瓤各種沿

街切賣者如蓮瓣如駝峯冒暑而行隨地可食既能清暑
又可解酲故弖嘗呼爲淸涼飲
附錄元方夔食西瓜詩
恨無纖手削駝峯醉嚼寒瓜一百筒縷縷花衫粘唾
碧痕痕丹血掐膚紅香浮笑語牙生水涼入衣襟骨
有風從此安心師老圃青門何處問窮通
丢針以下七月
京師閨閣於七月七日以碗水暴日下各投小針浮之水
面徐視水底日影或散如花動如雲細如綫𥷑如椎因以
卜女之巧拙俗謂之丢針兒

鵲塡橋

七月七日淸晨烏鴉喜鵲飛鳴較遲俗謂之塡橋去

謹按日下舊聞考金元宮中於七月七日穿鵲橋補子上元日穿燈景補子端陽日穿壺盧補子蓋亦點綴節景之意若我
朝則崇尚節儉不復有此兒戲之事矣

中元

中元不爲節惟祭掃坟塋而已

荷葉燈蒿子燈蓮花燈

中元黃昏以後街巷兒童以荷葉燃燈沿街唱曰荷葉燈

荷葉燈今日點了明日扔又以青蒿粘香而燃之恍如萬點流螢謂之蒿子燈市人之巧者又以各色綵紙製成蓮花蓮葉花籃鶴鷺之形謂之蓮花燈

謹按日下舊聞考荷葉燈之製自元明以來即有之今尚沿其舊也

法船

中元日各寺院製造法船至晚焚之有長至數丈者

盂蘭會

中元日各寺院設盂蘭會燃燈唪經以度幽冥之沉淪者

按釋經云目蓮以母生餓鬼中不得食佛令作盂蘭盆會

于七月十五日以五味百果著盆中供養十方大德而後母得食目蓮白佛凡弟子行孝順者亦應奉盂蘭盆供養佛言大善後世因之又釋氏要覽云盂蘭盆乃天竺國語猶華言解倒懸也今人設盆以供誤矣

放河燈

運河二閘自端陽以後遊人甚多至中元日例有盂蘭會扮演秧歌獅子諸雜技晚間沿河燃燈謂之放河燈中元以後則遊船歇業矣

按宸垣識略大通橋在東便門外至通州石壩計四十里地勢高下四丈中間設慶豐等五閘以蓄水每閘各設官

吏編夫一百八十名造剝船三百隻大通河舊名通惠河
元郭守敬所鑿

附錄勞宗茂遊運河二閘詩

紅船白板綠烟絲好句楊州杜牧之何事大通橋上
望風光一樣動情思

慶豐纔過又平津力遏通渠轉遞頻莫謂盈盈衣帶
水勝他多少犢車辛

江南城隍廟

江南城隍廟在正陽門外南橫街之東先農壇西北
本朝康熙年建內有城隍行宮每歲中元及清明十月一

日有廟市都人迎賽祀孤

按寄園寄所寄都者美也詩云彼都人士以帝王所居文物整齊女士閒雅爲美故曰都門曰都人

金鐘兒

金鐘兒產於易州形如促織七月之季販運來京枕畔聽之最爲淸越韻而不悲似生爲廣廈高堂之物金鐘之號非濫予也

菱角雞頭

七月中旬則菱芡已登沿街吆賣曰老雞頭纔下河蓋皆御河中物也

棗兒葡萄

七月下旬則棗實垂紅葡萄綴紫擔負者往往同賣秋聲入耳音韻淒涼抑鬱多愁者不禁有歲時之感矣

中秋 以下八月

京師之曰八月節者即中秋也每屆中秋府第朱門皆以月餅果品相餽贈至十五月圓時陳瓜果於庭以供月並祀以毛豆鷄冠花是時也皓魄當空彩雲初散傳杯洗盞兒女喧嘩眞所謂佳節也惟供月時男子多不叩拜故京師諺曰男不拜月女不祭竈

月光馬兒

京師謂神像爲神馬兒不敢斥言神也月光馬者以紙爲之上繪太陰星君如菩薩像下繪月宮及擣藥之玉兔人立而執杵藻彩精製金碧輝煌市肆間多賣之者長者七八尺短者二三尺頂有二旗作紅綠色或黃色向月而供之焚香行禮祭畢與千張元寶等一并焚之

按宛署雜記阡張鑿紙爲條與冥錢同

九節藕

內廷供月例用九節藕

蓮瓣西瓜

凡中秋供月西瓜必參差切之如蓮花瓣形

月餅

中秋月餅以前門致美齋者爲京都第一他處不足食也
至供月月餅到處皆有大者尺餘上繪月宮蟾兔之形有
祭畢而食者有留至除夕而食者謂之團圓餅
按帝京景物略八月十五日祭月其祭果餅必圓瓜必牙
錯瓣刻之如蓮花形紙肆市月光紙繢滿月而趺坐者月
光徧照菩薩也華下月輪桂殿有兔杵而人立搗藥臼中
紙小者三尺大者丈工緻者金碧繽紛家設月光位於月
所出方向月供而拜則焚月光紙徹所供散家之人必遍
月餅月果戚屬餽相報餅有徑二尺者女歸寧是日必返

其夫家曰團圓節也以上所云與今强半相同供月之説其來舊矣

兔兒爺攤子

每屆中秋市人之巧者用黃土摶成蟾兔之像以出售謂之兔兒爺有衣冠而張蓋者有甲冑而帶纛旗者有騎虎者有默坐者大者三尺小者尺餘其餘匠藝工人無美不備蓋亦謔而虐矣

附錄魏之琇兔兒爺詩

卯君家世本蟾官幻列衣冠氣象雄却笑團圞好時節素娥翻自怨秋風

皂君廟

皂君廟在崇文門外每至八月初一日起開廟三日蓋卽皂君誕日也

九月九 以下九月

京師謂重陽爲九月九每屆九月九日則都人士提壺攜榼出郭登高南則在天甯寺陶然亭龍爪槐等處北則薊門烟樹清淨化城等處遠則西山八刹等處賦詩飲酒烤肉分糕洵一時之快事也

謹按日下舊聞考天甯寺在廣甯門外二里許塔高二十七丈五尺五寸隋仁壽二年建以安舍利寺在元魏爲光

林在隋爲宏業在唐爲天王在金爲大萬安前明宣德中
改曰天甯我
朝乾隆二十一年重脩名仍其舊陶然亭在正陽門外西
南黑窰廠慈悲菴內康熙乙亥工部郎中江藻建龍爪槐
名興盛寺在陶然亭西北一望之地舊聞考不載寺有二
樓可以眺遠所謂龍爪槐者今已無存矣薊門烟樹在德
勝門外土城關相傳是古薊邱舊有樓館並廢但門存二
土阜旁多林木蓊翳蒼翠故爲八景之一今已無存林木
亦憔悴惟乾隆詩碣巍然獨立耳清淨化城舊聞不載已
見前篇西山八刹在阜城門八里莊西北二十里名翠微

山又名盧師山又名平陂山所謂八刹者其說不一以今論之在翠微山下東向者曰長安寺寺東北山巔南向者曰秘魔厓寺西北山麓有塔者曰靈光寺塔下有池池北有新築戒台靈光寺迤北東向者曰三山菴東北南向有牌坊者曰大悲寺正北東向有靈泉者曰龍王堂龍王堂迤北曰香界寺俯視香界者曰寶珠洞此即所謂八刹也長安寺即善應寺三山菴舊聞不載靈光寺係合翠微寺而一之塔基鐵燈至今尚存

附錄編脩顧蒓龍爪槐記

興誠寺在黑窰廠之南建於宋時脩於明萬歷間故

有龍爪槐一本歷三百年見徐虹亭釚菊莊詞話八遂以名其寺而與誠之名轉隱戒僧月亭浙之海昌人爲吾鄉淡雲和尚法嗣性樸誠能書畫士大夫喜與之遊主持松筠下院奉祀楊椒山先生三十年矣道光二年購此寺爲松筠下院顧少司農皋題山門額曰龍槐寺僅有前殿及東西兩廂皆脩葺一新鮑少司空桂星與月亭交最深重其清介贈白銀二百爲香火資月亭不欲獨受復募於素所遊者重建大士殿及凌虛閣蒹葭簃余喜其地之清幽且以月亭之可與語也暇時輒登閣以望遠贈以楹帖云鱗作

之而本無樹身原清淨不看山蓋因西山在其右爲牆垣所遮古槐已萎新植者尙不成陰故也月亭笑曰林木非培養根柢不能山則可以人力引之也因於西偏廢地築樓空其西榜曰看山而屬余記之時道光八年三月也吳縣顧蒓撰鴻臚寺少卿吳江程邦憲書

又鮑桂星蒹葭閣詩并序

京師城南龍爪槐寺蒹葭閣月亭上人出新意所搆也同人索余詩落之將屬和焉謂他日流傳如棗花寺靑松紅杏卷亦一佳話而野雲朱丈又欣然泚筆

爲之圖余不獲辭勉成五律四章僭書卷端以當唱
導云爾道光甲申初伏日
小樓爭遠堞高出古槐枝野廓青三面天空碧四垂
禪心生匠巧物外得神奇春水秋烟際蒹葭觸我思
吟眸舒不極一面讓西山世事難兼美吾生幾得閒
坐遲清梵度行踏落花還檻外陶然景那能及此間
眺雪宜冬霽披風愛夏涼春秋足佳日嘯詠到斜陽
老惜朋簪少閒知駟隙忙遠公吾舊雨蓮社伴倘佯
我有梅花屋開窗列翠巒歸舟纔小住走馬又長安
庭樹經年別溪雲繞夢寒斯亭殊不惡只當故鄉看

附錄甲午暮春靈光寺小憩拙作

古寺號靈光松陰夾道長清池漾春影孤塔鎖斜陽帝子遨遊樂恭忠親王時常住此壁間題詠極多山僧蹀躞忙鶴亭留小憩楓露一杯香

又晚宿香界寺拙作

幾曲路通幽崔嵬在上頭皇唐無寸土寺基建自唐代蕭寺有高樓錦額

天章煥豐碑古蹟留憑欄閒眺處雲樹兩悠悠寺有康熙乾隆碑記

釣魚臺

釣魚臺在阜城門外三里許有行宮一所南向每屆重陽

長安少年多於此處賽馬俗稱日望海樓
謹按日下舊聞考釣魚臺在三里河西北里許乃金主遊
幸處臺前有泉從地涌出冬夏不竭凡西山麓之支流悉
灌注於此元時謂之玉淵潭爲丁氏園池
國朝乾隆二十八年濬治成湖以受香山新開引河之水
復於下口建設閘座俾資蓄洩湖水合引河水由三里河
達阜城門之護城河三十九年始
命脩建台座
御書釣魚台三字懸之台西面故凡祇謁
西陵及由圜致祭

天壇時必於此用早膳焉台左有養源齋瀟碧亭諸勝

恭錄乾隆三十九年

御製釣魚台詩

釣魚台水別一源夥於台下湧洌泉亦受西山夏秋潦漫爲沮洳行旅艱邅來治水因治此大加開拓成湖矣置閘下口爲節宣滙以成河向東釃分流內外護城池金湯萬載鞏皇基衆樂康衢物滋阜由來諸事在人爲

附錄明嚴嵩釣魚台詩

金代遺蹤寄草萊湖邊猶識釣魚台沙鷗汀鷺尋常

在曾見龍舟鳳舸來

又補錄庚子三月遊釣魚台拙作

詩家載紀記多多競說高台倚碧波水涸已無魚可釣池荒只有鳥堪羅滄桑自古眞難定興廢由人亦奈何遙望岧嶢懷往事

先皇曾賦濬湖歌

花糕

花糕有二種其一以糖麪爲之中夾細果兩層三層不同乃花糕之美者其一蒸餅之上星星然綴以棗栗乃糕之次者也每屆重陽市肆間預爲製造以供用

按析津志九月九日都人以麪爲糕餽遺作重陽節亦於闤闠中笟筊席叮賣與今同又帝京景物略麪餅面種棗栗星星然曰花糕糕肆標縧旗父母迎其女來食曰女兒節今糕肆無標旗者亦無迎女來食者蓋風向之不同也

九花山子

九花者菊花也每屆重陽富貴之家以九花數百盆架庋廣廈中前軒後輊望之若山曰九花山子四面堆積者曰九花塔

謹按日下舊聞考陳理詩注曰花城卽今之花山也蓋京師之菊種亟繁有陳秧新秧粗秧細秧之别如蜜蓮環銀

紅針桃花扇方金印老君眉西施曉妝瀟湘妃子鷺翎管米金管燈草管紫虎鬚灰鶴翅平沙落雁杏林春燕朝陽素輭金素青山蓋雪硃砂蓋雪白鶴卧雪青蓮子青河蓮朱瓣湘蓮玉池桃紅玉笋長玉樓春曉寶刹浮圖落紅萬點泥金萬點藕色霓裳茄藍袈裟等皆陳秧中之細種也如大紅寶珠金連環金霞環大金葵滲金葵金盤獻露金毛獅子金鳳翎紫鳳舒翎紫鳳雙盤紫龍開爪紫蟹爪眞紫鈎徐家紫黃鶴毛鷺鶴毛蒼龍鬚蒼龍訓子雲龍煥彩二色蓮三季秋荷映日荷花旱地金蓮芙蓉秋豔玉扇銀針紫松針水紅針玉匙調羹粉屏白牡丹紫牡丹粉牡丹

星光在水楓林落照夕陽斜照鴉背夕陽曉天霞藍翎九等皆陳秧中之粗種也如銀虎鬚墨虎鬚硃墨雙輝金捲硃砂金鳳含珠鳳梧添綫漢宮春曉浣花溪水天半朱霞秋水明霞秋水芙蓉漢皐解佩二喬爭豔天女散花桃花人面鳥爪仙人黃鶴仙人羔裘大夫仙人掌醉太白南極仙翁文經武緯鳳管鸞笙洋蝴蝶羚羊挂角香白梨金如意水晶如意沉香貫珠一斛珠碧玉搔頭黃繡球珊瑚鈎金帶風飀慈雲點玉慈雲萬點柳線垂金重陽居住等皆新秧中之細種也如金佛座金鈎挂玉金邊大紅玉堂金馬紫綬金章紫袍金帶紫電青霜綠柳黃鸝楊妃醉舞西

施粉六郎面墨麒麟鸜哥抱子蜜蜂窩合家歡樂等皆新秧中之粗種也共一百三十三種皆予所記憶者其餘新陳粗細之類尚有二百餘種他日得暇當爲黄花譜也

糟蟹良鄉酒鴨兒廣柿子山裏紅

重陽時以良鄉酒配糟蟹等而嘗之最爲甘美良鄉酒者本產於良鄉近京師亦能造之其味清醕飲之舒暢但畏熱不能過夏耳鴨兒廣梨屬形如木瓜色如鴨黄廣者黄之轉音也柿子山裏紅其用尤多皆京師應序之物也

按寄園寄所寄明太祖微時過剩柴村已經二日不食矣行漸俯仃至一所乃人家故園垣缺樹彫是兵火所殘者

帝悲歎之緩步周視東北隅有一樹霜柿正熟帝取食之食十枚便飽又惆悵久之而去乙未夏帝按采石取太平道經於此樹猶在帝指樹以前事語左右因下馬加之赤袍曰封尔爲凌霜侯是柿曾有功於人主矣則記之豈瑣瑣哉他物之記亦邀柿之幸也

財神廟

財神廟在彰儀門外每至九月自十五日起開廟三日祈禱相屬而梨園子弟與青樓校書等爲尤多士大夫之好事者亦或命駕往觀焉彰儀門即廣安門也

十月一　以下十月

十月初一日乃都人祭掃之候俗謂之送寒衣

按北京歲華記十月朔上塚如中元祭用豆泥骨朶豆泥骨朶乃元人語今不知爲何物矣又帝京景物畧十月朔紙坊剪紙五色作男女衣長尺有咫曰寒衣有疏印識其姓字行輩如寄家書然家家脩具夜奠而焚之其門曰送寒衣今則以包袱代之有寒衣之名無寒衣之實矣包袱者以冥鏹封於紙函中題其姓名行輩如前所云

添火

京師居人例於十月初一日添設煤火二月初一日徹火火爐係不灰木爲之白於礬石輕煖堅固

按析津志西山化石根名之曰不灰木以之爲粗布及器皿不畏火今西山有之此條所記未盡得實以之爲器皿則可以之爲粗布則從未之見或即火浣布之訛況此木實產易州非西山也

仰山窪

仰山窪在安定門外正北十里有將台一座每至十月十五日八旗合操演九進十連環前鋒護軍統領跑交冲馬己成俗例大寒之歲兵丁有凍斃者故非豪俠少年不能往觀也

賣憲書

十月頒歷以後大小書肆出售憲書衢巷之間亦有負箱唱賣者

風箏毽兒琉璃喇叭咘咘噔太平鼓空鐘

兒童玩好亦有關於時令京師十月以後則有風箏毽兒等物風箏即紙鳶縛竹爲骨以紙糊之製成仙鶴孔雀沙雁飛虎之類繪畫亟工兒童放之空中最能清目有帶風琴鑼鼓者更抑揚可聽故謂之風箏也毽兒者墊以皮錢襯以銅錢束以雕翎縛以皮帶兒童踢弄之足以活血禦寒琉璃喇叭者口如酒盞柄長二三尺咘咘噔者形如壺盧而長柄大小不一皆琉璃廠所製兒童呼吸之足以導

引清氣太平鼓者係鐵圈之上蒙以驢皮形如團扇柄下綴以鐵環兒童三五成羣以藤杖擊之鼓聲鼕鼕然環聲錚錚然上下相應即所謂迎年之鼓也空鐘者形如車輪中有短軸兒童以雙杖擊棉線播弄之儼如天外晨鐘

謹按日下舊聞考紙鳶古傳韓信所作五代漢季李業與隱帝爲紙鳶於宮門外放之毽兒即毽子以鉛錫爲錢裝以雞羽小兒三五成羣有裏外廉拖鎗聳膝突肚佛頂珠剪刀拋之名色亦蹴踘之遺事也琉璃喇叭舊聞不載唏噔即鼓璫亦名響壺盧又名倒掖氣小者三四寸大者徑尺其色紫者居多小兒口銜噓吸成聲又帝京景物略

云元夕童子撾鼓旁夕向曉曰太平鼓今自十月即有之不必在元夕矣至謂太平鼓即羯鼓者非也羯鼓者乃今梨園所用之迸鼓以雙杖擊之故唐人詩曰頭如青山峰手如白雨點若單杖擊之者安能如此繁密耶空鐘舊聞不載

附錄魏之琇風箏詩

風勁幽燕自昔聞春來百幻盡凌雲青天碧海魚龍戲鐵笛空傳散楚軍

又魏之琇響壺盧詩

皎似氷壺徹底清微微呼吸似調笙兒童更愛新翻

樣畫角喑嗚作楚聲
又魏之琇抖空鐘詩
裁竹成形腰鼓如兩端繩索弄徐徐當風急轉如流
水山寺聞鐘韻有餘
附錄恩竹樵侍郎美人風箏詩
嬝嬝東風一綫拖也同織女傍銀河從來慣作驚鴻
舞纔到雲霄態便多
又查慎行太平鼓詩
繭紙輕敲作鼓聲啣環絡索鉄錚錚踏歌聯臂同兒
戲何限年光作送迎

走馬燈

走馬燈者剪紙爲輪以燭嘘之則車馳馬驟團團不休燭滅則頓止矣其物雖微頗能具成敗與衰之理上下千古二十四史中無非一走馬燈也是物之外又有車燈羊燈獅子燈繡球燈之類每居十月則前門後門東四牌樓西單牌樓等處在在有之携幼而往歡喜購買而還亦閒中之樂事也

按走馬燈之製亦係以火御輪以輪運機即今輪船鉄軌之一班使推而廣之精益求精數百年來安知不成利器耶惜中土以機巧爲戒即有自出心裁精於製造者莫不

以見戲視之今日之際人步亦步人趨亦趨詑爲奇神安於愚魯則天地生材之道豈獨厚於彼而薄於我耶是亦不自憤耳

附錄元謝宗可走馬燈詩

飈輪擁騎駕炎精飛遶人間不夜城風鬟追星來有影霜蹄逐電去無聲秦軍夜潰咸陽火吳炬宵馳赤壁兵更憶雕鞍年少日章台踏碎月華明

踢球

十月以後寒賤之子琢石爲球以足蹴之前後交擊爲勝蓋京師多寒足指瘦凍兒童踢弄之足以活血禦寒亦蹴

踘之類也

謹按日下舊聞考踢球一事自金元以來即有之不自今日始矣

蟈蟈兒聒聒兒油壺盧

蟲鳥之鳴最關時令而人力所至亦能與時令相轉移是亦有關時令矣京師五月以後則有聒聒兒沿街叫賣每枚不過一二文至十月則熯熅者生每枚可值數千矣七月中旬則有蛐蛐兒貴者可值數金有白麻頭黃麻頭蟹胲青琵琶翅梅花翅竹節鬚之别以其能戰鬭也至十月一枚不過數百文取其鳴而已矣蛐蛐兒之類又有油壺

盧當秋令時、一文可買十餘枚至十月則一枚可值數千文蓋其鳴時鏗鏘斷續聲韻而長冬夜聽之可悲可喜眞閒人之韻事也故秋月之蛐蛐罐有永樂官窰趙子玉淡園主人靜軒主人紅澄漿白澄漿之別佳者數十金一對冬月之聒聒兒壺盧油壺盧葫盧佳者亦數十金一對以紫潤堅厚者爲上即所謂壺盧器者是也是故京師世族貧者居多耗財之道實不止聲色珠玉而已也

謹按日下舊聞考永定門外五里胡家村產促織善鬥勝他產促織者感秋而生其音商其性勝今都人能種之留其鳴深冬其法實土於盆養之虫生子土中入冬以其土

置暖炕日水洒綿覆之伏五六日上蠕蠕動又伏七八日如蛆然置子蔬葉仍洒覆之足翅成漸以黑匝月則鳴細於秋入春反僵也促織卽蟋蟀別種有三肥大而色澤如油者曰油壺盧首大者曰梆子頭銳喙者曰老米嘴云云總而言之促織蟋蟀蛐蛐兒之正名絡緯聒聒兒之正名或又謂聒聒兒者卽螻蟈也

恭錄乾隆十三年

御製咏絡緯詩并序

皇祖時命奉宸苑使取絡緯種育於暖室蓋如熅花之能開臘底也每設宴則置繡籠中唧唧之聲不絕遂以

爲例絡緯者便腹青色以股躍以短翼鳴其聲聒聒

以其聲名之曰聒聒兒

羣知絡緯到秋吟耳畔何來唧唧音却共熅花榮此

日將嘆冷菊背而今夏虫乍可同冰語朝槿原堪入

朔尋生物機緘豫格物一斑猶見

聖人心

栗子白菽中果南糖薩齊瑪芙蓉糕冰糖壺盧温朴

京師食品亦有關於時令十月以後則有栗子白菽等物

栗子來時用黑砂炒熟甘美異常青燈誦讀之餘剝而食

之頗有味外之味白菽貧富皆嗜不假扶持用火煨熟自

然甘美較之山藥芋頭尤足濟世可方爲樸實有用之材中果南糖到處有之薩齊瑪乃滿洲餑餑以冰糖奶油合白麪爲之形如糯米用不灰木烘爐烤熟遂成方塊甜膩可食芙蓉糕與薩齊瑪同但面有紅糖豔如芙蓉耳冰糖壺盧乃用竹簽貫以葡萄山藥豆海棠果山裏紅等物蘸以冰糖甜脆而凉冬夜食之頗能去煤炭之氣温朴形如櫻桃而堅實以蜜漬之既酸且甜頗能下酒皆京師應時之食品也

按宸垣識略前明冬至賜百官甜食一盒凡七種一松子海哩𠷕鄭以偉曰𠷕字諸字書不載今亦不識海哩𠷕爲

何物蓋緣元人語也正可與薩齊瑪爲對又戒菴漫筆載前明四月八日賜百官午門外食不落夾不落夾者亦元人語也或云粽子以鄙意揣之或即今之涼糕歟是不可得而考矣因記薩齊瑪故連類及之

恭錄乾隆八年

御製食栗詩

小熟大者生大熟小者焦大小得均熟所恃火候調堆盤陳玉几獻歲同春椒何須學高士圍爐芋魁燒

水烏他奶烏他

水烏他以酥酪合糖爲之於天氣極寒時乘夜造出潔白

如霜食之口中有如嚼雪眞北方之奇味也其製有梅花方勝諸式以匣盛之奶烏他大致相同而其味稍遜

赤包兒鬥姑娘海棠木瓜漚朴

每至十月市肆之間則有赤包兒鬥姑娘等物赤包兒蔓生形如甜瓜而小至初冬乃紅柔輭可玩鬥姑娘形如小茄赤如珊瑚圓潤光滑小兒女多愛之故曰鬥姑娘海棠木瓜大者二寸靑而不黃較之南來木瓜其香尤烈漚朴形如橘柚而堅實性如木瓜而有毛以之薰衣香可經月不散亦應時之物產也

梧桐交嘴祝頂紅老西兒燕巧兒

禽鳥之來最關時令京師十月以後則有梧桐鳥等梧桐者長六七寸灰身黑翅黃嘴短尾市兒買而調之能於空中接彈丸謂之打彈兒交嘴者長四五寸嘴左右交以別雌雄有紅黃二色馴而擾者能開鎖啣旗祝頂紅者小於家雀而紅其頂技如交嘴而靈巧過之老西兒者形如梧桐而黑嘴技同而價賤饕餮之輩亦有食之者燕巧兒者形如燕子亦能於空中接彈丸而飛騰尤速此皆京師之時禽至於秋天鴻雁社日烏衣則有月令在

冬筍銀魚

十月間冬筍銀魚之初到京者由崇文門監督照例呈

進與三月黃花魚同

翻褂子 以下十一月

冬至月初一日臣工之得著貂裘者均於是日一體穿用謂之翻褂子

月當頭

冬月十五日月當頭如遇望時則塔影無尖人影亦亟短小兒女之好事者必無睡以俟當頭臨階取影以驗之

冬至

冬至郊天令節百官呈遞賀表民間不爲節惟食餛飩而已與夏至之食麪同故京師諺曰冬至餛飩夏至麪

按漢書冬至陽氣起君道長故賀夏至陰氣起故不賀又演繁露世言餛飩是塞外渾氏屯氏爲之言殊穿鑿夫餛飩之形有如鷄卵頗似天地渾沌之象故於冬至日食之若如演繁露二氏爲之之言則何者爲餛何者爲飩耶是亦膠柱鼓瑟矣

恭錄乾隆二十三年

御製冬日視朝詩

百官劍珮集明廷班末陪臣謁贊聆是日哈薩克使臣行禮黄道星辰聯畢昴小陽節候霽元冥東鶼西鰈誰分域琉球使臣適亦隨班叩闕北極南荒一太甯遠服邇安心敢肆敬

天勤政

訓聰聽

九九消寒圖

消寒圖乃九格八十一圈自冬至起日塗一圈上陰下晴左風右雨雪當中

按帝京景物略冬至日人家畫素梅一枝爲瓣八十有一日染一瓣瓣盡而九九出則春深矣曰九九消寒圖此事予兒時曾爲之不謂與古暗合也

附錄查嗣瑮消寒圖詩

學畫消寒九九圖紅窗費盡好工夫朝朝合墨番番

數負到花朝得了無

拖牀

冬至以後水澤腹堅則十剎海護城河二閘等處皆有冰牀一人拖之其行甚速長約五尺寬約三尺以木爲之腳有鐵條可坐三四人雪晴日暖之際如行玉壺中亦快事也至立春以後則不可乘乘則甚危有陷入冰窟者而拖者逃矣近日王大臣之有

恩命者亦准于

西苑門內乘坐拖牀牀甚華美上有宀如車篷可避風雪

按倚晴閣雜抄明時積水灘常有好事者聯十餘牀攜都

藍酒具鋪氍毹其上轟飲冰凌中以爲樂誠豪俠之快事也

御製臘日坐拖牀渡太液池誌興詩

恭錄乾隆

破臘風光日日新曲池凝玉淨無塵不知待渡霜花冷暖坐冰牀過玉津

太液人行步玉花金鼇遥望鎖烟霞勝遊不數瓊華島愛聽寒林噪晚鴉

溜冰鞋

冰鞋以鐵爲之中有單條縛於鞵上身起則行不能暫止

技之巧者如蜻蜓點水紫燕穿波殊可觀也
謹按日下聞考太液池冬月陳冰嬉習勞行賞以簡武事
而修國俗云
恭錄乾隆
御製冰嬉賦序
陸行之疾者吾知其爲馬水行之疾者吾知其爲舟
爲魚雲行之疾者吾知其爲鵰鵬雕鶚至於冰則向
之疾者莫不躄躠膠滯滑擦而莫能施其技國俗有
冰嬉者護膝以芾牢鞵以韋或底合雙齒使齧凌而
不踣焉或踐鐵如刀使踐冰而步逾疾焉較東坡志

林所稱更爲輕利捷便惜自古無賦者故爲賦之

又乾隆十一年

御製太液冰嬉十二韻

順時陳國俗擇地試雄觀號令傳河若威儀紀水官光凝元玉浦聲咽碎珠灘散處雲馳雨紛來雪噴湍端因智獨勝奚必力俱殫疾以徐斯疾安其危乃安御風列應讓逐日夸無難迅似嚴飛電温知犀避寒超羣殊閃燿作勢更媻跚擬議絃催箭形容鏡舞鸞一時誇奪幟獨步早登壇妙義韜鈐外憑人著眼看

打冰

冬至三九則冰堅於夜內鑿之聲如鑿石曰打冰三九以後冰雖堅不能用矣

按事物原會周成王命淩人掌冰歲十二月敕令斬冰納于淩陰淩陰者今之冰窖也周十二月今之十月也藏冰之制始此

賜貂

每至冬月凡乾清門侍衛及大門侍衛等均由本管支領貂褂銀子八各數十金

臘八粥以下十二月

臘八粥者用黃米白米江米小米菱角米栗子紅江豆去皮棗泥等合水煮熟外用染紅桃仁杏仁瓜子花生榛穰松子及白糖紅糖瑣瑣葡萄以作點染切不可用蓮子扁豆薏米桂元用則傷味每至臘七日則剝果滌器終夜經營至天明時則粥熟矣除祀先供佛外分餽親友不得過午並用紅棗桃仁等製成獅子小兒等類以見巧思

按燕都遊覽志十二月八日賜百官粥民間亦作臘八粥以果米雜成之品多者為勝今雖無百官之賜而朱門餽贈競巧爭奇較之古人有過之無不及矣

大白菜

大白菜者乃鹽醃白菜也凡送粥之家必以此爲副菜之美惡可卜其家之盛衰

按廣羣芳譜白菜一名菘北方多入窖內不見風日長出苗葉皆嫩黄色脆美無比謂之黄芽乃白菜别種今之食者惟分皮之與心無所謂别種也

雍和宫熬粥

雍和宫喇嘛於初八日夜內熬粥供佛特派大臣監視以昭誠敬其粥鍋之大可容數石米

每至十二月分

蠒鹿賞

賞王大臣等麅鹿屆時由內務府知照自行領取三品以下不預也

封印

每至十二月於十九二十二十一二十二四日之內由欽天監選擇吉期照例封印頒示天下一體遵行封印之日各部院掌印司員必應邀請同僚歡聚暢飲以酬一歲之勞故每當封印以畢萬騎齊發前門一帶擁擠非常園館居樓均無隙地矣封印之後乞丐無賴攫貨于市肆之間毫無顧忌蓋謂官不辦事也亦惡俗也

封台

封印之後梨園戲館擇日封台八班合演至來歲元旦則賜福開戲矣亦所以歌詠昇平也

按京師戲劇風尚不同咸豐以前最重崑腔高腔(即弋腔)高腔者有金鼓而無絲竹慷慨悲歌乃燕土之舊俗也咸豐以後專重二簧近則並重秦腔秦腔者即俗所謂梆子腔也內城無戲園外城乃有蓋恐八旗兵丁習於逸樂也戲劇之外又有托偶(讀作吼)影戲八角鼓什不閑子弟書雜耍把式像聲大鼓評書之類托偶即傀儡子又名大台宮戲影戲借燈取影哀怨異常老嫗聽之多能下淚八角鼓乃青衣數輩或弄絃索或歌唱打諢最足解頤什不閑

有旦有丑而無生所唱歌詞別有腔調低徊婉轉冶蕩不堪咸同以前頗重之近亦如廣陵散矣子弟書音調沉穆詞亦高雅雜耍把式即變戲法兒武技之類像聲即口技能斅百鳥音並能作南腔北調嬉笑怒罵以一人而兼之聽之歷歷也大鼓評書最能壞人心術蓋大鼓多采蘭贈芍之事閨閣演唱已為不宜評書抵掌而談別無幫襯而豪俠亡命躍躍如生市兒聽之適易啟其作亂為非之念有心世道者其思有以禁之也

附錄明瞿佑影戲詩

燈火光中夜漏遲風輪旋轉競奔馳過來有跡人爭

覩散去無聲鬼不知月地花階頻出沒雲窗霧閣暫
追隨一塲變化如春夢線索重看傀儡嬉
附錄恩竹樵侍郎影戲詩
當窻妙舞竟何如意態蹁躚有若無覿面不須憎障
眼古今人事半糢糊

放年學

兒童之讀書者於封印之後塾師解館謂之放年學

祭竈

二十三日祭皂古用黃羊近聞
內廷尚用之民間不見用也民間祭皂惟用南糖關東糖

糖餅及清水草豆而已糖者所以祀神也清水草豆者所以祀神馬也祭畢之後將神像揭下與千張元寶等一併焚之至除夕接神時再行供奉是日鞭炮亟多俗謂之小年下

謹按日下舊聞考臣等謹按京師祀竈仍沿舊俗禁婦女主祭其祀期用二十三日惟南省客戶用二十四日如劉侗所稱也

春聯

春聯者卽桃符也自入臘以後卽有文人墨客在市肆簷下書寫春聯以圖潤筆祭皂之後則漸次粘挂千門萬戶

煥然一新或用硃箋或用紅紙惟
內廷及宗室王公等例用白紙緣以紅邊藍邊非宗室者
不得擅用

門神

門神皆甲冑執戈懸弧佩劍或謂爲神荼鬱壘或謂爲秦
瓊敬德其實皆非也但謂之門神可矣夫門爲五祀之首
並非邪神都人神之而不祀之失其旨矣

附錄張邵門神詩

功名一紙笑空虛也比淩煙畫像初每到殘年催致
仕却逢新歷當除書衣冠濫買光朱戶靈爽難邀式

敞廬負腹將軍癡宰相赫然相對復何如

畫兒棚子

每至臘月繁盛之區支搭席棚售賣畫片婦女兒童爭購之亦所以點綴年華也

除夕

京師謂除夕爲三十晚上是日清晨皇上陞殿受賀庶僚叩謁本管謂之拜官年世胄之家致祭宗祠懸挂影像黃昏之後合家團坐以度歲酒漿羅列燈燭輝煌婦女兒童皆擲骰鬥葉以爲樂及亥子之際天光愈黑鞭炮益繁列案焚香接神下界合衣少臥已至來

朝旭日當窗爆竹在耳家人叩賀喜氣盈庭轉瞬之間又逢新歲矣

躧歲

除夕自戶庭以至大門凡行走之處徧以芝麻稭撒之謂之跴歲

年飯

年飯用金銀米爲之上插松柏枝綴以金錢棗栗龍眼香枝破五之後方始去之

唐花

凡賣花者謂熏治之花爲唐花每至新年互相餽贈牡丹

呈豔金橋垂黃滿座芬芳温香撲鼻三春豔冶盡在一堂
故又謂之堂花也
謹按日下舊聞考京師臘月卽賣牡丹梅花緋桃探春諸
花皆貯暖室以火烘之所謂唐花又名堂花也其法自漢
卽有之漢世大官園冬葱韭菜茹覆以屋廡晝夜爔煴火
得温氣諸菜皆生召信臣爲少府謂此皆不時之物有傷
於人不宜供奉奏罷之唐人詩曰内園分得温湯水二月
中旬已進瓜亦是此法
恭錄乾隆二十四年
御製戲詠唐花詩

爔煴嫋嫋萬芳新巧得天功火迫春設使言行信臣
傳憐他失業賣花人
附錄查嗣瑮灰洞詩
出窨花枝作態寒密房烘火暖催看年年天上春先
到二月中旬進牡丹

藏香

所謂藏香乃西藏所製其味濃厚得沉檀芸降之全每屆
歲除府第朱門焚之徹夜檐牙屋角觸鼻芬芳眞香中之
富貴者也

搖錢樹

取松柏枝之大者插于瓶中綴以古錢元寶石榴花等謂之搖錢樹

壓歲錢

以綵繩穿錢編作龍形置於牀脚謂之壓歲錢尊長之賜小兒者亦謂之壓歲錢

紅票兒

錢肆取錢之帖謂之票子每屆歲除凡富貴之家以銀易錢者皆用綵箋書寫謂之紅票兒亦取其華美吉祥之意

挂千

挂千者用吉祥語鐫於紅紙之上長尺有咫粘之門前與

桃符相輝映其上有八仙人物者乃佛前所懸也是物民戶多用之世家大族鮮用之者其黃紙長三寸紅紙長寸餘者曰小挂千乃市肆所用也

天地桌

每屆除夕列長案於中庭供以百分百分者乃諸天神聖之全圖也百分之前陳設窑供一層平果乾果饅頭素菜年糕各一層謂之全供供上籤以通草八仙及石榴元寶等謂之供佛花及接神時將百分焚化接遞燒香至燈節而止謂之天地桌

辭歲

凡除夕蟒袍補褂走謁親友者謂之辭歲家人叩謁尊長亦曰辭歲新婚者必至岳家辭歲否則爲不恭

迎喜神

除夕接神以後卽爲新年於初次出房時必迎喜神而拜之

恭錄乾隆十八年

御製帝都篇序文全篇載日下舊聞考

帝都者唐虞以前都有地而名不著夏商以後始各有所稱如夏邑周京之類是也王畿乃四方之本居重馭輕當以形勝爲要則伊古以來建都之地莫如

今之燕京矣然在德不在險則又鞏金甌之要道也

故序大凡於篇

恭錄雍正

御製帝京篇

盤石占幽薊金湯固帝京幅員甯有外帶礪自堪盟

形勢河山拱星文氣象清休徵荷地利瑞應感天成

濟濟匡時器熙熙擊壤情溪流穿禁籞霞彩映重城

日照朱甍麗塵飛紫陌輕烟花織錦繡鶯燕唱昇平

池暖魚吹絮蘭薰蝶抱英新荷初挹露宿麥晚蒸晴

極浦漁舟杳斜陽牧笛橫所希均雨露南畝問春耕

附錄明吳國倫燕京篇

擬賦燕京勝三都未足誇霸圖雄雁塞古戍扼龍沙北谷回陽令西山擁帝家天平恒嶽迴地險薊門賒秦楚慚雞口侯王屬犬牙重城開御氣雙闕倚明霞芳樹華陽館高臺易水涯談天曾碣石望海即瑯琊帶甲環三輔梯航走八遐風雲森劍佩雨露足桑麻紫陌新豐酒紅樓宛落花輕塵飛白練旭日麗青騧雪色并兒劍星杓漢使槎羽林矜節俠戚里競紛奢接軫趨長樂揚鞭過狹斜悲歌逢擊筑斤堠響鳴笳七校傳清蹕諸陵望翠華豎儒何寂寞抱影獨長嗟

三

跋

歲時而記遊覽似屬於例不合然各處遊覽多有定期亦與歲時相表裏其遊覽而無定期者概不編錄以示區別

光緒二十六年歲次庚子三月十六日敦崇自記

再此記皆從實錄寫事多瑣碎難免有冗雜蕪穢之識而究其大旨無非風俗遊覽物產技藝四門而已亦舊聞考之大略也又記

燕京歲時記（校注）

目録

序

吾友敦禮臣，滿洲世家子，乃太傅大學士馬文穆公之雲孫，世襲〔一〕敦惠伯承簡堂公之次公子也。幼與予共硯席，同受業於烏紹雲司空之門。禮臣固司空猶子，淵源有自，聰慧過人，及習帖括業，亦能出色當行，群許爲必售之技。乙亥恩科，予兄弟同領鄉薦，而禮臣以族人回避，不得一奏牛刀，誠可惜也。嗣後屢遭回避，抑鬱無聊，不得已而援例納官，非其志也。退食之餘，仍以書史自遣，於國朝掌故多能識其本源。他日過從，見案頭有《燕京歲時記》一卷，捧讀一過，具見匠心，雖非巨製〔二〕鴻文，亦足資將來之考證，是即《景物略》《歲華記》之命意也。雖然，如禮臣者，其學問豈僅如此，尚望引而伸之，别有著作，以爲同學光，則予實有厚望焉。

光緒二十五年歲次己亥嘉平月二十六日〔三〕

賜進士出身、刑部主事、硯愚兄潤芳澍田氏拜序

花翎四品銜、兵部員外郎、姻小弟慶珍博如拜書〔四〕

校勘記：

〔一〕『世襲』，清稿本無。

〔二〕『巨製』，清稿本無。

〔三〕『二十六日』，原無，據清稿本補。

〔四〕第三、四次清稿本皆無此句。

◎元旦

京師謂元旦爲大年初一。每届初一，於子初後焚香接神，燃爆竹以致敬，連霄達巷，絡繹不休。接神之後，自王公以及百官，均應入朝朝賀。朝賀已畢〔一〕，走謁親友，謂之拜年，又謂之〔二〕道新喜。親者登堂，疏者投刺而已。貂裘蟒服，道路紛馳，真有車如流水馬如游龍之盛，誠太平之景象也。是日，無論貧富貴賤，皆以白麵作角而食之，謂之煮餑餑，舉國皆然，無不同也。富貴之家，暗以金銀小錁及寶石等藏之餑餑中，以卜順利。家人食得者，則終歲大吉。

按《荆楚歲時記》：正月一日，先於庭前爆竹〔三〕以避山臊惡鬼。又《玉燭寶典》〔一〕：正月一日爲元日，亦云三元，歲之元、時之元、月之元。

注釋：

（一）《玉燭寶典》十二卷，北周杜臺卿纂輯，隋初獻於帝。是我國現存最早的民俗類專科類書。杜臺卿，見《北史·杜弼傳》附傳。書名之義，作者序言有謂：『《爾雅》：四氣和爲玉燭。《周書》：武王説周公，推道德以爲寶典。』該書以十二月順序，先列《禮記·月令》相應月份的資料，次列漢末蔡邕《月令章句》中的資料，然後以日期爲序，雜引經史諸子中的資料，同類相聚，另有『正説』『附説』兩個類目，『正説』主要收録『事涉疑殆，理容河漢』的資料，『附説』主要收録民間流行的習俗方面的資料。此書所引資料一般較爲完整，特别是蔡邕《月令章句》單行本早已不存，故尤顯寶貴。但杜書自宋以後亦亡佚，清末黎庶昌出使日本，刻印大量國内已失傳典籍，發現此書，但已缺第九卷，有清光緒十年（一八八四）日本遵義黎氏東京使署刻本。敦崇編纂《燕京歲時記》時，引用此書并參照了此書之編纂方式。

校勘記：

〔一〕『已畢』，清稿本、刻本均作『以畢』。標點本改『以』爲『已』，從之。

〔二〕『拜年，又謂之』，原無，據清稿本補，語義更爲銜接。

〔三〕『爆竹』，原作『燃爆竹』。清稿本及《太平御覽》所引《荆楚歲時記》均無『燃』字，據删。

◎八寶荷包〔一〕

每至元旦，凡内廷行走之王公大臣〔一〕，以及御前侍衛等，均賞八寶荷包，懸於胸前，部院大臣不預此例。

注釋：

（一）荷包，又稱錦囊、香囊、香袋、順袋等，形制多樣多彩，唐宋時之工藝已相當考究。至清則進入繁盛階段，幾成送禮、祈福不可或缺的禮物。北京有荷包巷，專賣各式荷包等物。領賞後，荷包一般挂於胸前第二個紐扣處，平時男子亦常腰懸荷包，婦女則在衣襟上挂一兩個小香囊。

校勘記：

〔一〕『凡内廷行走之王公大臣』，清稿本作『凡内廷王公大臣』。刻本增加『行走之』以限定賞賜範圍，文義更明確。清代把不設專官的機構或非專任的官職稱爲『行走』，如章京上行走、軍機處上行走，下文有『部院大臣不預此例』，蓋正式編制官員并無賞賜也。

◎祭財神〔一〕

初二日，致祭財神，鞭炮甚夥，晝夜不休。

注釋：

（一）財神，是道教俗神，起源頗爲難考。最爲通行的説法是道人趙公明，被奉爲正財神，又稱趙公元帥。後又有武財神關公與文財神比干等諸多説法。

◎破五〔一〕

初五日謂之破五，破五之内不得以生米爲炊，婦女不得出門。至初六日，則王妃貴主以及各宦室等冠帔往來，互相道賀。新嫁女子亦於是日歸寧。春日融和，春泥滑澾，香車綉幰，塞巷填衢。而闤闠諸商亦漸次開張貿易矣。

注釋：

（一）破五，意在破五窮（智窮、學窮、文窮、命窮、交窮），故民間有於此日後送窮鬼之俗。又有謂此前諸多禁忌，於此日後皆可破除，故謂破五。

◎人日

初七日謂之人日。是日天氣清明者則人生繁衍。

按東方朔《占書》〔一〕：歲後八日，一日鷄，二日犬，三日豕，四日羊，五日牛，六日馬，七日人，八日穀。其日清明，則所生之物育，陰則灾。

注釋：

（一）東方朔《占書》，蓋古來雜占之書，托名東方朔撰，前人已辨之甚明。而敦崇此處所引，蓋出自《四庫全書總目提要》，非從原書所引。

◎順星〔一〕

初八日，黄昏之後，以紙蘸油，燃燈一百零八盞，焚香而祀之，謂之順星。十三日至十六日，由堂奥以至大門，燃燈而照之，謂之散燈花，又謂之散小人。亦辟除不祥之意也。

按《帝京景物略》：正月十三日，家以小盞一百八枚，夜燃〔二〕之，遍散井竈、門户、砧石，曰散燈。其聚如螢，散如星。富者燈四夕，貧者燈一夕，又甚貧者無。此條所記與今大略相同，但未得其詳細耳。

注釋：

（一）順星，實祭星也。因古人有星宿主命觀念，故以燈代星祭之；又燈、丁諧音，故又有祈人丁興旺之意。按潘榮陛《帝京歲時紀勝·星燈》述：『（正月）初八日，傳爲諸星下界，然燈爲祭。燈數以百有八盞爲率，有四十九盞者。』

校勘記：

〔一〕『燃』，清稿本及《帝京景物略》均作『燈』。

◎打春（節令無定期，姑録於正月之內，餘仿此。）

打春即立春，在正月者居多。立春先一日，順天府官員至東直門外一里春場迎春。立春日，禮部呈進春山寶座（一），順天府呈進春牛圖。禮畢回署，引春牛而擊之，曰『打春』。是日，富家多食春餅，婦女等多買蘿蔔而食之，曰『咬春』，謂可以却春困也。

謹按《大清會典〔一〕》（二）載：立春前一日，順天府尹率僚屬朝服迎春於東直門外，隸役舁芒神、土牛，導以鼓樂，至府署前陳於彩棚。立春日，大興、宛平縣令設案於午門外正中，奉恭進皇帝、皇太后、皇后芒神、土牛，配以春山，府縣生員舁進，禮部官前導，尚書、侍郎、府尹及丞後隨，由午門中門入，至乾清門、慈寧門恭進。內監各接奏，禮畢皆退。府尹乃出土牛環擊，以示勸農之意。又《湧幢小品》載：前明正統中，每歲立春，順天府別造春牛、春花進御前及仁壽宮、中宮〔二〕，凡三座。每座用金銀珠翠等物，費錢九萬餘。景皇即位，諭明年春日當復增三座。宛平坊民相率陳訴，乃以時花充用。〔三〕由此觀之，則前明之遇事擾民，實不如國朝之崇尚節儉矣。

恭録乾隆壬申《御製春帖子詞》（三）二首：

其一

壬日立新春，重重吉并臻。百昌欣律轉，萬福自天申。（首尾用『壬』『申』二字）

其二

喧鳴臘鼓發韶妍，遲日罘罳揚瑞烟。屏彩祥徵銀勝裏，辛盤（四）芳獻頌椒前。

注釋：

（一）春山寶座，被奉爲春神的傳説人物太皞的座位。大概在清代，春山寶座成了打春儀式上必須具備的擺設。清慶桂等編《國朝宮史續編》卷四十六《典禮四十・宮中事例・進春》載其詳細，謂：『飾土牛及勾芒神春山一案；勾芒神執策立土牛左，合設一案，各二案。』（第三六六頁）

（二）《大清會典》，又稱《清會典》，爲記述清朝典章制度的官修史書，各朝多有修纂。如康熙時有伊桑阿等奉敕纂修《大清會典》一百六十二卷，雍正時有尹泰等纂修《大清會典》二百五十卷，光緒二十五年（一八九九）有崑岡等纂修《大清會典》一百卷。《大清會典》内含有『則例』『事例』等，『則例』又分《大清會典則例》《吏部則例》《户部則例》《兵部則例》《禮部則例》等。

（三）《御製春帖子詞》，《西清筆記・紀庶品》載：『新正，江南進挂屏，多横幅陳設，諸器嵌銅磁玉石片，肖其半面。器中染象牙爲枝，玉石爲花葉；或以玉石爲果實，染象牙爲小花炮、雜玩器之類。插細珠串爲幡勝於瓶，劇有巧思。上命刻御製春帖子於上方。』

（四）辛盤，元旦時以葱、韭、蒜、蓼、蒿、芥雜和的食品，取其迎新意思。見晋周處《風土記》。

校勘記：

（一）『大清會典』，清稿本、刻本均如是。標點本改爲『禮部則例』。

（二）『中宫』，原無。清稿本和《日下舊聞考》均有『中宫』二字，恰符合下文『凡三座』之義，據補。

（三）此段引自《湧幢小品》卷十五《節令》，與原文稍异。特别是後兩句原文爲：『宛平坊民相率陳訴，言被兵之後，人户耗減，供辦實難，其春花，乞買時宜花充用。從之。』

◎燈節

自十三以至十七均謂之燈節，惟十五日謂之正燈耳。每至燈節，内廷筵宴，放烟火，市肆張燈。而六街之燈以東四牌樓及地安門爲最盛，工部次之，兵部又次之，他處皆不及也（兵部燈於光緒九年經閻文介禁止）。若東安門、新街口、西四牌樓亦稍有可觀〔一〕。各色燈彩多以紗絹、玻璃及明角等爲之，并繪畫古今故事，以資玩賞。市人之巧者，又復結冰爲器，栽麥苗爲人物，華而不侈，樸而不俗，殊可觀也。花炮棚子製造各色烟火，競巧争奇，有盒子、花盆、烟火杆子、綫穿牡丹、水澆蓮、金盤落月、葡萄架、旂火、二踢脚、飛天十響、五鬼鬧判兒、八角子、炮打襄陽城、匣炮、天地燈等名目。富室豪門，争相購買，銀花火樹，光彩照人，車馬喧闐，笙歌聒耳。自白晝以迄二鼓，烟塵漸稀，而人影在地，明月當天，士女兒童始相率喧笑而散。市賣食物，乾鮮俱備，而以元宵爲大宗。亦所以點綴節景耳。又有賣金魚者，以琉璃瓶盛之，轉側其影，大小俄忽，實爲他處所無也。

謹按《日下舊聞考》〔二〕：前明燈市在東華門王府街東，崇文街西，亘二里許，南北兩廛，即今之燈市口也。市之日，凡珠玉寶器以逮日用微物，無不悉具。衢中列市，棋置數行，相對俱高樓。樓設氍毹〔一〕簾幕，爲宴飲地。一樓每日賃值至有數百緡者，皆豪貴家眷屬也。燈則有燒珠、料絲、紗、明角、麥秸、通草等，樂則有鼓吹、雜耍、弦索等，烟火則以架以盒，盒有械：壽帶、葡萄架、珍珠簾、長明塔等。自初八日起，至十八日止，乃十日，非五日也。至百貨坌集，乃合燈與市爲一處。今則燈歸城内，市歸琉璃廠矣。

附録明范景文《燕京燈市》詞四首：

御溝春暖漲冰絲，風暖沙吹日影移。珠綴九微光燦爛，張燈不待月高時。

王孫約隊簇金貂，玉勒青驄綺陌驕。文貝珊瑚看不盡，東華門外市三條。

珠樓一帶鬱嵯峨，陣陣香風簇綺羅。龍燭薰風喧不夜，天街到處月明多。

月明處處度笙簫，春色分明念四橋。有酒勸君須盡醉，百年能得幾元宵。

又魏之琇《火判兒》詩（末句妄改）〔二〕：

衣冠焰焰踞當途，入夜兒童雜笑呼。一片熱腸心更赤，世間曾得似君無。（近宛平縣西城隍廟〔三〕有此）

注釋：

（一）氍毹，毛織的地毯。

（二）魏之琇《火判兒》詩末句原爲『知君銜號判龍圖』（《宸垣識略》卷十六）。清代咏『火判兒』詩甚多，如羅瀚隆《火判官》謂：『京師琉璃廠，元夕設鐵判官，高丈餘，空其腹，以煤炭爇之，耳目口鼻皆火光，因名火判官。』又佚名《火判》謂：『京師琉璃廠塑判官像，虛其中，實煤數十石，爇之，火焰徹霄，土偶全赤，每於元夕觀焉。』（後兩首詩，轉引自孫殿起：《琉璃廠小志》，北京古籍出版社，一九八二年，第八八至八九頁。）

校勘記：

〔一〕『若東安門、新街口、西四牌樓亦稍有可觀』，此句清稿本缺。

〔二〕以下引用《日下舊聞考》大段文字，乃節引雜以述評，而非原文。本書所引各書亦多如此，故不再出校說明。

〔三〕『廟』，清稿本後有『内』。

◎筵九

十九日謂之筵九。每至筵九，皇上幸西廠子小金殿筵宴，看玩藝貫跤。蒙古王公請安告歸。臣工之得著貂裘者，盡於是日脱去，改穿白鋒毛〔一〕矣。民間無事可紀，惟〔二〕游賞白雲觀者，謂之會神仙焉。

按《帝京景物略》曰：燕九又曰宴邱〔三〕。今則曰筵九，究未知其孰是。

注釋：

（一）白鋒毛，清代顯赫尊貴之人所穿的以白色貂皮等爲緣飾的袍服。中興名臣沈葆楨爲官廉潔，在其給兒子的一封信中曾有：『我貂褂黴爛，尚不敢另做，亦無白鋒毛外褂，官親家人皆以此爲恥。無論現在江西及京中舊債未清，力所不及，即稍從容，我等省一件衣服，即可救人無數性命。』（見林慶元、王道成考注：《沈葆楨信札考注》，巴蜀書社，二〇一四年，第四四至四五頁。）

（二）《帝京景物略》卷之三《城南内外·白雲觀》：『今都人正月十九，致漿祠下，游冶紛沓，走馬蒲博，謂之燕九節（又曰宴丘）。』

校勘記：

〔一〕『惟』，原脱。清稿本有『惟』，語句更順暢銜接，據以補。

◎開印〔一〕

開印之期，大約於十九、二十、二十一三日之内，由欽天監選擇吉日吉時，先行知照，朝服行禮。開印之後，則照常辦事矣。

注釋：

（一）開印，清制，官署每年歲末封印，停辦公事，次年正月中旬恢復辦公，謂之開印。可參本書『封印』條。

◎打鬼

打鬼本西域佛法，并非怪异，即古者九門觀儺之遺風，亦所以禳除不祥也。每至打鬼，各喇嘛僧等扮演諸天神將以驅逐邪魔，都人觀者甚衆，有萬家空巷之風。朝廷重佛法，特遣一散秩大臣以臨之，亦聖人朝服阼階之命意。打鬼日期，黄寺在十五日，黑寺在二十三日，雍和宫在三十日。

按《宸垣識略》：『東黃寺在安定門外鑲黃旗〔一〕教場，順治八年奉敕就普浄禪林興建』，康熙二十三年重修。寺西有琉璃門，曰清浄化城。後有石坊二座，石臺一座，石塔一座，高八丈，雕鏤精工，上有金傘，光華奪目。相傳爲般禪〔二〕佛塔。般禪佛又曰瘢疹佛，蓋因出痘而示寂也。塔傍有經幢四，乃乾隆四十八年彭元瑞書；《御製清浄化城塔記〔三〕》在臺東，係清〔四〕、漢、蒙、梵四體字。塔後有樓，曰慧香閣。雍和宮在東直門内北新橋正北里許，乃世宗憲皇帝藩邸也，登極後命名曰雍和宮。黑寺在德勝門外西北三里許，前寺曰慈度，後寺曰察罕喇嘛廟。所謂黑寺者，蓋指鐵色琉璃而言，今亦無之矣。後寺有鐵香亭一，乃康熙乙卯年造。

恭録乾隆三十五年《御製詣雍和宮禮佛作》：

興慶當年選佛場，春初幾暇禮空王。六街三市皆珠玉，利物宜人大吉祥。

東壁圖書原静好〔五〕（東書院即在宮左側，曰太和齋），昔時歲月暗神傷。六旬兄弟相隨逐〔六〕（時和親王以領宮務相隨），話到髫年電火光。

又《御製入安定門至雍和宮瞻禮作》：

邸第吾生長，今年忽〔七〕六旬。昔年〔八〕景頻憶，先節敬應申（八月間慶賀禮繁，乘暇先至此瞻拜）。砌下花新錦，庭前松老鱗。緬懷趨訓日，黯爾獨傷神。

校勘記：

〔一〕『鑲黃旗』，清稿本作『廂黃旗』，爲前者俗稱。

〔二〕此處及下文『般禪』，清稿本、刻本及一九六一年標點本均作『般禪』。一九八一年標點本改作『班禪』。

〔三〕『御製清浄化城塔記』，清稿本脱『城』，刻本脱『塔』。此碑仍存原址西黃寺，據原碑補。

〔四〕『清』，清稿本、刻本均如是，標點本妄改爲『滿』，以此詆清，亦時代印記也。

〔五〕『静好』，清稿本、刻本均作『好静』。《國朝宮史續編》卷六十一、《日下舊聞考》卷二十收録此詩，均作『静好』，據之乙正。

〔六〕『隨逐』，原作『争逐』，清稿本作『徵逐』，均誤。《國朝宫史續編》卷六十一、《日下舊聞考》卷二十收録此詩，均作『隨逐』，據改。

〔七〕『忽』，原作『已』。清稿本脱此字。細稿本及《日下舊聞考》卷二十《國朝宫室》『雍和宫』條均作『忽』，從之。

〔八〕『年』，原作『時』。清稿本及《日下舊聞考》均作『年』，據改。

◎填倉〔一〕

每至二十五日，糧商米販致祭倉神，鞭炮最盛。居民不盡致祭，然必烹治飲食以勞家人，謂之填倉。

按《北京歲華記》〔二〕云：二十五日，人家市豕牛羊肉〔一〕，恣餐竟日，客至苦留，必盡飽而去，謂之填倉。此條所記與今大略相同。惟富貴之家從未有食牛肉者，亦未有客至苦留之説，乃記者一隅之論也。

注釋：

〔一〕填倉，《帝京歲時紀勝·填倉》謂：『當此新正節過，倉廩爲虚，應復置而實之，故名其日曰填倉。』

〔二〕陸啓浤《北京歲華記》一卷，是目前所知唯一存世的以『歲華記』命名的明代歲時節日文獻，上海圖書館藏有清抄本，署名『平湖陸啓浤叔度氏著』，與署名相同的《客燕雜記》（三卷）合在一起，分作兩册。

校勘記：

〔一〕『豕牛羊肉』，清稿本作『牛羊豕肉』。《北京歲華記》抄本藏於上海圖書館，北京出版社二〇一八年出版《燕京歲時記（外六種）》收入此書，其『正月雜事』條有『人家早起市魚肉牛羊等』，存疑待考。

◎大鐘寺

大鐘寺本覺生寺，以大鐘得名，蓋歲時求雨處也。每至正月，自初一日起，開廟十日。十日之內，游人坌集，女士〔一〕如雲。長安少年多馳騾車馬以爲樂，超塵逐電，勞瘁不辭。一騎之費，有貴至數百金者。豈猶有金臺市駿之遺風歟！

謹按《日下舊聞考》：華嚴鐘鑄於前明永樂時，高一丈五尺，徑一丈四尺，紐高七尺，厚七寸，重八萬七千斤。內外勒楷字《法華經》一部，字大五分，密如比櫛，乃學士沈度書。嘉靖間懸於萬壽寺。後言者謂京城白虎方不宜有金聲，乃徹樓卧鐘於地。國朝乾隆八年，移置於覺生寺，即所謂大鐘寺也。在德勝門外七里，土城西北曾家莊。雍正十一年建鐘樓，高五丈，下方上圓，四面皆窗，後有旋梯，左升右降。鐘懸於中，竟體純銅，端正細膩，誠至寶也。惜未聽其一鳴耳。前殿有雍正十二年翰林院編修張若靄撰碑。

恭録乾隆八年《御製覺生寺大鐘詩》：

雷紋隱篆蟲，半字蘊洪銅（鐘上有《法華經》一部）。善吼周三界，聲聞具六通。横枌爲撞杵，夏屋是乘風。待扣何須扣，當前悟色空。

又乾隆十一年《御製覺生寺大鐘歌用沈德潛韵》（原韵載吴長元《宸垣識略》，詩碣在大鐘左側，高七尺餘）：

晁謀弗善野戰龍，金川門開烈焰紅。都城百尺燕飛入，齊黄群榜爲奸凶。成王安在乃定案，夾輔公旦焉可同？瓜蔓連抄何慘毒！龍江左右京觀封。謹嚴難逃南史筆，懺悔詎賴佛氏鐘？道衍儼被榮將命，犍椎冶盡丹陽銅。穹窿重過萬石簴，印泥精鏤禪機鋒。夏屋十尋虡不舉，鯨魚盈丈方堪舂。山靈水族無不具，魑魅魍魎怪哉蟲。欲藉撞鐘散憤氣，安知天道憐孤忠！榆木川邊想遺恨，梟氏徒添公案重。憶昔遨游西海子，水天上下玻璃空。一川可通萬壽寺，寅緣偶憶曹溪宗。喬松偃蓋假山石，杰閣巍巍獨據中。洪鐘在懸洵偉觀，聯吟更喜兄弟從。蒼黝其色蟠其紐，中宏外聳何隆隆！華嚴字迹傳沈度，半滿全偈開群蒙。覺生鹿苑皇考創，材飭內帑群鳩工〔二〕。是謂善吼周沙界，乃從舊寺移乘風。太清十里渺乎小，日日演梵聞離宫（覺生寺去圓明園二十里〔三〕）。抎考已廓苾芻眼，摩挲更暢騷人胸。不離一步鐘如是，東西分別心猶蓬。我惜德潛老始達，其詩亦復論考功。成編著作呈乙覽，不聞肯作蓀佯聾〔四〕。獨愛長歌踐其韵，非侈藻采争雌雄。載賡倡酬古弗廢，詩話千載留芳踪。聖經佛旨究异路，將以何道訓成童？於論於樂備法物，安可以此歸辟

雍？安可以此歸辟雍，不如任彼出林大且逢。（末數語反德潛詩意）

校勘記：

〔一〕『女士』，清稿本、刻本均作『女士』，標點本改作『士女』。蓋作者此處强調女子衆多，故接下來有『長安少年』。

〔二〕『群鳩工』，原作『鳩群工』。清稿本及《日下舊聞考》均作『群鳩工』，對照乾隆御製《覺生寺大鐘歌》碑文，亦如此。據以乙正。

〔三〕『二十里』，原作『十二里』。清稿本及《日下舊聞考》均作『二十里』，據改。

〔四〕『成編著作呈乙覽，不聞肯作蓀佯聾』兩句，清稿本、刻本均脱。據《日下舊聞考》卷九十九及乾隆御製《覺生寺大鐘歌》碑文補。

◎白雲觀

白雲觀在阜成門〔一〕外西南五六里，其基最古，自金元以來即有之。觀内『萬古長春』四字，尚傳爲邱長春所書。每至正月，自初一日起，開廟十九日。游人絡繹，車馬奔騰，至十九日爲尤盛，謂之會神仙。相傳十八日夜内必有仙真下降，或幻游人，或化乞丐，有緣遇之者，得以却病延年。故黄冠羽士，三五成群，趺坐廊下，以冀一遇。究不知其遇不遇也。觀内老人堂一所，皆道士之年老者居之，雖非神仙而年過百齡者時所恒有，亦修養之明徵也。觀後有亭園〔二〕一區，乃近年所構，其先無之。

謹按《日下舊聞考》：『白雲觀乃元太極宫故墟，内塑邱真人像，白皙無鬚眉。正月十九日，都人致酹〔三〕祠下，謂之燕九節。』真人登州栖霞人，名處機，號長春子。年十九，爲全真，學於寧海之崑崙山。歲在己卯，元太祖自奈曼遣使召之；使者未至，真人語其徒曰：『速促裝，天使召我，我當往。』翌日使者至，乃與弟子十八人同往，經數十國，行萬餘里，始達雪山。太祖時方西征，日事攻戰。真人每言：欲一天下者，必在乎不嗜殺人〔四〕。及問爲治之方，則告以敬天愛民爲本。問及長生久視〔五〕之道，則以清心寡欲爲要。太祖大悦，命左史書諸策。真人乞東還，遂賜號曰神仙，封爲大宗師，掌管天下道教，使居燕之太極宫。後改爲長春宫，即今之白雲觀也。真人年八十，尸解仙去。

校勘記：

〔一〕『成』，原作『城』，清稿本作『成』。阜成門，元朝時名『平則門』，明正統四年（一四三九）城門樓修成後改名『阜成門』。『阜成』，源自《尚書·周官》『六卿分職，各率其屬，以倡九牧，阜成兆民』句，取令天下萬民物阜年成之義。據改。本書多處混用『城』『成』，以下徑改，不另出校。

〔二〕『亭園』，清稿本作『園亭』。

〔三〕『酹』，原作『酹』。清稿本及《日下舊聞考》均作『酹』，據改。

〔四〕『不嗜殺人』，清稿本作『不嗜殺』，刻本增加『人』字，所指更明。

〔五〕『長生久視』，原作『長生久世』。清稿本作『長生久視』，《老子》五十九章：『有國之母，可以長久，是謂深根固柢，長生久視之道。』據改。

◎曹老公觀兒

曹老公觀在西直門内路北。每至正月，自初一日起，開廟半月，游人亦多。惟殿宇坍塌，墻垣不整，古佛零落，殊無可觀。有碑二，左刻乾隆御製七律二首，右無字。後殿有鐵香爐一，乃前明萬曆辛卯年造。中殿有鐵香池一，乃崇禎九年管理御馬營太監孫繼武等造。

謹按《日下舊聞考》：『曹老公觀名崇元觀』，乃明璫曹化淳〔一〕興建，國朝乾隆二十三年重修。規模壯麗，法相莊嚴。百餘年來，傾圮〔二〕殆盡，無復舊觀矣。或謂化淳興時有窖金，藏之觀中，以備將來重修之用。故京師有『裏七步，外七步，觀兒倒，觀兒修』之謡，然其言究無驗也。

校勘記：

〔一〕『曹化淳』，清稿本、刻本均作『曹化純』，乃避清同治帝名諱。今予以改正。

〔二〕『圮』，原作『圯』。形近而誤，據清稿本改。

◎廠甸兒

廠甸在正陽門外二里許，古曰海王村，即今工部之琉璃廠也。街長二里許〔一〕，廛肆林立，南北皆同。所售之物以古玩、字畫、紙張、書帖爲正宗，乃文人鑒賞之所也。惟至正月，自初一日起，列市半月。兒童玩好在廠甸，紅貨在火神廟，珠寶晶瑩，鼎彝羅列，豪富之輩，日事搜求，冀得异寶。而紅貨之内以翡翠石爲最尊，一搬指、翎管，有價至萬金者。翡翠之外并重料壺，然必須官窑古月軒者方爲上品，新料不足道也。蓋玩好之物，風尚不同，乾隆間重珊瑚，賤碧霞璽。後又重碧霞璽。近更重翡翠石及料壺。風雅之士亦間有重舊玉者，笛頭、劍隔，古色盎然，而真僞殊不易辨。故予嘗曰：『物而能言，免去許多聚訟。』蓋指此也。至於舊磁一類，甚屬寥寥，已多爲外洋買去矣。

謹按《日下舊聞考》：『琉璃廠東有遼御史大夫李内貞墓，乃乾隆三十六年工部郎中孟澔得其志石於土中，有葬於海王村之語。』

校勘記：

〔一〕『街長二里許』，清稿本作『街長亦二里許』，刻本删『亦』字，語句更爲通順。

◎東西廟

西廟曰護國寺，在皇城西北定府大街正西。東廟曰隆福寺，在東四牌樓西馬市正北。自正月起，每逢七、八日開西廟，九、十日開東廟。開廟之日，百貨雲集，凡珠玉、綾羅、衣服、飲食、古玩、字畫、花鳥、蟲魚，以及尋常日用之物，星卜、雜技之流，無所不有。乃都城内之一大市會也。兩廟花廠尤爲雅觀。春日以果木爲勝，夏日以茉莉爲勝，秋日以桂菊爲勝，冬日以水仙爲勝。至於春花中如牡丹、海棠、丁香、碧桃之流，皆能於嚴冬開放，鮮艷异常，洵足以巧奪天工，預支月令。其於格物之理，研求幾深，惜未有著書者耳。嘗觀泰西農學書中，謂一粒之稷可得十萬粒，如以藝花之法藝之，定能遠過其上。但是人工既貴，灌溉亦難，以之治玩好則可，以之治稼穡則斷斷乎其不能也。即如冬瓜、王瓜、茄子、扁豆之類，皆能於嚴冬栽植，色味俱佳。但價值太昂，不能盡人而食，是亦不能行之明證也。

謹按《日下舊聞考》：『護國寺，元曰崇國寺，明曰大隆善護國寺，今祇曰護國寺。』乃元丞相脱克脱之故宅。寺中千佛殿傍立一老髯，幞頭朱衣；一老媪，鳳冠朱裳，即其夫婦之像。今已無存矣。隆福寺乃前明景泰四年建，役夫萬人。寺中白石臺欄，乃英宗南内翔鳳殿故物也。本朝雍正元年重加修葺，有世宗御製碑文，較之護國寺尚爲完整（隆福寺於光緒二十七年十月二十二日毁於火〔一〕）。

校勘記：

〔一〕『隆福寺於光緒二十七年十月二十二日毁於火』，此句清稿本缺。

◎土地廟〔一〕

土地廟在宣武門外土地廟斜街路西。自正月起，凡初三、十三、二十三日有廟市。市無長物，惟花廠、鴿市差爲可觀。

謹按《日下舊聞考》：『土地廟，其基最古，有前明萬曆四十三年碑，稱曰古迹老君堂、都土地廟。遼金時廟在都城東門之外，今莫得其方嚮矣。』

校勘記：

〔一〕『土地廟』，清稿本作『土帝廟』。

◎花兒市

花兒市在崇文門外迤東。自正月起，凡初四、十四、二十四日有市。市皆日用之物。所謂花市者，乃婦女插戴之紙花，非時花也。花有通草、綾絹、綽枝、摔〔一〕頭之類，頗能混真。花市之外亦有鴿市，在廛北小巷內。

按《居易録》：『京師花兒市鬻黄鴿二，毛羽作黄金色，索價甚高』云云。蓋京師多好畜鴿，種類極〔二〕繁，其尋常者有點子、玉翅、鳳頭白、兩頭烏、小灰、皂兒、紫醬、雪花、銀尾子、四塊玉、喜鵲、花跟頭、花脖子〔三〕、道士帽、倒插兒等名色。其珍貴者有短嘴白、鷺鷥白、烏牛、鐵牛、青毛、鶴秀、蟾眼灰、七星凫背、銅背、麻背、銀楞、麒麟斑、躧雲盤〔四〕、藍盤、鸚嘴白、鸚嘴點子、紫烏、紫點子、紫玉翅、烏頭、鐵翅、玉環等名色。凡放鴿之時，必以竹哨綴於尾上，謂之壺盧，又謂之哨子。壺盧有大小之分，哨子有三聯、五聯、十三星、十一眼、雙筒、截口、衆星捧月之別。盤旋之際，響徹雲霄，五音皆備，真可以悅耳陶情。至前輩所謂架鴿者，今無之矣。又《余氏辨林》云：『京師孟春之月，兒女多剪彩爲花或草蟲之類插首，曰鬧嚷嚷，即古所謂鬧裝也。』〔一〕是即綾絹花之濫觴歟？

注釋：

〔一〕《余氏辨林》，又名《麗事館余氏辨林》，明海昌余懋學輯，有明萬曆四十一年（一六一三）嘉興刊本。作者此處所引，蓋轉引自《日下舊聞考》卷一百四十七，《余氏辨林》原書無『插首』二字。

校勘記：

〔一〕『摔』，清稿本作『㐌』，字書無此字，或即『甩』字，更貼切。

〔二〕『極』，清稿本、刻本均作『亟』。『亟』乃『極』之本字，現作至高無上解時均用『極』，標點本改作『極』，從之。本書二者多混用，以下徑改，不另出校。

〔三〕以上鴿名，標點本作『喜鵲花、跟頭花、脖子』，乃不識鴿之名色所致。以下珍貴名色，標點本亦多誤。

〔四〕『躧雲盤』，刻本及清稿本均如是。王世襄謂當爲『踩雲盤』。據王世襄、趙傳集編著《明代鴿經　清宮鴿譜》謂：『北京稱白毛脚之鴿曰「踩雲盤」，謂飛起如踩在雲盤之上。譜題名「踹銀盤」，於記作「踏雲盤」。按，「踹」音（chuài），有蹬踩之意，不及「踩」字恰當。「踏」與「踩」字義相近，但音不諧。故不及「踩雲盤」允當而形象。』（生活・讀書・新知三聯書店，二〇一三年，第一六一頁）

◎小藥王廟、北藥王廟

小藥王廟在東直門内路北，北藥王廟在舊鼓樓大街。自正月起，每朔日、望日〔一〕有廟市，市皆婦女零用之物，無甚可觀。

校勘記：

〔一〕『朔日、望日』，清稿本作『朔望日』。

◎耍耗子、耍猴兒、耍苟利子、跑旱船

京師謂鼠爲耗子。耍耗子者，木箱〔一〕之上，縛以横架，將小鼠調熟，有汲水鑽圈之技，均以鑼聲爲起止。耍猴兒者，木箱之内藏有羽帽烏紗，猴手自啓箱，戴而坐之，儼如官之排衙。猴人口唱俚歌，抑揚可聽。古稱沐猴而冠，殆指此也。其餘扶犁跑馬，均能聽人指揮。扶犁者，以犬代牛；跑馬者，以羊易馬也。苟利子即傀儡子，乃一人在布帷之中，頭頂小臺，演唱打虎跑馬諸雜劇。跑旱船者，乃村僮扮成女子，手駕布船，口唱俚歌，意在學游湖而采蓮者，抑何不自醜也！凡諸雜技皆京南人爲之，正月最多。至農忙時，則捨藝而歸耕矣。

附録唐明皇《傀儡吟》：

刻木牽絲作老翁，鷄皮鶴髮與真同。須臾弄罷寂無事，還似人生一夢中。

校勘記：

〔一〕『木箱』，清稿本、刻本均如是，標點本改作『水箱』。

◎太陽糕（以下二月）

二月初一日，市人以米麵團成小餅，五枚一層，上貫以寸餘小鷄，謂之太陽糕。都人祭日者，買而供之，三五具不等。

◎龍抬頭

二月二日，古之中和節也。今人呼爲龍抬頭。是日，食餅者謂之龍鱗餅，食麵者謂之龍鬚麵。閨中停止針綫，恐傷龍目也。

◎春分

春分前後，官中祠廟皆有大臣致祭，世家大族亦於是日致祭宗祠，秋分亦然。

按《月令廣義》云：『分者，半也，當九十日之半也，故謂之分。夏冬不言分者，天地間二氣而已，陽生於子，極於午。』即其中分也（立春至立夏九十日〔一〕）。

校勘記：

〔一〕『立春至立夏九十日』，此句清稿本缺。

◎清明

清明即寒食〔一〕，又曰禁烟節。古人最重之，今人不爲節，但兒童戴柳祭掃墳塋而已。世族之祭掃者，於祭品之外，以五色紙錢製成幡蓋，陳於墓左。祭畢，子孫親執於墓門之外而焚之，謂之佛多〔二〕，民間無用者。

按《析津志》云：『遼俗最重清明，上自内苑，下至士庶，俱立鞦韆架，日以嬉戲爲樂。』自前明以來，此風久革，不復有半仙之戲矣。又《歲時百問》云：『萬物生長此時，皆清净明潔，故謂之清明。』〔三〕至清明戴柳者，乃唐高宗三月三日祓禊於渭陽，賜群臣柳圈各一，謂戴之可免蠆毒。今蓋師其遺意也。

注釋：

（一）清明即寒食，清明節爲二十四節氣之一，寒食節則爲紀念春秋時期晉國大臣介子推而設。二者起源及作用均不同。《唐會要》載唐代宗李豫於大曆十二年（七七七）二月十五日敕：自今以後，寒食通清明。宋代周密《癸辛雜識》：冬至後百六日爲寒食，即以清明爲寒食矣。清初湯若望曆法改革以前，清明節定在寒食節兩日之後；湯氏改革後，寒食節定在清明節之前一日。現代二十四節氣的定法沿襲湯氏，因此寒食節就在清明節前一日。

（二）佛多，蓋爲滿族佛多媽媽之信仰。

（三）《歲時百問》，著者及時代皆不可考。明李泰《四時氣候集解》多引用此書。此句或轉引自明彭大翼《山堂肆考》卷十，其引《歲時百問》有此句。

◎賣小油鷄、小鴨子

二月下旬，則有販乳鷄、乳鴨者，沿街吆賣，生意暢然。蓋京師繁盛，鷄鶩之屬日須數萬隻，是皆以人力育之，非自乳也。執此業者名曰鷄鴨房，在齊化門、東直門〔一〕一帶。

校勘記：

〔一〕『東直門』，清稿本作『東便門』。

◎三月三（以下三月）

俗謂栽壺盧者，必於三月三日下種，否則結實不繁。

恭録乾隆十三年《御製咏壺盧器詩（有序）》：

壺盧器者，出於康熙年間。聖祖命奉宸取架匏而規模之，及熟，遂成器焉，碗、盂、盆、盒惟所命。蓋其樸可尚，而其巧亦非人力之能爲也。爰令園人仿爲之，既成，題以句而識其源如是。

纍在栗薪烝，陶人豈藉憑？玉成原有自，匏落又何曾？

納約傳遺製，隨圓泯鋭棱。愛兹淳〔一〕樸器，更切木從繩。

校勘記：

〔一〕『淳』，清稿本及刻本原均作『純』，乃避諱改字，據《日下舊聞考》改。

◎蟠桃宫

太平宫在東便門路南，門臨護城河。因廟内有西王母之像，故曰蟠桃宫。每届三月，自初一日起，開廟三日，游人亦多。然較之白雲觀等，則繁盛不如矣。

◎東岳廟

東岳廟在朝陽門外二里許。除朔望外，每至三月，自十五日起，開廟半月。士女雲集，至二十八日爲尤盛，俗謂之撢塵會〔一〕。其實乃東岳大帝誕辰也。廟有七十二司，司各有神主之。相傳速報司之神爲岳武穆，最著靈异。凡負屈含冤心迹不明者，率於此處設誓盟心，其報最速。階前有秦檜跪像，見者莫不唾之，已不辨面目矣。後閣有梓潼帝君，亦著靈异，科舉之年，祈禱相屬。神座右有銅騾一匹，頗能愈人疾病。病耳者則摩其耳，病目者則拭其目，病足者則撫其足。閣東有甲胄之像數，半身没於地中，俗傳爲楊家將云云，究不知其爲何神也。廟中道教碑乃元翰林院承旨趙孟頫所書，字畫雖真，丰神已失〔一〕，想爲俗工鑿治矣。

謹按《日下舊聞考》：『東岳廟乃元延祐中建，以祀東岳天齊仁聖帝。前明正統中，益拓其宇，兩廡設七十二司，後設帝妃行宮。』本朝康熙三十七年，居民不戒而毁於火，特頒内帑修之，閲三歲而落成。殿閣廊廡，視舊加飭。乾隆二十六年復加修葺，規制益崇。故至今祗謁東陵時，必於此拈香用膳焉。

注釋：

（一）撢塵會，明清京師民間敬祀東岳神之會社組織。現猶有雍正十一年（一七三三）《撢塵會碑記》，謂：『年例每月十四日在東岳天齊仁元上帝聖前關廂撢塵撢土，進香獻茶，願衆善安泰，家門清吉。』又有《獻花聖會碑記》（乾隆元年，一七三六）、《東岳白紙老會碑記》（乾隆二年，一七三七）、《朝陽門外東岳廟撢塵會碑記》（乾隆五年，一七四〇）、《盤香會碑記》（乾隆五年，一七四〇）等，記載各類民間會社組織情况。

校勘記：

〔一〕『字畫雖真，丰神已失』，清稿本脱『真』字。

◎潭柘寺

潭柘寺在渾河石景山西栗園莊北，去京八十餘里。每至三月，自初一日起，開廟半月，香火甚繁。廟在萬山中，九峰環抱，中有流泉，蜿蜒門外而没。有銀杏樹者，俗曰帝王樹，高十餘丈，闊數十圍，實千百年物也。其餘玉蘭修竹、松柏菩提等，亦皆數百年物，誠勝境也。其先戒律極嚴，葷酒莫入。近則酒炙紛騰，無復嚮時清浄矣。有靈蛇二，曰大青、小青，與秘魔崖〔一〕相仿佛，殊不知是一是二。所謂柘木者，僅存數尺，與元妙嚴公主拜佛磚同爲古迹。凡至寺者，必觀此數事焉。

謹按《日下舊聞考》：潭柘寺在羅睺嶺平原村，去京城西北九十里。『晋曰嘉福，唐曰龍泉。京師諺曰：先有潭柘，後有北京。蓋寺之最古者。本朝康熙間，更名岫雲寺。』寺故海眼，佛殿基即潭也。唐華嚴師在山説法，神龍施潭爲寺，一夕大風雨，潭成平地。今潭徙而涓涓者不絶。柘久枯，高七八尺，覆以瓦亭。龍去而子猶存，青色，長五尺，大如碗，時出現。

附録《丁酉三月〔二〕游潭柘山》拙作（五律、七律各一首〔三〕）：

古寺不知年，龍潭自昔傳。參天多翠竹，繞地盡流泉。神樹烟雲護，宸章日月懸。欲參清浄理，何處問真禪？

琳宮紺宇梵王家〔四〕，御輦曾經駐翠華。三徑暗穿春水亂，九峰高插碧天斜。風摇細影菩提樹，月照瓊枝木筆花。遥憶當年麟見老，畫圖真迹兩無差（《鴻雪因緣》有『游潭柘寺圖』）。

又《曉度羅睺嶺》拙作：

絶巘登臨處，茫茫眼界空。赭山三面合，濁水一灣通。桃綻如脂染，梨開似雪融。笋輿行緩緩，歸路栗園東。

校勘記：

〔一〕『崖』，清稿本、刻本均作『厓』。二字同源，標點本改作『崖』，從之。

〔二〕『丁酉三月』後，清稿本有『偕榮少湘及男和珍』，刻本脱。

〔三〕『五律、七律各一首』，此句清稿本無。

〔四〕此句前清稿本原有詩題『又《岫雲寺晚眺》拙作』，刻本略去，而於前首詩題後增『五律、七律各一首』。

◎戒臺

凡游潭柘者，必至戒臺。蓋戒臺無定期，惟六月六日有晾經會，縱人游觀，而游者卒鮮。蓋天氣既熱，又多大雨也。寺名萬壽，在潭柘東南，以松勝。故京師論游者，必與潭柘并稱焉。

謹按《日下舊聞考》：萬壽寺在馬鞍山，唐武德中建，曰慧聚寺。明正統間改今名。有康熙、乾隆御書聯額。寺有戒臺，乃遼咸雍間僧法均始開。明正統中，敕如幻律師説戒立壇焉。壇在殿内，以白石爲之。寺後有太古、觀音、化陽、龐涓、孫臏五洞〔一〕，寺西五里有極樂峰。

注釋：

〔一〕戒臺寺後之洞名説法不一，此處作者引用爲節述，故有些混亂。《日下舊聞考》：『太古洞即化陽洞，亦名龐涓洞。洞門刻「太古化陽洞」五字。』卜德於一九三六年出版《燕京歲時記》英譯本時，謂『化陽』乃『華陽』之訛，源自西岳華山之華陽洞，并謂秦時芈戎隱居華山而得名，或不確。華陽洞，蓋爲道教第八洞天，源自南朝齊梁間有『山中宰相』之譽的著名道教思想家和醫藥學家陶弘景，陶氏弃官歸隱於句曲山（茅山），號華陽隱士。後因以名洞，道教名山所在多有之。

◎天臺山〔一〕

天臺山在京西磨石口，車馬可通。即翠微山之後山也。每歲三月十八日開廟，香火甚繁。寺門在南山之麓，寺在北山之巔，相去幾至里許。沿山有流泉三四，涓涓不窮。所謂魔王者，語多荒誕不經，無從考其出處矣。

注釋：

〔一〕天臺山，又稱天太山，其上慈善寺後殿佛樓内供奉有康熙年間坐化之肉身和尚，俗稱魔王菩薩，民間傳説是清順治皇帝。故作者於下文謂『語多荒誕不經』。

◎**换季**

每至三月，换戴凉帽，八月换戴暖帽，届時由禮部奏請。大約在二十日前後者居多。换戴凉帽時，婦女皆换玉簪；换戴暖帽時，婦女皆换金簪。

◎**黄花魚、大頭魚**

京師三月有黄花魚，即石首魚。初次到京時，由崇文門監督照例呈進，否則爲私貨。雖有挾帶而來者，不敢賣也。四月有大頭魚，即海鯽魚，其味稍遜，例不進呈。

◎**捨緣豆**（以下四月）

四月八日，都人之好善者，取青黄豆數升，宣佛號而拈之。拈畢煮熟，散之市人，謂之捨緣豆。預結來世緣也。

謹按《日下舊聞考》：『京師僧俗〔一〕念佛號者，輒以豆識〔二〕其數。至四月八日佛誕生之辰，煮豆微撒以鹽，邀人於路，請食之，以爲結緣。』今尚沿其舊也。

校勘記：

〔一〕『僧俗』，原作『僧人』。清稿本及《日下舊聞考》均作『僧俗』，據改。

〔二〕『識』，清稿本、刻本均作『記』。《日下舊聞考》引《隩志》作『識』，據改。

◎萬壽寺

萬壽寺在西直門外五六里，門臨長河，乃皇太后祝釐〔一〕之所。每至四月，自初一日起，開廟半月。游人甚多，緑女紅男，聯蹁道路。柳風麥浪，滌蕩襟懷，殊有天朗氣清、惠風和暢之致，誠郊西之勝境也。

謹按《日下舊聞考》：萬壽寺在廣源閘西數十武〔一〕。明萬曆五年建，本朝乾隆十六年、二十六年兩次重修。寺門内〔二〕爲鐘鼓樓、天王殿，殿後爲萬壽閣，再後爲禪堂。堂後有假山，假山上爲大士殿，下爲地藏洞。山後爲無量壽佛殿、三聖殿，又後爲後樓。樓前松檜皆數百年物。〔三〕光緒初年毁於火。最後爲菜圃，圃有水車二。光緒二十年重修行宮，并菜圃而圈入矣。

注釋：

〔一〕『釐』，《説文》：『釐，家福也。』『釐』，通『禧』。

校勘記：

〔一〕『數十武』，原脱。據清稿本及《日下舊聞考》補。

〔二〕『寺門内』，原作『山門之内』，清稿本作『門内』。《日下舊聞考》作『寺門内』，從之。

〔三〕以上所引與《日下舊聞考》字句稍异。

◎西頂

西頂娘娘廟在萬壽寺西八九里。每至四月，自初一日起，開廟半月，繁盛與萬壽寺同。山門中四天王像，神氣如生，猙獰可畏。

座下八鬼怪，尤覺駭人。凡携小兒者多掩其目而過之。廟有七十二司神，皆繪畫，非塑像也。每開廟時，特派大臣拈香，與髟髻山同，他處無之。

謹按《日下舊聞考》：西頂碧霞元君廟在京西藍靛廠前，明萬曆年建，國朝〔一〕康熙五十一年重修，改名曰廣仁宮。

恭録康熙戊子《御製重修西頂碧霞元君廟碑文》（節略）：

京城西直門外有西頂，舊建碧霞元君宫，地近西山之麓，直今西苑之西南所謂萬泉莊者，固郊畿一勝境也。元君初號天妃，宋宣和間始著靈异，厥後禦灾捍患，奇迹屢彰。下迄元明，代加封號，成弘而後，祠觀尤盛。郛郭之間，五頂環列，西頂其一也。歲時既久，陳迹都荒，碑碣猶存，榱桷弗整，其謂妥神何！歲在戊子，發内帑命有司鳩工重葺之，閲一載而落成。棟宇穹然，垣廡翼然，殿寢秩然，丹雘燦然，瞻拜其下者虔肅有加焉〔二〕。朕於萬幾之暇，亦往展禮，仰祝聖母之釐，俯介生民之祉〔三〕，以祈純嘏，以鞏皇圖。顔其額曰『廣仁宫』〔四〕。群臣請立石以紀之（文長未及備載〔五〕）。

校勘記：

〔一〕『國朝』，清稿本作『本朝』，清稿本中二者混用。

〔二〕『焉』，清稿本、刻本均脱。據《日下舊聞考》卷九十九及原碑文補。

〔三〕『祉』，清稿本、刻本均作『福』。《日下舊聞考》卷九十九及其他文獻所載碑文均作『祉』，據改。

〔四〕『廣仁宫』，此三字前原衍『敕建』二字。清稿本及《日下舊聞考》卷九十九所載此碑文均無此二字，據删。

〔五〕『文長未及備載』，此句清稿本缺。

◎妙峰山

妙峰山碧霞元君廟在京城西北八十餘里。山路四十餘里，共一百三十餘里。地屬昌平。每届四月，自初一日起〔一〕，開廟半月〔二〕，香火極盛。凡開山以前有雨者謂之浄山雨。廟在萬山中，孤峰矗立，盤旋而上，勢如〔三〕繞螺。前可踐後者之頂，後可見前者之足。自始迄終，繼晝以夜，人無停趾，香無斷烟。奇觀哉！廟南向，爲山門，爲正殿，爲後殿。後殿之前有石凸起，似是妙峰之巔石。有古柏三四株，亦似百年之物。廟東有喜神殿、觀音殿、伏魔殿，廟北有回香亭。廟無碑碣，其原無可考。然自雍乾以來即有之，惜無記之者耳。進香之路日闢日多。曰南道者，三家店也。曰中道者，大覺寺也。曰北道者，北安合也。曰老北道者，石佛殿也。近日之最稱繁盛者，莫如北安合。人烟輻輳，車馬喧闐，夜間燈火之繁，燦如列宿。以各路之人計之，共約有數十萬。以金錢計之，亦約有數十萬。香火之盛，實可甲於天下矣。

校勘記：

〔一〕『自初一日起』，『起』原脱，清稿本有『起』，按本書行文習慣均爲『自某日起』，據補。

〔二〕『開廟半月』，清稿本作『開山半月』。

〔三〕『如』，原作『加』，據清稿本訂正。

◎丫髻山

丫髻山碧霞元君廟在京城東北懷柔縣界。每至四月，自初一日起，開廟半月，繁盛亞於妙峰，而山景過之。都人謂之東山。

恭録康熙五十二年《御製丫髻山玉皇閣碑文》（節略）：

距京師百里，有山曰丫髻，隸懷柔縣。兩峰高矗，望之如髻，故得是名。自元明以來，號爲近畿福地。因上有碧霞元君之祠，是以每歲孟夏，四方之民會此祈禱者，騈肩叠迹，不可勝計。古稱積高之區，神明所舍。况兹山北倚紫塞，南拱神京，岡巒回合，蜿蜒磅礴，而鍾秀於是，則其神氣之感，數有靈應，理固然也。康熙五十二年，值朕六旬誕期，諸臣民就兹山瞻禮〔一〕，爲朕祝禧。因共建玉皇閣，以祈延壽。經始於癸巳三月十八日，落成於甲午三月十八日，而請記其事（文長未及備載〔二〕）。

校勘記：

〔一〕『瞻禮』，原作『展理』，清稿本作『展禮』。均誤。《日下舊聞考》及髫髻山現存碑碑文均作『瞻禮』，據改。

〔二〕『文長未及備載』，此句清稿本缺。

◎北頂（東頂附）

北頂碧霞元君廟在德勝門外土城東北三里許。每歲四月有廟市，市皆日用農具，游者多鄉人。東頂在東直門外，與北頂同。

◎榆錢糕

三月榆初錢時，采而蒸之，合以糖麵，謂之榆錢糕。四月以玫瑰花爲之者，謂之玫瑰餅。以藤蘿花爲之者，謂之藤蘿餅。皆應時之食物也。

◎黄鸝

四月末花事將闌，易增惆悵。惟柳陰中鶯聲婉囀，如鼓笙簧，殊有斗酒雙柑（一）之樂。惟月餘則去，不能久住耳〔一〕。古詩云：『黄栗留鳴桑椹美。』（二）黄鸝既鳴，則桑椹垂熟，正合今京師節候。

注釋：

（一）斗酒雙柑，即一斗酒、兩隻柑，比喻閑適之士。明何良俊《語林·言語第二》：『戴仲若春日携雙柑斗酒，人問何之？答曰：往聽黄鸝聲，此俗耳針砭，詩腸鼓吹。』

（二）此爲歐陽修《再到汝陰三絶》其一詩中句。原詩爲：『黄栗留鳴桑椹美，紫櫻桃熟麥風凉。朱輪昔愧無遺愛，白首重來似故鄉。』『黄栗留』，歐陽修《夏享太廟攝事齋宫聞鶯寄原甫》詩有『鳳城緑樹知多少，何處飛來黄栗留』。《居士集》原本注曰：『田家謂麥熟時鳴者爲黄栗留，出《詩義》。』

校勘記：

〔一〕『耳』，清稿本作『也』。

◎蘆笋、櫻桃

四月中，蘆笋與櫻桃同食，最爲甘美。古詩云『蘆笋生時柳絮飛』『紫櫻桃熟麥風凉』，均與今京師時令最爲符合。

◎凉炒麵〔一〕

四月麥初熟時，將麵炒熟，合糖拌而食之，謂之凉炒麵。

注釋：

（一）凉炒麵，有多種説法。據齊如山《華北的農村》記載：『大麥去皮炒熟，再磨成麵，此即名曰炒麵，食時加糖，用冷水或熱水一拌即可食。北平多用凉水拌，故多呼凉炒麵。從前此物在北方很普通，有許多人行路或旅行，多帶此以備不時之需。』（遼寧教育出版社，二〇〇七年，第九四頁。）

◎玫瑰花、芍藥花

玫瑰，其色紫潤，甜香可人，閨閣多愛之。四月花開時，沿街唤賣，其韵悠揚。晨起聽之，最爲有味。芍藥乃豐臺所産，一望彌涯。四月花含苞時，折枝售賣，遍歷城坊。有楊妃、傻白諸名色。是二花者，最爲應序，雖加以爔煴之力，不能易候而開，是亦花中之强項令矣。

◎端陽（以下五月）

京師謂端陽爲五月節，初五日爲五月單五，蓋端字之轉音也。每届端陽以前，府第朱門皆以粽子相饋貽，并副以櫻桃、桑椹、荸薺、桃、杏及五毒餅、玫瑰餅等物。其供佛祀先者，仍以粽子及櫻桃、桑椹爲正供。亦薦其時食之義。

按《續齊諧記》：屈原以五月初五日投汨羅江，楚人哀之，至此日，以竹筒子貯米，投水以祭之，以楝葉塞其上，以彩絲纏之，不爲蛟龍所竊。是即粽子之原起也。

◎雄黄酒

每至端陽，自初一日起，取雄黄合酒曬之，用塗小兒額及鼻耳間，以避毒物。

◎天師符

每至端陽，市肆間用尺幅黄紙，蓋以硃印，或繪畫天師鍾馗之像，或繪畫五毒符咒之形，懸而售之。都人士争相購買，粘之中門，以避祟惡。

按《後漢·禮儀志》：『五月五日，朱索五色印爲門户飾，以止惡氣。』是即天師符之由來歟！

◎菖蒲、艾子

端午日用菖蒲、艾子插於門傍，以禳不祥，亦古者艾虎（一）、蒲劍（二）之遺意。

注釋：

（一）艾虎，源於古代節令習俗。舊俗，端午日以艾草做成虎形，隨身佩戴以避邪祟。

（二）蒲劍，即菖蒲，因葉形似劍，又稱蒲劍。端午時近夏至，暑氣、疫病漸多，古人以爲乃瘟神、疫鬼出没所致。而菖蒲葉似利劍，故高懸門楣，起到震鬼驅邪的作用，如清代顧禄（字鐵卿）在《清嘉録》卷五《蒲劍蓬鞭》中就記載：『截蒲爲劍，割蓬作鞭，副以桃梗蒜頭，懸於床户，皆以却鬼。』

◎彩絲繫虎

每至端陽，閨閣中之巧者，用綾羅製成小虎及粽子、壺盧、櫻桃、桑椹之類，以彩綫穿之，懸於釵頭，或繫於小兒之背。古詩云『玉燕釵頭艾虎輕』，即此意也。

按《風俗通》云：五月五日以彩絲繫臂，辟鬼及兵，令人不病瘟。一名長命縷，一名續命縷。

◎剪彩爲葫盧

又端陽日用彩紙剪成各樣葫盧，倒粘於門闌之上，以泄毒氣。至初五〔一〕午後，則取而弃之。

校勘記：

〔一〕『初五』，清稿本後有『日』字。

◎賜葛

內廷王公大臣至端陽時，皆得恩賜葛紗及畫扇。

◎城隍出巡

四月二十二〔一〕，宛平縣城隍出巡。五月初一日，大興縣城隍出巡。出巡之時，皆以八人肩輿，舁藤像而行。有捨身爲馬僮者，有捨身爲打扇者，有臂穿鐵鈎懸燈而導者，有披枷帶鎖儼然罪人者。神輿之傍，又扮有判官鬼卒之類，彳亍而行，亦無非神道設教之意。

校勘記：

〔一〕『四月二十二』，清稿本作『四月廿二日』。

◎過會

過會者，乃京師游手，扮作開路中幡（一）〔一〕、杠箱官兒（二）、五虎棍（三）、跨鼓、花鈸、高蹺、秧歌、什不閑、耍罈子、耍獅子之類，如遇城隍出巡及各廟會等，隨地演唱，觀者如堵，最易生事。如遇金吾之賢者，則出示禁之。

附録恩竹樵侍郎《高蹺秧歌》詩：

捷足居然逐隊高，步虛應許快聯曹。笑他立脚無根據，也在人間走一遭。

注釋：

（一）開路中幡，又作中幡開路。行香走會類大型表演中的前導和旗幟。開路即最前面的藝人舞動三股叉驅散觀衆，以使隊伍順暢通過，或打開表演的場子。中幡則是隊伍的旗幟，多用二丈多長竹竿做成，由一力大無比的人或拿或托或扛，行進中偶用頭頂，或做出各種技藝高超的動作。故各類解釋多以之爲兩種表演，實則不可分離，起到前導和引領的作用。

（二）杠箱官兒，一種民間文藝節目。杠箱即周繪戲劇人物的木箱，上挂會旗和小鈴鐺，由兩人抬。後又有兩人抬一竿，上坐出巡『縣太爺』，俗稱杠官，自嘲逗趣，旁又有插科打諢之類。人物較多，表演較爲複雜。詳情可參看《妙峰山志》。

（三）五虎棍，其表演取材於宋太祖趙匡胤棒打董家惡霸『五虎』的故事，故名五虎棍。演員勾畫花臉，身着戲衣，手持齊眉棍和三節棍，按預先編練之武術套路及故事情節表演。

校勘記：

〔一〕『扮作開路中幡』，清稿本作『扮爲中幡開路』。

◎都城隍廟

都城隍廟在宣武門内溝沿西，城隍廟街路北。每歲五月，自初一日起，廟市十日。市皆兒童玩好，無甚珍奇，游者鮮矣。

謹按《日下舊聞考》：都城隍廟，在前明時以每月朔望及二十五日〔二〕有廟市（一）。市之日，陳設甚夥，人生日用所需，精粗畢備。羈旅之客，持阿堵入市，頃刻富有完美。書畫古董，真僞錯陳，其他剔紅填漆舊物，自内廷闌出者，尤爲精好。其初所索甚微，後其價十倍矣。至於窑器，最貴成化，次則宣德。杯盞之屬，初不過數金，嗣則成窑酒杯至博銀百金。宣德香爐，所酬亦略如之。廟係元世祖至元十七年創建，前明重修之，本朝雍正四年、乾隆二十八年又重修之。光緒初年，廟毁於火，碑皆煅裂。所謂各直省城隍像者，零落殆盡。近惟將正殿修復，以便春秋祭享，餘尚殘破如故也。

注釋：

（一）以上文字爲《日下舊聞考》引自《帝京景物略》。而下文所述廟市古物價格等，則是《日下舊聞考》引自明沈德符《萬曆野獲編》卷二十四『廟市日期』條，爲沈德符親歷之事，而敦崇又節引之，使人極易誤認爲乃清末時古物行情。故引用《日下舊聞考》之大段文字，實爲《日下舊聞考》所引數種圖書文字，而敦崇又節引雜糅而成。

校勘記：

〔一〕「二十五日」，清稿本、刻本均作「二十三日」。《日下舊聞考》及《帝京歲時紀勝》皆謂前明於朔望及二十五日有廟市，據改。

◎南頂

南頂碧霞元君廟在永定門外五六里，西向。左右有牌坊二，左曰廣生長養，右曰群育滋藩。皆乾隆三十八年重修時御書。每至五月，自初一日起，開廟十日，士女雲集。廟雖殘破，而河中及土阜上皆有亭幛席棚，可以飲食坐落。至夕散後，多在大沙子口看賽馬焉。

按《宸垣識略》云：南頂以南之河名凉水河，橋名永定橋。土阜名九龍山，乃乾隆間疏浚凉水河時堆成。環植桃柳萬株，開廟時游人皆敷席携榼，群飲其下。近則土阜雖存，而桃柳零落矣。

附録吴巖《游南頂》詩：

柳映紅亭水映橋，碧霞宫殿鬱岧嶢〔一〕。年年五月開香社，大好風光慰寂寥。

龍岡委宛似卷阿，披拂薰風爽氣多。一帶葦棚臨水岸，酒徒豪飲姣童歌。

校勘記：

〔一〕「岧嶢」，原作「迢遥」，義不通。據《宸垣識略》卷十二所引吴巖詩改。「岧嶢」亦作「迢嶢」，山高峻貌。

◎十里河

十里河關帝廟在廣渠門外。每至五月，自十一日起，開廟三日，梨園獻戲，歲以爲常。

◎瑶臺

瑶臺即窑臺，在正陽門外黑窑廠地方。時至五月，則搭凉篷，設茶肆，爲游人登眺之所。亦南城之一古迹也。

謹按《日下舊聞考》：黑窑廠爲明代製造磚瓦之所。本朝均交窑户備辦，此廠遂廢。其地坡壟高下，蒲渚參差，都人士登眺，往往而集焉。

◎磨刀雨

京師諺曰：『大旱不過五月十三。』蓋五月十三乃俗傳關壯繆〔一〕〔二〕過江會吴之期，是日有雨者謂之磨刀雨〔一〕。

注釋：

（一）五月十三乃民間『祈雨節』，民間多有『小旱端午，大旱十三』之諺。也是傳説中關老爺磨刀的日子，磨刀水滴到哪裏，哪裏就五穀豐登。

校勘記：

〔一〕『關壯繆』，清稿本、刻本均作『漢壽亭』。乃作者誤解關羽爵位所致。『漢壽』爲地名，『亭侯』乃爵位名，故『漢壽亭侯』不可縮寫爲『漢壽亭』。標點本作『關壯繆』，用關羽的謚號代替爵位，雖徑改原文，但標點本行之已久，頗有影響，從之。

◎分龍兵

京師謂五月二十三日爲分龍兵。蓋五月以後，大雨時行，隔轍有雨，故須將龍兵分之也。

按宋陸佃《埤雅》云：『世俗五月謂分龍，雨曰隔轍雨，言夏雨多暴至，龍各有分域，雨暘往往隔轍而异也。』是分龍之説已見於宋，但爲日不同耳。宋謂四月二十日爲小分龍，五月二十日爲大分龍。大晴主旱，大雨主澇。

◎**惡月**

京師諺曰：善正月，惡五月。

按《荆楚歲時記》：『五月俗稱惡月，多禁忌。忌曝床、薦席及修蓋房屋。』夫荆楚之與燕京，相去遠矣，而自昔風俗有相同者。

◎**石榴、夾竹桃**

京師五月榴花正開，鮮明照眼。凡居人等往往與夾竹桃羅列中庭，以爲清玩。榴竹之間必以魚缸配之，朱魚數頭游泳其中。幾於家家如此。故京師諺曰：『天篷魚缸石榴樹。』蓋譏其同也。

附録《京師夏日閨辭》拙作：

夾竹桃開柳綫長，捲篷高覆午陰凉。綺羅著體猶嫌重，鸚鵡催人懶試妝。瓷枕漫添新汲水，筠籠斜顫夜來香。晚風過處偏貪坐，月影朦朧上粉墻。

碧玉簪花罷晚妝，竹床冰簟院中央。春纖漫把芭蕉扇，鈕扣低垂茉莉囊。瓜果懶嘗防積冷，流蘇不掩爲貪凉。更嫌燭焰多塵濁，戲捉飛螢放枕傍。

◎**五月先兒**

五月玉米初結子時，沿街吆賣，曰五月先兒。其至嫩者曰珍珠笋。食之之法，與豌豆同。

◎**甜瓜**

五月下旬則甜瓜已熟，沿街吆賣。有旱金墜、青皮脆、羊角蜜、哈密酥、倭瓜瓤、老頭兒樂各種。

◎染指甲

鳳仙花即透骨草，又名指甲草。五月花開之候，閨閣兒女取而擣之，以染指甲，鮮紅透骨，經年乃消。

◎六月六（以下六月）

京師於六月六日抖晾衣服書籍，謂可不生蟲蠹。

◎洗象

象房有象時，每歲六月六日牽往宣武門外河内浴之，觀者如堵，後因象瘋傷人，遂不豢養。光緒十年以前尚及見之。象房在宣武門内城跟迤西，歸鑾儀衛管理。有入觀者，能以鼻作觱篥（一）銅鼓聲。觀者持錢畀象奴，如教獻技，又必斜睨象奴受錢滿數，而後昂鼻俯首，嗚嗚出聲。將病，耳中出油，謂之山性發。象壽最長，道光間有老象，牙有銅箍，謂是唐朝故物，乃安史之輩携來者。後因象奴等剋扣太甚，相繼倒斃。故咸豐以後十餘年象房無象。同治末年、光緒初年，越南國貢象二（二）次，共六七隻，極其肥壯。都人觀者喜有太平之徵，欣欣載道。自東長安門傷人之後，全行拘禁，不復應差，三二年間飢餓殆盡矣。

謹按《日下舊聞考》：象房係前明弘治八年修。蓋象至京，先於射所演習，故謂之演象所。而錦衣衛自有馴象所，專管象奴及象隻，特命錦衣指揮一員提督之。凡大朝會，役象甚多，駕車馱寶皆用之。若常朝止用六隻耳。所受禄秩俱視武弁有差等。國朝因之，一如其舊，但改錦衣衛爲鑾儀衛耳。

注釋：

（一）觱篥，古代的一種管樂器，形似喇叭，以蘆葦作嘴，以竹作管，吹出的聲音悲淒，羌人所吹，用以驚中國馬。

校勘記：

〔一〕『二』，清稿本作『兩』。

◎祭馬王

馬王者，房星也。凡營伍中及蓄養車馬人家，均於六月二十三日祭之。

◎祭關帝

六月二十四日致祭關帝，歲以爲常。鞭炮之多，與新年無异。蓋帝之禦灾捍患，有德〔一〕於民者深也。

校勘記：

〔一〕『德』，清稿本作『功』。

◎賜冰

京師自暑伏日起至立秋日止，各衙門例有賜冰。屆時由工部頒給冰票，自行領取，多寡不同，各有等差。

按《帝京景物略》：『前明於立夏日啓冰賜文武大臣。編氓賣者，手二銅盞叠之，其聲嗑嗑，曰冰盞。』是物今尚有之，清泠可聽，亦太平之音響也。

◎換葛紗

每至六月，自暑伏日起至處暑日止，百官皆服萬絲帽、黄葛紗袍。

◎中頂

中頂碧霞元君廟在右安門外十里草橋地方，每歲六月初一日有廟市。市中花木甚繁，燦如列錦，南城士女多往觀焉。

按《宸垣識略》：『草橋在右安門外十里，衆水所歸。種水田者資以爲利。土近泉宜花，居人以蒔花爲業。有蓮池〔一〕，香聞數里。牡丹、芍藥，栽如稻麻。』『橋去豐臺十里，元明時多貴家園亭，如廉右丞之萬柳堂、趙參謀之匏瓜亭，均在其左右，今已無考。』吴巖詩注謂四月初一開廟，今改六月矣。

附録吴巖《游中頂》詩：

十里城南緑滿川，春風春柳自經年。名園幾廢靈祠在，孤負看花穀雨天。（歲以四月一日開廟）

都人士女競喧奔，花市闌珊廟市繁。已見田田好荷葉，風流憶煞趙王孫。（元趙松雪有《萬柳堂觀荷贈歌妓解語花》詩）

校勘記：

〔一〕『蓮池』，原作『蓮花池』。清稿本及《宸垣識略》均作『蓮池』，據改。

◎十刹海

十刹海俗呼河沿，在地安門外迤西，荷花最盛。每至六月，士女雲集，然皆在前海之北岸。他處雖有荷花，無人玩賞也。蓋德勝橋以西者謂之積水潭〔二〕，又謂之净業湖，南有高廟、北有滙通祠者是也。德勝橋以東，昔成親王府，今醇親王府前者，謂之後海，即所謂十刹海者是也。三座橋以東、響閘迤左者，謂之前海，即所謂蓮花泡子者是也。今之游者但謂之十刹海焉。凡花開時，北岸一帶風景最佳：緑柳垂絲，紅衣膩粉，花光人面，掩映迷離，直不知人之爲人，花之爲花矣。

謹按《日下舊聞考》：『積水潭、净業湖一帶，古名海子。』園亭極多，有蓮花社、蝦菜亭、鏡園、漫園、楊園、定園諸勝，今皆析爲民居矣。前明李東陽西涯故居似在今恭親王府東南隅，前海北岸，非净業湖也。蓋鼓樓、響閘正在其左右耳。

附録元宋本《海子上即事》詩：

渡橋西望似江鄉，隔岸樓臺罨畫妝。十頃玻璃秋影碧，照人騎馬過宮墻。

又元許有壬《飲海子舟中・江城子》詞：

柳梢烟重滴春嬌，傍〔二〕天橋，住蘭橈。吹暖香雲，何處一聲簫？天上廣寒宮闕近，金晃朗，碧〔三〕岧嶢。

誰家花外酒旗高，故相招，儘飄摇。我政悠然，雲水永今朝。休道斜街風物好，纔去此〔四〕，便塵囂。

校勘記：

〔一〕『積水潭』及下文所引《日下舊聞考》之『積水潭』，清稿本、刻本均作「積水灘」。元代諸多文獻及《日下舊聞考》均作「積水潭」。據改。一九八一年標點本均改作『積水潭』。

〔二〕『傍』，清稿本、刻本均作『倚』。元許有壬《圭塘小稿》（文淵閣《四庫全書》本）、《宸垣識略》、《日下舊聞考》均作『傍』，據改。

〔三〕『碧』，《許有壬集》（中州古籍出版社，一九九八年標點本）作『翠』。

〔四〕『休』，清稿本、刻本均作『誰』；『纔去此』，清稿本、刻本均作『纔此去』。據元許有壬《至正集》《圭塘小稿》（文淵閣《四庫全書》本）訂正。

◎掃晴娘〔一〕

六月乃大雨時行之際。凡遇連陰不止者，則閨中兒女剪紙爲人，懸於門左，謂之掃晴娘。

注釋：

〔一〕掃晴娘，此俗各地多有，起源説法不一，有謂即女媧娘娘。河南靈寶剪紙『掃天媳婦』，『上掃天，下掃地』。挂在院裏時，口中尚念叨『掃天媳婦你是神，你上東南掃塊雲』。

◎冰胡兒

京師暑伏以後，則寒賤之子擔冰吆賣，曰冰胡兒。胡者，核也。

◎酸梅湯

酸梅湯以酸梅合冰糖煮之，調以玫瑰、木樨、冰水，其凉振齒。以前門九龍齋及西單牌樓邱家者爲京都第一。

◎西瓜

六月初旬，西瓜已登，有三白、黑皮、黄沙瓤、紅沙瓤各種。沿街切賣者，如蓮瓣，如駝峰，冒暑而行，隨地可食。既能清暑，又可解醒，故予嘗呼爲清凉飲。

附録元方夔《食西瓜》詩：

恨無纖手削駝峰，醉嚼寒瓜一百筒。縷縷花衫粘唾碧，痕痕丹血掐膚紅。香浮笑語牙生水，凉入衣襟骨有風。從此安心師老圃，青門何處問窮通。

◎丢針（以下七月）

京師閨閣，於七月七日以碗水暴日下，各投小針，浮之水面，徐視水底日影，或散如花，動如雲，細如綫，粗如椎，因以卜女之巧拙，俗謂之丢針兒。

◎鵲填橋

七月七日清晨，烏鵶喜鵲飛鳴較遲，俗謂之填橋去。

謹按《日下舊聞考》：金元宮中於七月七日穿鵲橋補子，上元日穿燈景補子，端陽日穿壺盧補子。蓋亦點綴節景之意。若我朝則崇尚節儉，不復有此兒戲之事矣〔一〕。

校勘記：

〔一〕『若我朝則崇尚節儉，不復有此兒戲之事矣』，清稿本、刻本均如是。標點本脱漏此句。

◎中元

中元不爲節，惟祭掃墳塋而已。

◎荷葉燈、蒿子燈、蓮花燈

中元黄昏以後，街巷兒童以荷葉燃燈，沿街唱曰：『荷葉燈〔一〕，荷葉燈，今日點了明日扔。』又以青蒿粘香而燃之，恍如萬點流螢，謂之蒿子燈。市人之巧者，又以各色彩紙製成蓮花、蓮葉、花籃、鶴鷺之形，謂之蓮花燈。

謹按《日下舊聞考》：荷葉燈之製，自元明以來即有之，今尚沿其舊也。

注釋：

（一）荷葉燈，即將小蠟燭用一小段細硬棍兒扡插在帶莖之荷葉中心，燃蠟，舉柄上街玩耍。《日下舊聞考》卷一百四十八引《陜志》：『燕市七月十五夜，兒童争持長柄荷葉，燃燈其中，繞街而走，青光熒熒，若磷火然。』

◎**法船**

中元日各寺院製造法船，至晚焚之。有長至數丈者。

◎**盂蘭會**

中元日各寺院設盂蘭會，燃燈唪經，以度幽冥之沉淪者。

按釋經云：目蓮以母生餓鬼中不得食，佛令作盂蘭盆會，於七月十五日以五味百果著盆中，供養十方大德，而後母得食。目蓮白佛，凡弟子行孝順者亦應奉盂蘭盆供養。佛言大善。後世因之。又《釋氏要覽》云：盂蘭盆乃天竺國語，猶華言解倒懸也。今人設盆以供，誤矣。

◎**放河燈**

運河二閘，自端陽以後游人甚多。至中元日例有盂蘭會，扮演秧歌、獅子諸雜技。晚間沿河燃燈，謂之放河燈。中元以後，則游船歇業矣。

按《宸垣識略》：『大通橋在東便門外，至通州石壩計四十里。地勢高下四丈，中間設慶豐等五閘以蓄水。每閘各設官吏，編夫一百八十名，造剥船〔一〕三百隻。大通河舊名通惠河，元郭守敬所鑿。』

附録勞宗茂《游運河二閘》詩：

紅船白板緑烟絲，好句揚州杜牧之。何事大通橋上望，風光一様動情思。

慶豐纔過又平津，立〔二〕遏通渠轉遞頻。莫謂盈盈衣帶水，勝他多少犢輪〔三〕辛。

校勘記：

〔一〕『剥船』，清稿本、刻本均如是。標點本徑改爲『駁船』，二者義通。

〔二〕『立』，清稿本、刻本均作『力』。《宸垣識略》作『立』，據改。

〔三〕『輪』，清稿本、刻本均作『車』。《宸垣識略》作『輪』，據改。

◎江南城隍廟

江南城隍廟在正陽門外南横街之東，先農壇西北。本朝康熙年建，内有城隍行宫。每歲中元及清明、十月一日有廟市，都人迎賽祀孤。

按《寄園寄所寄》：都者，美也。《詩》云：『彼都人士。』以帝王所居、文物整齊、女士閑雅爲美，故曰都門，曰都人。

◎金鐘兒

金鐘兒産於易州，形如促織。七月之季，販運來京，枕畔聽之，最爲清越，韵而不悲，似生爲廣厦高堂之物。金鐘之號，非濫予也。

◎菱角、鷄頭〔一〕

七月中旬則菱、芡已登，沿街吆賣，曰：『老鷄頭，纔下〔二〕河。』蓋皆御河中物也。

注釋：

（一）鷄頭，芡之形象稱呼。董寶光《京華憶往》有詳實記載：『芡呈橢球狀，且表皮多刺，一端連細長之莖似鷄喙，與鷄頭頗相類也，故俗名老鷄頭。芡實孕於其中，類石榴子，唯粒圓色黄，俗稱鷄頭米，按老嫩分别稱爲頭蒼、二蒼。二蒼柔韌雋永，其味最佳。售菱角之小販有時亦兼售老鷄頭。』（北京出版社，二〇〇九年，第八九頁。）

校勘記：

〔一〕『下』，清稿本、刻本均如是，標點本徑改爲『上』。

◎棗兒、葡萄

七月下旬則棗實垂紅，葡萄綴紫，擔負者往往同賣。秋聲入耳，音韵凄凉，抑鬱多愁者不禁有歲時之感矣。

◎中秋（以下八月）

京師之曰八月節者，即中秋也。每届中秋，府第朱門皆以月餅果品相饋贈。至十五月圓時，陳瓜果於庭以供月，并祀以毛豆、鷄冠花。是時也，皓魄當空，彩雲初散，傳杯洗盞，兒女喧嘩，真所謂佳節也。惟供月時男子多不叩拜。故京師諺曰：『男不拜月，女不祭竈。』

◎月光馬兒

京師謂神像爲神馬兒，不敢斥言神也。月光馬者，以紙爲之，上繪太陰星君如菩薩像，下繪月宫及搗藥之玉兔，人立而執杵。藻彩精製，金碧輝煌，市肆間多賣之者。長者七八尺，短者二三尺，頂有二旗，作紅緑色，或黄色，向月而供之。焚香行禮，祭畢與阡張〔一〕、元寶等一并焚之。

按《宛署雜記》：阡張，鑿紙爲條，與冥錢同。

校勘記：

〔一〕『阡張』，原作『千張』，清稿本作『阡張』，刻本或當刻版時之誤，且下文所引《宛署雜記》即爲『阡張』，據改。本書『祭竈』條又有『祭畢之後，將神像揭下，與阡張、元寶等一并焚之』，清稿本、刻本原均作『千張』。阡張乃供神佛或祖先之冥錢，古時均用『阡張』，『阡』有墳墓意。晚近間亦有用『千張』稱呼之，實誤，或即《燕京歲時記》用詞混亂所致。『阡張』又稱『紙馬』，其一説有清人趙翼《陔餘叢考》卷三十所記，謂：『然則昔時畫神像於紙，皆有馬，以爲乘騎之用，故曰紙馬也。』

◎九節藕〔一〕

內廷供月，例用九節藕。

注釋：

〔一〕九節藕，即果藕。苑洪琪《清代宮廷慶中秋》謂：『九節藕，是指西苑三海（中南海、北海）蓮花池內所出的九節生在一根上的果藕，取「九九」至尊意。』（彭國梁、楊里昂主編：《我們的中秋》，岳麓書社，二〇〇四年，第一三頁。）金受申《京華歲時紀勝》謂：『果藕皆白花藕，中端粗大而節短（紅花藕細長）。早年以「筒子河果藕」最有名，後以「湯山溫泉果藕」號召，實則大宗產地仍在六郎莊。』（見北京市政協文史資料委員會選編：《風俗趣聞》，北京出版社，二〇〇〇年，第四一五頁。）

◎蓮瓣西瓜

凡中秋供月，西瓜必參差切之，如蓮花瓣形。

◎月餅

中秋月餅以前門致美齋者爲京都第一，他處不足食也。至供月，月餅到處皆有。大者尺餘，上繪月宮蟾兔之形。有祭畢而食者，有留至除夕而食者，謂之團圓餅。

按《帝京景物略》：『八月十五日祭月，其祭果餅必圓，分〔一〕瓜必牙錯瓣，刻之如蓮花形。紙肆市月光紙，繢滿月像，趺坐蓮花者〔二〕，月光遍照菩薩也。華下〔三〕月輪桂殿，有兔杵而人立，搗藥臼中。紙小者三寸〔四〕，大者丈，緻工〔五〕者金碧繽紛。家設月光位於月所出方，向月供而拜，則焚月光紙，撤所供，散家之人必遍。月餅、月果，戚屬饋相報〔六〕。餅有徑二尺者。女歸寧，是日必返其夫家，曰團圓節也。』以上所云與今强半相同。供月之説，其來舊矣。

校勘記：

〔一〕『分』，原脱。清稿本有『分』字，《帝京景物略》卷二、《日下舊聞考》卷一百四十八均有『分』字，據補。

〔二〕『繢滿月像，趺坐蓮花者』，原作『繢滿月而趺坐者』，清稿本作『繢滿月趺坐蓮花者』。《帝京景物略》及標點本作『繢滿月像，趺坐蓮花者』，據補改。

〔三〕『華下』，一九八一年標點本改作『花下』，義不協。

〔四〕『三寸』，清稿本、刻本均作『三尺』。《帝京景物略》及標點本作『三寸』，據改。

〔五〕『緻工』，清稿本、刻本均作『工緻』。《帝京景物略》及標點本作『緻工』，據改。

〔六〕『戚屬饋相報』，清稿本、刻本及《帝京景物略》均如是。標點本增『遺』，作『戚屬饋遺相報』，義優。

◎兔兒爺攤子

每屆中秋，市人之巧者用黄土摶成蟾兔之像以出售，謂之兔兒爺。有衣冠而張蓋者，有甲冑而帶纛旗者，有騎虎者，有默坐者。

大者三尺，小者尺餘。其餘匠藝工人無美不備，蓋亦謔而虐矣。

附録魏之琇《兔兒爺》詩：

卯君家世本蟾宮〔一〕，幻列衣冠氣象雄。却笑團圞好時節，素娥翻自怨秋風。

校勘記：

〔一〕『宫』，原作『官』。清稿本及《宸垣識略》所引魏詩均作『宫』，據改。

◎皂君〔一〕廟〔一〕

皂君廟在崇文門外。每至八月，初一日起開廟三日。蓋即皂君誕日也。

注釋：

〔一〕皂君廟，即高粱河君廟，以祀奉河神。高粱河又稱皂河。

校勘記：

〔一〕『皂君』，標題及文内『皂君』，標點本誤改作『竈君』。

◎九月九（以下九月）

京師謂重陽爲九月九。每届九月九日，則都人士提壺携榼，出郭登高。南則在天寧寺、陶然亭、龍爪槐等處，北則薊門烟樹、清净化城等處，遠則西山八刹等處。賦詩飲酒，烤肉分糕，洵一時之快事也。

謹按《日下舊聞考》：天寧寺在廣寧門外二里許，塔高二十七丈五尺五寸。隋仁壽二年建，以安舍利。寺在元魏爲光林，在隋爲宏業，在唐爲天王，在金爲大萬安，前明宣德中改曰天寧，我朝〔一〕乾隆二十一年重修，名仍其舊。陶然亭在正陽門外西南黑窑廠慈悲庵内，康熙乙亥工部郎中江藻建。龍爪槐名興盛寺，在陶然亭西北一望之地，《舊聞考》不載。寺有二樓，可以眺遠。所謂龍爪槐者，今已無存矣。薊門烟樹在德勝門外土城關，相傳是古薊邱。舊有樓館并廢。但門存二土阜，旁多林木，蓊翳蒼翠，故爲八景之一。今已無存，林木亦憔悴。惟乾隆詩碣巍然獨立耳〔二〕。清净化城，《舊聞》不載，已見前篇。西山八刹在阜成門八里莊西北二十里，名翠微山，又名盧師山，又名平陂山。所謂八刹者，其説不一。以今論之，在翠微山下東向者曰長安寺，寺東北山巔南向者曰秘魔崖，寺西北山麓有塔者曰靈光寺，塔下有池，池北有新築戒臺，靈光寺迤北東向者曰三山庵，東北南向有牌坊者曰大悲寺，正北東向有靈泉者曰龍王堂，龍王堂迤北者〔三〕曰香界寺，俯視香界者曰寶珠洞，此即所謂八刹也。長安寺即善應寺，三山庵《舊聞》不載，靈光寺係合翠微寺而一之，塔基鐵燈至今尚存。

附録編修顧蒓《龍爪槐記》：

興誠寺在黑窑廠之南，建於宋時，修於明萬曆間。故有龍爪槐一本，歷三百年，見徐虹亭釚《菊莊詞話》〔一〕。人遂以名其寺，而興誠之名轉隱。戒僧月亭，浙之海昌人，爲吾鄉淡雲和尚法嗣，性樸誠，能書畫，士大夫喜與之游。主持松筠下院〔四〕，奉祀楊椒山先生三十年矣。道光二年，購此寺爲松筠下院，顧少司農臯題山門額曰『龍槐寺』。寺〔五〕僅有前殿及東西兩廂，皆修葺一新。鮑少司空桂星與月亭交最深，重其清介，贈白銀二百爲香火資。月亭不欲獨受，復募於素所游者，重建大士殿及凌虚閣、蒹葭簃。余喜其地之清幽，且以月亭之可與語也，暇時輒登閣以望遠。贈以楹帖云：鱗作之而本無樹，身原清净不看山。蓋因西山在其右，爲墻垣所遮，古槐已萎，新植者尚不成陰故也。月亭笑曰：林木非培養根柢不能，山則可以人力引之也。因於西偏廢地築樓，空其西，榜曰『看山』，而屬余記之，時道光八年三月也。吴縣顧蒓撰，鴻臚寺少卿吴江程邦憲書。

又鮑桂星《蒹葭閣詩并序》：

京師城南龍爪槐寺、蒹葭閣，月亭上人出新意所構也。同人索余詩，落之將屬和焉，謂他日流傳，如棗花寺《青松紅杏卷》，亦一佳話。而野雲朱丈又欣然泚筆爲之圖，余不獲辭，勉成五律四章，僭書卷端，以當唱導云爾。道光甲申初伏日。

小樓争遠堞，高出古槐枝。野廓青三面，天空碧四垂。禪心生匠巧，物外得神奇。春水秋烟際，蒹葭觸我思。

吟眸舒不極，一面讓西山。世事難兼美，吾生幾得閑。坐遲清梵度，行踏落花還。檻外陶然景，那能及此間。

眺雪宜冬霽，披風愛夏凉。春秋足佳日，嘯咏到斜陽。老惜朋簪少，閑知駟隙忙。遠公吾舊雨，蓮社伴徜徉。

我有梅花屋，開窗列翠巒。歸舟纔小住，走馬又長安。庭樹經年别，溪雲繞夢寒。斯亭殊不惡，祇當故鄉看。

附録《甲午暮春靈光寺小憩》拙作：

古寺號靈光，松陰夾道長。清池漾春影，孤塔鎖斜陽。帝子遨游樂（恭忠親王時常住此，壁間題咏極多），山僧蹀躞忙。鶴亭留小憩，楓露一杯香。

又《晚宿香界寺》拙作：

幾曲路通幽，崔嵬在上頭。李唐〔六〕無寸土（寺基建自唐代），蕭寺有高樓。錦額天章焕，豐碑古迹留。憑欄閑眺處，雲樹兩悠悠（寺有康熙、乾隆碑記）〔七〕。

注釋：

（一）徐釚（一六三六—一七〇九），字電發，號拙存，一號菊莊，又號虹亭，晚號楓江漁父。江蘇吴江（今蘇州）人。康熙十八年（一六七九）薦試博學鴻詞，授翰林院檢討，與修《明史》。著有《南州草堂集》三十卷《續集》四卷、《菊莊詞》一卷、《菊莊詞話》一卷。

校勘記：

〔一〕『我朝』，清稿本作『本朝』。

〔二〕『惟乾隆詩碣巍然獨立耳』，此句清稿本缺。

〔三〕『者』，原脱，據清稿本補。

〔四〕『下院』，清稿本作『庵』。

〔五〕『寺』，原脱，據清稿本補。

〔六〕『李唐』，原作『皇唐』，據清稿本改。

〔七〕以上四句及詩注，清稿本作『錦額留宸翰，豐碑紀盛游（寺有康熙御碑及乾隆詩額）。憑欄閑眺處，無限感時愁』，蓋刻版時作者又有改動也。

◎釣魚臺

釣魚臺在阜成門外三里許，有行宫一所，南向。每届重陽，長安少年多於此處賽馬，俗稱曰望海樓。

謹按《日下舊聞考》：釣魚臺在三里河西北里許，乃金主游幸處。臺前有泉從地涌出，冬夏不竭。凡西山麓之支流悉灌注於此。元時謂之玉淵潭，爲丁氏園池。國朝乾隆二十八年，浚治成湖，以受香山新開引河之水。復於下口建設閘座，俾資蓄泄。湖水合引河水，由三里河達阜成門之護城河。三十九年，始命修建臺座，御書『釣魚臺』三字懸之臺西面。故凡祗謁西陵及由園致祭天壇時，必於此用早膳焉。臺左有養源齋、瀟碧亭諸勝。

恭録乾隆三十九年《御製釣魚臺》詩：

釣魚臺水别一源，夥於臺下涌洌泉。亦受西山夏秋潦，漫爲沮洳行旅艱。
邇來治水因治此，大加開拓成湖矣。置閘下口爲節宣，匯以成河向東釃。
分流内外護城池，金湯萬載鞏皇基。衆樂康衢物滋阜，由來諸事在人爲。

附録明嚴嵩《釣魚臺》詩：

金代遺踪寄草萊，湖邊猶識釣魚臺。沙鷗汀鷺尋常在，曾見龍舟鳳舸來。

又補録庚子三月《游釣魚臺》拙作：

詩家載紀記多多，競説高臺倚碧波。水涸已無魚可釣，池荒祇有鳥堪羅。
滄桑自古真難定，興廢由人亦奈何。遥望岧嶢懷往事，先皇曾賦浚湖歌。

◎花糕

花糕有二種：其一以糖麵爲之，中夾細果，兩層三層不同，乃花糕之美者〔一〕；其一蒸餅之上星星然綴以棗栗，乃花糕之次者也〔二〕。每屆重陽，市肆間預爲製造以供用。

按《析津志》：九月九日，都人以麵爲糕，饋遺作重陽節，亦於闤闠中笊筴席吖賣〔三〕。與今同。又《帝京景物略》：麵餅，面種棗栗，星星然，曰花糕〔四〕。糕肆摽緑旗。父母必〔五〕迎其女來食，曰女兒節。今糕肆無摽旗者，亦無迎女來食者。蓋風尚〔六〕之不同也。

校勘記：

〔一〕『美者』，清稿本後有『也』字。

〔二〕『乃花糕之次者也』，原作『乃糕之之次者也』，據清稿本改。

〔三〕『笊筴席吖賣』，『吖』，清稿本、刻本此字均如是，標點本改『吖』爲『叫』。『吖』，喊叫之義，亦爲狀聲詞，元曲中多有使用，此處用『吖』更爲貼切形象。《輯本析津志》（〔元〕熊夢祥著，徐蘋芳整理，北京聯合出版公司，二〇一七年，第二八頁）作『吖』，《北平風俗類徵》（李家瑞編，上海文藝出版社，一九八六年，第九七頁）引《析津志》作『吖』。《析津志輯佚》（〔元〕熊夢祥著，北京古籍出版社，一九八三年，第二一三頁），光緒《順天府志·京師》卷十八《風俗》引《析津志》，此句作『笊筴蘆席棚叫賣』。以『吖』爲『叫』，或當是釋讀文字錯誤。

〔四〕此句《帝京景物略》原文作：『麵餅種棗栗，其面星星然，曰花糕。』

〔五〕『必』，原脱。據清稿本及《帝京景物略》補。

〔六〕『尚』，原作『向』，形近而誤。據清稿本改。

◎九花山子

九花者，菊花也。每届重陽，富貴之家以九花數百盆，架皮廣厦中，前軒後輊，望之若山，曰九花山子。四面堆積者曰九花塔。

謹按《日下舊聞考》：陳理詩注曰：花城即今之花山也。蓋京師之菊，種類〔一〕極繁，有陳秧、新秧、粗秧、細秧之别。如蜜連環、銀紅針、桃花扇、方金印、老君眉、西施曉妝、瀟湘妃子、鵝翎管、米金管、燈草管、紫虎鬚、灰鶴翅、平沙落雁、杏林春燕、朝陽素、軟金素、青山蓋雪、硃砂蓋雪、白鶴卧雪、青蓮子、青河蓮、朱瓣湘蓮、玉池桃紅、玉笋長、玉樓春曉、寶刹浮圖、落紅萬點、泥金萬點、藕色霓裳、伽〔二〕藍袈裟等，皆陳秧中之細種也。如大紅寶珠、金連環、金霞環、大金葵、滲金葵、金盤獻露、金毛獅子、金鳳翎、紫鳳舒翎、紫鳳雙叠、紫龍開爪、紫蟹爪、真紫鈎、徐家紫、黄鶴毛、鷺鶴毛、蒼龍鬚、蒼龍訓子、雲龍焕彩、二色蓮、三季秋荷、映日荷花、旱地金蓮、芙蓉秋艷、玉扇銀針、紫松針、水紅針、玉匙調羹、粉屏、白牡丹、紫牡丹、粉牡丹、星光在水、楓林落照、夕陽斜照、鴉背夕陽、曉天霞、藍翎九等，皆陳秧中之粗種也。如銀虎鬚、墨虎鬚、硃墨雙輝、金捲硃砂、金鳳含珠、鳳梧添綫、漢宫春曉、浣花溪水、天半朱霞、秋水明霞、秋水芙蓉、漢皋解佩、二喬争艷、天女散花、桃花人面、鳥爪仙人、黄鶴仙人、羔裘大夫、仙人掌、醉太白、南極仙翁、文經武緯、鳳管鸞笙、洋蝴蝶、羚羊挂角、香白梨、金如意、水晶如意、沉香貫珠、一斛珠、碧玉搔頭、黄綉球、珊瑚鈎、金帶風飄、紫帶風飄〔三〕、慈雲點玉、慈雲萬點、柳綫垂金、重陽居住等，皆新秧中之細種也。如金佛座、金鈎挂玉、金邊大紅、玉堂金馬、紫綬金章、紫袍金帶、紫電青霜、緑柳黄鸝、楊妃醉舞、西施粉、六郎面、墨麒麟、鸜哥抱子、蜜蜂窩、闔家歡樂等，皆新秧中之粗種也。共一百三十三種〔四〕，皆予所記憶者。其餘新陳粗細之類，尚有二百餘種，他日得暇，當爲黄花訂譜也。

校勘記：

〔一〕『類』，原脱，據清稿本補。

〔二〕『伽』，清稿本、刻本均作『茄』。標點本改作『伽』，從之。

〔三〕『紫帶風飄』，原脱，據清稿本補。

〔四〕『共一百三十三種』，查以上作者所列菊之種類僅一百二十二種，或作者統計錯誤所致。

◎糟蟹、良鄉酒、鴨兒廣、柿子、山裏紅

重陽時以良鄉酒配糟蟹等而嘗之，最爲甘美。良鄉酒者，本産於良鄉，近京師亦能造之。其味清醇，飲之舒暢，但畏熱〔一〕不能過夏耳。鴨兒廣，梨屬，形如木瓜，色如鴨黃，廣者，黃之轉音也。柿子、山裏紅，其用尤多，皆京師應序之物也。

按《寄園寄所寄》：明太祖微時過剩柴村，已經二日不食矣，行漸伶仃。至一所，乃人家故園。垣缺樹凋，是兵火所戕者。帝悲嘆之，緩步周視，東北隅有一樹霜柿正熟，帝取食之，食十枚便飽，又惆悵久之而去。乙未夏，帝拔〔二〕采石，取太平，道經於此，樹猶在。帝指樹，以前事語左右，因下馬加之赤袍曰：『封爾爲凌霜侯。』是柿曾有功於人主矣，則記之豈瑣瑣哉？他物之記，亦邀柿之幸也。

校勘記：

〔一〕『熱』，原作『熟』，形近而誤。據清稿本改。

〔二〕『拔』，清稿本、刻本均作『按』。清趙吉士輯《寄園寄所寄》（黃山書社，二〇〇八年標點本）作『拔』，據改。

◎財神廟

財神廟在彰儀門〔一〕外，每至九月，自十五日起，開廟三日。祈禱相屬，而梨園子弟與青樓校書〔二〕等爲尤多。士大夫之好事者，

亦或命駕往觀焉。彰儀門即廣安門〔三〕也。

校勘記：

〔一〕『彰儀門』，清稿本作『彰義門』。

〔二〕『校書』，清稿本脱。

〔三〕『廣安門』，清稿本作『廣寧門』。『廣安門』初名『廣寧門』，建於明嘉靖三十二年（一五五三），至清道光年間，因避道光皇帝『旻寧』之諱，而改爲『廣安門』。

◎十月一（以下十月）

十月初一日，乃都人祭掃之候，俗謂之送寒衣。

按《北京歲華記》：十月朔上冢，如中元祭，用豆泥骨朵。豆泥骨朵乃元人語，今不知爲何物矣。又《帝京景物略》：『十月朔，紙坊剪紙五色作男女衣，長尺有咫，曰寒衣。有疏印緘〔一〕，識其姓字行輩，如寄家書然。家家修具，夜奠而焚之其門，曰送寒衣。』今則以包袱代之，有寒衣之名，無寒衣之實矣。包袱者，以冥鏹封於紙函中，題其姓名行輩，如前所云。

校勘記：

〔一〕『緘』，原脱。據清稿本及《帝京景物略》補。

◎添火

京師居人例於十月初一日添設煤火，二月初一日撤火。火爐係不灰木爲之，白於礬石，輕暖堅固。

按《析津志》：『西山化石根，名之曰不灰木，以之爲粗布及器皿，不畏火，今西山有之。』此條所記未盡得實。以之爲器皿則可，以之爲粗布則從未之見。或即火浣布之訛。况此木實産易州，非西山也。

◎仰山窪

仰山窪在安定門外正北十里，有將臺一座。每至十月十五日，八旗合操，演九進十連環（一），前鋒護軍統領跑交衝馬，已成俗例。大寒之歲，兵丁有凍斃者，故非豪俠少年不能往觀也。

注釋：

（一）九進十連環，清代火器營操練的一種陣勢。操演時，按照八旗序列，將鳥槍兵、炮兵、騎兵依次列隊，以擂鼓、海螺爲號令，向前推進并逐次發射槍炮。形成多層次排列、依次射擊的野戰戰術。

◎賣憲書

十月頒曆以後，大小書肆出售憲書（一），衢巷之間亦有負箱唱賣者。

注釋：

（一）憲書，俗名皇曆，即記載月日的曆書。由欽天監專職負責制訂，皇帝頒布，規定祇許官方印，不准私人刻印。中國曆法影響到周邊各國，故古代文獻中常有頒賜進貢使者的記載。

◎風箏、毽兒、琉璃喇叭、咘咘噔、太平鼓〔一〕、空鐘

兒童玩好亦有關於時令。京師十月以後，則有風箏、毽兒等物。風箏即紙鳶，縛竹爲骨，以紙糊之，製成仙鶴、孔雀、沙雁、飛虎之類，繪畫極工。兒童放之空中，最能清目。有帶風琴、鑼鼓者，更抑揚可聽，故謂之風箏也。毽兒者，墊以皮錢，襯以銅錢，束以雕翎，縛以皮帶，兒童踢弄之，足以活血禦寒。琉璃喇叭者，口如酒盞，柄長二三尺。咘咘噔者，形如壺盧而長柄，大小不一，皆琉璃廠所製。兒童呼吸之，足以導引清氣。太平鼓者，係鐵圈之上蒙以驢皮，形如團扇，柄下綴以鐵環，兒童三五成群，以藤杖擊之，鼓聲鼕鼕然，環聲錚錚然，上下相應，即所謂迎年之鼓也。空鐘者，形如車輪，中有短軸，兒童以雙杖繫棉綫播弄之，儼如天外晨鐘。

謹按《日下舊聞考》：紙鳶，古傳韓信所作。五代漢季，李業與隱帝爲紙鳶於宮門外放之。毽兒即毽子，以鉛錫爲錢，裝以鷄羽，小兒三五成群，有裏外廉、拖槍、聳膝、突肚、佛頂珠、剪刀拋之名色，亦蹴鞠之遺事也。琉璃喇叭，《舊聞》不載。咘咘噔即鼓璫，亦名響壺盧，又名倒掖氣，小者三四寸，大者徑尺，其色紫者居多。小兒口銜，嘘吸成聲。又《帝京景物略》云：『元夕童子撾鼓，傍〔二〕夕嚮曉，曰太平鼓。』今自十月即有之，不必在元夕矣。至謂太平鼓即羯鼓者，非也。羯鼓者，乃今梨園所用之迸鼓，以雙杖擊之。故唐人詩曰：『頭如青山峰，手如白雨點。』若單杖擊之者，安能如此繁密耶？空鐘，《舊聞》不載。

附録魏之琇《風箏》詩：

風勁幽燕自昔聞，春來百幻盡凌雲。青天碧海魚龍戲，鐵鷂〔三〕空傳散楚軍。

又魏之琇《響壺盧》詩：

皎似冰壺徹底清，微微呼吸類〔四〕調笙。兒童更愛新翻樣，畫角喑嗚作楚聲。

又魏之琇《抖空鐘》詩：

裁竹成形腰鼓如，兩端條革〔五〕弄徐徐。當風急轉如流水，山寺聞鐘韵有餘。

附録恩竹樵侍郎《美人風箏》詩：

裊裊東風一綫拖，也同織女傍銀河。從來慣作驚鴻舞，纔到雲霄態便多。

又查慎行《太平鼓》詩：

繭紙輕敲作鼓聲，銜環絡索鐵錚錚。踏歌連〔六〕臂同兒戲，何限年光付〔七〕送迎。

校勘記：

〔一〕『太平鼓』，清稿本作『太平鼓兒』。

〔二〕『傍』，清稿本、刻本均作『旁』，義不可通。《帝京景物略·花市》作『傍』，據改。

〔三〕『鷂』，清稿本、刻本均作『笛』。《宸垣識略》引魏詩作『鷂』，據改。

〔四〕『類』，原作『似』。清稿本及《宸垣識略》引魏詩均作『類』，據改。

〔五〕『條革』，清稿本、刻本均作『繩索』。《宸垣識略》引魏詩作『條革』，據改。

〔六〕『連』，清稿本、刻本均作『聯』。查慎行《敬業堂詩集》及《宸垣識略》引查詩均作『連』，據改。

〔七〕『付』，清稿本、刻本均作『作』。查慎行《敬業堂詩集》及《宸垣識略》引查詩均作『付』，據改。

◎走馬燈

走馬燈者，剪紙爲輪，以燭噓之，則車馳馬驟，團團不休。燭滅則頓止矣。其物雖微，頗能具成敗興衰之理，上下千古，二十四史中無非一走馬燈也。是物之外，又有車燈、羊燈、獅子燈、綉球燈之類。每届十月，則前門、後門、東四牌樓、西單牌樓等處在在有之。携幼而往，歡喜購買而還，亦閑中之樂事也。

按走馬燈之製，亦係以火御輪，以輪運機，即今輪船、鐵軌之一班〔一〕。使推而廣之，精益求精，數百年來，安知不成利器耶？惜中土以機巧爲戒，即有自出心裁精於製造者，莫不以兒戲視之。今日之際，人步亦步，人趨亦趨，詫爲奇神〔二〕，安於愚魯，則天地生材之道，豈獨厚於彼而薄於我耶？是亦不自憤耳！

附録元謝宗可《走馬燈》詩：

飆輪擁騎駕炎精，飛繞人間不夜城。風鬣追星來有影，霜蹄逐電去無聲。秦軍夜潰咸陽火，吴炬宵馳赤壁兵。更憶雕鞍年少日，章臺踏碎月華明。

校勘記：

〔一〕『班』，清稿本作『斑』。

〔二〕『詫爲奇神』，清稿本作『詫爲神奇』。

◎踢球

十月以後，寒賤之子，琢石爲球，以足蹴之，前後交擊爲勝。蓋京師多寒，足指疲凍，兒童踢弄之，足以活血禦寒，亦蹴踘之類也。

謹按《日下舊聞考》：踢球一事，自金元以來即有之，不自今日始矣。

◎蛐蛐兒、聒聒兒、油壺盧

蟲鳥之鳴，最關時令。而人力所至〔一〕亦能與時令相轉移，是亦有關時令矣。京師五月以後，則有聒聒兒沿街叫賣，每枚不過一二文。至十月，則爞熻者生，每枚可值數千矣。七月中旬則有蛐蛐兒，貴者可值數金，有白麻頭、黄麻頭、蟹胲青、琵琶翅、梅花翅、竹節鬚之别，以其能戰鬥也。至十月，一枚不過數百文，取其鳴而已矣。蛐蛐兒之類，又有油壺盧〔二〕。當秋令時，一文可買十餘枚。至十月，則一枚可值數千文。蓋其鳴時鏗鏘斷續，聲顫而長，冬夜聽之，可悲可喜，真閑人之韵事也。故秋日之蛐蛐罐有永樂官窑、趙子玉、淡園主人、静軒主人、紅澄漿、白澄漿之别，佳者數十金一對。冬月之聒聒兒壺盧、油壺盧葫盧，佳者亦數十金一對，以紫潤堅厚者爲上，即所謂壺盧器者是也。是故京師世族，貧者居多，耗財之道實不止聲色珠玉而已也。

謹按《日下舊聞考》：『永定門外五里胡家村産促織，善鬥，勝他産。促織者，感秋而生，其音商，其性勝。今都人能種之，留其鳴深冬。其法：實土於盆養之，蟲生子土中，入冬，以其土置暖炕，日水灑，綿覆之。伏五六日上蠕蠕動，又伏七八日如蛆然。置子蔬葉，仍灑覆之，足翅成，漸以黑，匝月則鳴，細於秋，入春反僵也。促織即蟋蟀，別種有三：肥大而色澤如油者曰油壺盧，首大者曰梆子頭，鋭喙者曰老米嘴云云。』總而言之，促織，蟋蟀、蛐蛐兒之正名；絡緯，聒聒兒之正名。或又謂聒聒兒者即螻蟈也。

恭録乾隆十三年《御製咏絡緯詩并序》：

皇祖時命奉宸苑使取絡緯種育於暖室，蓋如煴花之能開臘底也。每設宴則置綉籠中，唧唧之聲不絶，遂以爲例。絡緯者，便腹青色，以股躍，以短翼鳴，其聲聒聒，以其聲名之曰聒聒兒。

群知絡緯到秋吟，耳畔何來唧唧音。却共煴花榮此日，將嗤冷菊背而今。

夏蟲乍可同冰語，朝槿原堪入朔尋。生物機緘緣格物，一斑猶見聖人心。

校勘記：

〔一〕『至』，清稿本作『致』。

〔二〕『油壺盧』，清稿本作『油壺』。

◎栗子、白薯〔一〕、中果、南糖〔二〕、薩齊瑪、芙蓉糕、冰糖壺盧、温朴

京師食品亦有關於時令。十月以後，則有栗子、白薯等物。栗子來時，用黑砂炒熟〔三〕，甘美异常。青燈誦讀之餘，剥而食之，頗有味外之味。白薯貧富皆嗜，不假扶持，用火煨熟，自然甘美，較之山藥、芋頭尤足濟世，可方爲樸實有用之材。中果、南糖到處有之。薩齊瑪乃滿洲餑餑，以冰糖、奶油合白麵爲之，形如糯米，用不灰木烘爐烤熟，遂成方塊，甜膩可食。芙蓉糕與薩齊瑪同，但面有紅糖，艷如芙蓉耳。冰糖壺盧，乃用竹簽貫以葡萄、山藥豆、海棠果、山裏紅等物，蘸以冰糖，甜脆而凉。冬夜食之，頗能去煤

炭之氣。温朴，形如櫻桃而堅實，以蜜漬之，既酸且甜，頗能下酒。皆京師應時之食品也。

按《宸垣識略》：『前明冬至賜百官甜食一盒，凡七種，一松子海哩嗙〔二〕。鄭以偉曰：嗙字諸字書不載，今亦不識海哩嗙爲何物。』蓋緣元人語也，正可與薩齊瑪爲對。又《戒庵漫筆》載：前明四月八日，賜百官午門外食不落夾〔三〕。不落夾者，亦元人語也〔三〕，或云粽子。以鄙意揣之，或即今之涼糕歟！是不可得而考矣。因記薩齊瑪，故連類及之。

恭録乾隆八年《御製食栗》詩：

小熟大者生，大熟小者焦。大小得均熟，所恃火候調。

堆盤陳玉几，獻歲同春椒，何須學高士，圍爐芋魁燒。

注釋：

（一）南糖，是桂林酥糖、寸金糖、芝麻片、花生酥、花生糖、中果、麻通的總稱。始産於清乾隆年間，是桂林著名特産之一。以芝麻仁、花生仁、白糖爲主要原料，具有香、甜、鬆、酥、脆的獨特風味。

（二）松子海哩嗙，清代蒙古族糕點，用糖鹵、炒麵、松子仁、酥油攪拌後製成，像眼塊狀，味香甜且酥。

（三）不落夾，明代劉若愚《酌中志》卷二十記載明代宫廷中：『（四月）初八日，進「不落夾」。用葦葉方包糯米，長可三四寸，闊一寸，味與粽同也。』四月八日，一説爲佛誕日，即浴佛節，吃不落夾爲當時習俗。

校勘記：

〔一〕『白薯』，清稿本、刻本均作『白菽』，文内亦如是。菽、薯并不通用，從文意看即白薯。標點本徑改，從之。

〔二〕『栗子來時，用黑砂炒熟』，清稿本作『栗子出北山，用黑砂炒熟』。

〔三〕『亦元人語也』，清稿本此句後有『或云麵食』。

◎水烏他、奶烏他

水烏他，以酥酪合糖爲之，於天氣極寒時，乘夜造出，潔白如霜，食之口中有如嚼雪，真北方之奇味也。其製有梅花、方勝諸式，以匣盛之。奶烏他大致相同，而其味稍遜。

◎赤包兒〔一〕、鬥姑娘〔二〕、海棠木瓜、漚朴

每至十月，市肆之間則有赤包兒、鬥姑娘等物。赤包兒蔓生，形如甜瓜而小，至初〔一〕冬乃紅，柔軟可玩。鬥姑娘形如小茄，赤如珊瑚，圓潤光滑，小兒女多愛之，故曰鬥姑娘。海棠木瓜大者二寸，青而不黄，較之南來木瓜，其香尤烈。漚朴形如橘柚而堅實，性如木瓜而有毛，以之薰衣，香可經月不散，亦應時之物産也。

注釋：

〔一〕赤包兒，即王瓜，又名土瓜，一味中藥，今稱瓜蔞。《禮記·月令》載立夏日，『螻蟈鳴，蚯蚓出，王瓜生，苦菜秀』。其中『王瓜』即此物，爲多年生援攀草本植物，其塊根肥大，呈紡錘形，夏初開白花，果實橘黄色，小而有毛，北方人稱爲『赤包兒』。《本草綱目·草部·王瓜》：『《釋名》：又稱土瓜、鈎藈、老鴉瓜、馬瓟瓜、赤雹子、野甜瓜、師姑草、公公鬚。』

〔二〕鬥姑娘，即酸漿果。清代吴其濬《植物名實圖考·隰草·酸漿》作『豆姑娘』：『其子緑而不赤者，若《元故宫記》及《救荒本草》所説「紅姑娘」，則京師人尚呼爲「豆姑娘」，其方言可證也。』

校勘記：

〔一〕『初』，清稿本缺。

◎梧桐、交嘴（一）、祝頂紅、老西兒、燕巧兒

禽鳥之來，最關時令。京師十月以後，則有梧桐鳥等。梧桐者，長六七寸，灰身黑翅，黄嘴短尾，市兒買而調之，能於空中接彈丸，謂之打彈兒。交嘴者，長四五寸，嘴左右交，以别雌雄，有紅黄二色，馴而擾（二）者能開鎖銜旗。祝頂紅者，小於家雀而紅其頂，技如交嘴，而靈巧過之。老西兒者，形如梧桐而黑嘴，技同而價賤，饕餮之輩亦有食之者。燕巧兒者，形如燕子，亦能於空中接彈丸，而飛騰尤速，此皆京師之時禽。至於秋天鴻雁，社日烏衣，則有月令在。

注釋：

（一）交嘴，即交嘴雀，分爲紅交嘴雀、白翅交嘴雀。翅膀和尾巴呈黑褐色，身體其他部分呈紅色。交嘴雀的上下嘴互相交叉，且嘴尖分别向上下伸出來很長。清李聲振《百戲竹枝詞》中有《麻雀銜旗》一首，序云：『取麻雀雛教之，能於樊籠銜五色旗向人前。』詩云：『毁穴探雛飛去難，銜旗教得向籠樊。若還王母斑龍近，道是雲中朱雀幡。』（〔清〕楊米人等著，路工選編：《清代北京竹枝詞（十三種）》，北京出版社，二〇一八年，第一七七頁。）

（二）擾，馴養順從意。

◎冬笋、銀魚

十月間，冬笋、銀魚之初到京者，由崇文門監督照例呈進，與三月黄花魚同。

◎翻褂子（以下十一月）

冬至月初一日，臣工之得著貂裘者，均於是日一體穿用，謂之翻褂子。

◎月當頭〔一〕

冬月十五日，月當頭。如遇望時，則塔影無尖，人影亦極短。小兒女之好事者，必無睡以俟當頭，臨階取影以驗之。

校勘記：

〔一〕此條清稿本缺。

◎冬至

冬至，郊天令節，百官呈遞賀表。民間不爲節，惟食餛飩而已。與夏至之食麵同。故京師諺曰：『冬至餛飩，夏至麵。』

按《漢書》：『冬至陽氣起，君道長，故賀。夏至陰氣起，故不賀。』又《演繁露》：『世言餛飩是塞外渾氏、屯氏爲之。』言殊穿鑿。夫餛飩之形有如鷄卵，頗似天地渾沌之象，故於冬至日食之。若如《演繁露》二氏爲之之言，則何者爲餛，何者爲飩耶？是亦膠柱鼓瑟矣。

恭録乾隆二十二年〔一〕《御製冬日視朝》詩：

百僚劍佩〔二〕集明廷，班末陪臣謁贊聆（是日哈薩克使臣行禮）。黄道星辰聯畢昴，小陽節候靄元冥。

東鶼西鰈誰分域（琉球使臣適亦隨班叩闕），北極南荒一太寧。遠服邇安心敢肆？敬天勤政訓聰聽。

校勘記：

〔一〕『二十二年』，清稿本、刻本均作『二十三年』。《日下舊聞考》及《國朝宮史》收入此詩，均作『二十二年』，據改。

〔二〕『百僚劍佩』，原作『百官劍珮』，清稿本作『百官劍佩』。《日下舊聞考》及《國朝宮史》收入此詩，均作『百僚劍佩』，據改。

◎九九消寒圖

消寒圖乃九格八十一圈。自冬至起，日塗一圈，上陰下晴，左風右雨，雪當中。

按《帝京景物略》：『冬至日，人家畫素梅一枝，爲瓣八十有一，日染一瓣，瓣盡而九九出，則春深矣，曰九九消寒圖。』此事予兒時曾爲之，不謂與古暗合也。

附録查嗣瑮《消寒圖》詩：

學畫消寒九九圖，紅窗費盡好工夫。朝朝合墨番番數，算到花朝得了無。

◎拖床

冬至以後，水澤腹堅，則十刹海、護城河、二閘等處皆有冰床。一人拖之，其行甚速。長約五尺，寬約三尺，以木爲之，脚有鐵條，可坐三四人。雪晴日暖之際，如行玉壺中，亦快事也。至立春以後，則不可乘，乘則甚危，有陷入冰窟者，而拖者逃矣。近日王公大臣〔一〕之有恩命者，亦准於西苑門内乘坐拖床，床甚華美，上有宀如車篷，可避風雪。

按《倚晴閣雜抄》：明時積水潭〔二〕，常有好事者聯十餘床，携都藍酒具，鋪氍毹其上，轟飲冰凌中以爲樂。誠豪俠之快事也。

恭録乾隆《御製臘日坐拖床渡太液池志興》詩：

破臘風光日日新，曲池凝玉净無塵。不知待渡霜花冷，暖坐冰床過玉津。

太液人行步玉花，金鰲遥望鎖烟霞。勝游不數瓊華島，愛聽寒林噪暮鴉〔三〕。

校勘記：

〔一〕『王公大臣』，清稿本、刻本均脱『公』。《光緒朝東華録》有賜命王公大臣乘坐拖床之事，標點本增『公』，據補。

〔二〕『積水潭』，清稿本、刻本均作「積水灘」。元代以來文獻及《帝京景物略》《日下舊聞考》均作「積水潭」。據改。一九八一年標點本改作『積水潭』，從之。

〔三〕『暮鴉』，清稿本、刻本均作『晚鴉』。《日下舊聞考》及《國朝宮史》引此詩均作『暮鴉』，據改。

◎溜冰鞋

冰鞋以鐵爲之，中有單條縛於鞋上，身起則行，不能暫止。技之巧者，如蜻蜓點水、紫燕穿波，殊可觀也。

謹按《日下舊〔一〕聞考》：『太液池，冬月則〔二〕陳冰嬉，習勞行賞，以簡武事而修國俗云。』

恭録乾隆《御製冰嬉賦序》：

陸行之疾者，吾知其爲馬。水行之疾者，吾知其爲舟、爲魚。雲行之疾者，吾知其爲鵾鵬、雕鶚。至於冰，則向之族莫不躄躠〔三〕、膠滯、滑擦而莫能施其技。國俗有冰嬉者，護膝以芾，牢鞋以韋，或底含〔四〕雙齒，使噛凌而不踣焉；或薦〔五〕鐵如刀，使踐冰而步逾疾焉，較《東坡志林》所稱更爲輕利便捷〔六〕。惜自古無賦者，故爲賦之。

又乾隆十一年《御製太液冰嬉十二韵》：

順時陳國俗，擇地試雄觀。號令傳河若，威儀紀水官。
光凝元玉浦，聲咽碎珠灘。散處雲馳雨，紛來雪噴湍。
端因智獨勝，奚必力俱殫。疾以徐斯疾，安其危乃安。
御風列應讓，逐日誇無難。迅似岩飛電，温知犀避寒。
超群殊閃爍，作勢更蹩躠。擬議弦催箭，形容鏡舞鸞。
一時誇奪幟，獨步早登壇。妙義韜鈐外，憑人著眼看。

校勘記：

〔一〕『舊』，原脱，據清稿本補。

〔二〕『則』，原脱。清稿本及《日下舊聞考》均有『則』字，據補。

〔三〕『則向之族』，原作『則向之疾者』。清稿本、《日下舊聞考》卷二十一、《國朝宮史》卷十四均作『則向之族』。乾隆年間徐揚繪《御製冰嬉賦圖》尚存，圖上部乾隆御筆作『則向之族』。據以上删改。『躄』，原圖乾隆御筆作『蹩』，此處二者義通。

〔四〕『含』，原作『合』。清稿本及乾隆十年（一七四五）武英殿刻本《御製冰嬉賦》均作『含』，據改。

〔五〕『薦』，清稿本、刻本均作『踐』。《日下舊聞考》及乾隆十年武英殿刻本《御製冰嬉賦》均作『薦』，據改。

〔六〕『便捷』，原作『捷便』。清稿本及乾隆十年武英殿刻本《御製冰嬉賦》均作『便捷』，據之乙正。

◎打冰

冬至三九則冰堅，於夜内鑿之，聲如鏨石，曰打冰。三九以後，冰雖堅，不能用矣。

按《事物原會》：周成王命凌人掌冰，歲十二月，敕令斬冰納於凌陰。凌陰者，今之冰窖也。周十二月，今之十月也。藏冰之制始此。

◎賜貂

每至冬月，凡乾清門侍衛及大門侍衛等，均由本管支領貂褂、銀子，人各數十金〔一〕。

校勘記：

〔一〕『人各數十金』，清稿本作『人各數十金不等』。

◎臘八粥（以下十二月）

臘八粥者，用黄米、白米、江米、小米、菱角米、栗子、紅江豆、去皮棗泥等，合水煮熟，外用染紅桃仁、杏仁、瓜子、花生、榛穰、松子及白糖、紅糖、瑣瑣葡萄，以作點染。切不可用蓮子、扁豆、薏米、桂元，用則傷味。每至臘七日，則剥果滌器，終夜經營，至天明時則粥熟矣。除祀先供佛外，分餽親友，不得過午。并用紅棗、桃仁等製成獅子、小兒等類〔一〕，以見巧思。

按《燕都游覽志》：十二月八日，賜百官粥。民間亦作臘八粥，以果米雜成之，品多者爲勝。今雖無百官之賜，而朱門餽贈，競巧争奇，較之古人有過之無不及矣。

校勘記：

〔一〕『小兒等類』，清稿本作『小兒之類』。

◎大白菜

大白菜者，乃鹽腌白菜也。凡送粥之家，必以此爲副。菜之美惡，可卜其家之盛衰。

按《廣群芳譜》：『白菜一名菘，北方多入窖内，不見風日。長出苗葉，皆嫩黄色，脆美無比，謂之黄芽，乃白菜别種。』今之食者，惟分皮之與心，無所謂别種也。

◎雍和宮熬粥〔一〕

雍和宮喇嘛於初八日夜内〔二〕熬粥供佛，特派大臣監視，以昭誠敬。其粥鍋之大，可容數石米。

注釋：

（一）據馬蘭、李立祥著《雍和宫》記載：『在清代咸豐以前，雍和宫共熬五大鍋又一小鍋粥。分配方法爲，首鍋供於佛前，二鍋獻於朝廷，三鍋給王公士庶和大喇嘛，四鍋送文武官員和封寄各省的地方官吏，五鍋給本寺僧衆。在這五鍋粥中，用料也不同，』，『而那一小鍋，則粥内除了奶油外還有羊肉丁，稱「羊肉臘八粥」。最後，三至五鍋粥餘下的要混在一起，於初八日早晨施捨給平民百姓。這日，京城百姓持大小瓷碗前來喝粥，盛況空前，此盛典一直延續到光緒年間。』（華文出版社，二〇〇四年，第二八九至二九〇頁。）

校勘記：

〔一〕『初八日夜内』，清稿本無『夜内』二字。所謂『初八日夜内』，實即初八日凌晨也。

◎麀鹿賞

每至十二月，分賞王大臣等麀鹿。届時由内務府知照，自行領取〔一〕。三品以下不預也。

校勘記：

〔一〕『届時由内務府知照，自行領取』，清稿本作『届時知照由内務府自行領取』。

◎封印

每至十二月，於十九、二十、二十一、二十二四日之内，由欽天監選擇吉期，照例封印，頒示天下，一體遵行。封印之日，各部院掌印司員必應邀請同僚歡聚暢飲，以酬一歲之勞。故每當封印已畢〔一〕，萬騎齊發，前門一帶，擁擠非常，園館居樓，均無隙地矣。封印之後〔二〕，乞丐無賴攫貨於市肆之間，毫無顧忌，蓋謂官不辦事也。亦惡俗也。

校勘記：

〔一〕『已畢』，清稿本、刻本均作『以畢』。據《日下舊聞考》改。古『以』同『已』，『以』亦通。

〔二〕『封印之後』，清稿本、刻本均如是。《日下舊聞考》及標點本作『印封之後』。

◎封臺

封印之後，梨園戲館擇日封臺，八班合演，至來歲元旦則賜福開戲矣。亦所以歌咏升平也。

按京師戲劇，風尚不同。咸豐以前，最重昆腔、高腔（即弋腔）。高腔者，有金鼓而無絲竹，慷慨悲歌，乃燕土之舊俗也。咸豐以後，專重二簧，近則并重秦腔。秦腔者，即俗所謂梆子腔也。内城無戲園，外城乃有〔一〕。蓋恐八旗兵丁習於逸樂也。戲劇之外，又有托偶（讀作吼）、影戲、八角鼓、什不閑、子弟書、雜耍把式、像聲、大鼓、評書之類。托偶即傀儡子，又名大臺宮戲〔一〕。影戲借燈取影〔二〕，哀怨异常，老嫗聽之多能下泪。八角鼓乃青衣數輩，或弄弦索，或歌唱打諢，最足解頤。什不閑有旦有丑而無生，所唱歌詞别有腔調，低徊婉轉，冶蕩不堪，咸、同以前頗重之，近亦如廣陵散矣。子弟書音調沉穆，詞亦高雅。雜耍把式即變戲法兒、武技之類。像聲即口技，能斅百鳥音，并能作南腔北調，嬉笑怒駡，以一人而兼之，聽之歷歷也。大鼓、評書最能壞人心術。蓋大鼓多采蘭贈芍之事，閨閣演唱，已爲不宜；評書抵掌而談，别無幫襯，而豪俠亡命，躍躍如生，市兒聽之，適易啓其作亂爲非之念。有心世道者，其思有以禁之也！

附録明瞿佑《影戲》詩：

燈火光中夜漏遲，風輪旋轉競奔馳。過來有迹人争睹，散去無聲鬼不知。月地花階頻出没，雲窗霧閣暫追隨。一場變化如春夢，綫索重看傀儡嬉。

附録恩竹樵侍郎《影戲》詩：

當窗妙舞竟何如？意態蹁躚有若無。覿面不須憎障眼，古今人事半模糊。

注釋：

（一）大臺宮戲，《道咸以來朝野雜記》云：「其後外間又有大臺宮戲班，以應宅邸堂會。其式小於戲臺，而高與等，下半截以隔扇圍之，內可隱人，與內外隔絕。傀儡人高三尺許，裝束與伶人一般，下面以人舉而舞之，其舉止動作，要與伶人一般，謂之肘摟子。（不知是此三字否？）歌者與場面人皆另外齊備，坐於臺內，與外不相見，當年所謂關防者也。（以多女眷之故）。」清黃竹堂《日下新謳》中有咏北京傀儡戲詩，自注：「傀儡之戲不一，有從上以長絲牽引者爲提偶，有以板托平移者爲推偶，有置於竿首自下持之運動者爲戳偶。」木偶戲被稱爲宮戲，是因爲清代前期被徵入內廷供奉。蔡省吾編《一歲貨聲·耍傀儡子》云：「耍傀儡子，一人挑擔鳴鑼，前囊後籠。耍時以肩杖支起前囊，上有木雕小臺閣，下垂藍布，人籠皆在其中。籠內作偶人鳴鑼銜哨，連耍帶唱。有八大齣之名：《香山還願》《鍘美案》《高老莊》《五鬼捉劉氏》《武大郎詐尸》《賣豆腐》《王小兒打虎》《李翠蓮》。」

校勘記：

〔一〕「外城乃有」，清稿本後有「之」字。

〔二〕「影戲借燈取影」，清稿本作「影藉燈取影」。

◎放年學

兒童之讀書者，於封印之後塾師解館，謂之放年學。

◎祭竈

二十三日祭竈，古用黃羊，近聞內廷尚用之，民間不見用也。民間祭竈惟用南糖、關東糖、糖餅〔一〕及清水、草、豆而已。糖者所以祀神也，清水、草、豆者所以祀神馬也。祭畢之後，將神像揭下，與阡張〔二〕、元寶等一并焚之。至除夕接神時，再行供奉。是日鞭炮極多，俗謂之小年下。

謹按《日下舊聞考》：臣等謹按，京師祀竈仍沿舊俗，禁婦女主祭。其祀期用二十三日，惟南省客户用二十四日，如劉侗所稱也。

校勘記：

〔一〕『糖餅』，清稿本作『糖瓜、糖餅』。

〔二〕『阡張』，清稿本、刻本均作『千張』，據本書八月『月光馬兒』條考證，當爲『阡張』，據改。作者敦崇使用此詞混亂，没有明辨其義。古時均用『阡張』，阡有墳墓意。晚近亦有用『千張』稱呼之，實誤，其誤或即《燕京歲時記》用詞混亂所致。

◎春聯

春聯者，即桃符也。自入臘以後，即有文人墨客，在市肆檐下書寫春聯，以圖潤筆。祭竈之後，則漸次粘挂，千門萬户，焕然一新。或用硃箋，或用紅紙，惟内廷及宗室王公等例用白紙，緣以紅邊、藍邊，非宗室者不得擅用〔一〕。

注釋：

〔一〕清人周壽昌《思益堂日札·尚白》記載：『大内宫殿春聯，例用白絹，由翰林衙門謹書呈進，但不解何故用白。』使用白紙春聯，當因於女真族尚白之習俗。漢族習慣喜紅厭白，春聯用紙多爲紅紙，但也有白春聯，是特殊身份的標志。白春聯與一般春聯的尺寸相等，祇是在白紙外包以藍紅紙邊，藍邊較寬，包外；紅邊較窄，鑲内。類似鑲白旗的做法。

◎門神

門神皆甲冑執戈，懸弧佩劍，或謂爲神荼、鬱壘，或謂爲秦瓊、敬德，其實皆非也。但謂之門神可矣。夫門爲五祀之首，并非邪神，都人神之而不祀之，失其旨矣。

附録張邵《門神》詩：

功名一紙笑空虛，也比凌烟畫影〔一〕初。每到殘年催致仕，却逢新曆當除書。衣冠濫買光朱户，靈爽難邀式敝〔二〕廬。腹負〔三〕將軍痴宰相，赫然相對復何如？

校勘記：

〔一〕『影』，清稿本、刻本均作『像』。清金埴《不下帶編》卷四收入此詩，作『影』，據改。

〔二〕『敝』，原作『敞』，形近而誤。清稿本、清金埴《不下帶編》卷四均作『敝』，據改。

〔三〕『腹負』，清稿本、刻本均作『負腹』。清金埴《不下帶編》卷四作『腹負』，據改。

◎畫兒棚子

每至臘月，凡〔一〕繁盛之區，支搭席棚，售賣畫片。婦女兒童争購之，亦所以點綴年華也。

校勘記：

〔一〕『凡』，原脱。據清稿本補，語氣更順暢。

◎除夕

京師謂除夕爲三十晚上。是日清晨，皇上升殿受賀，庶僚叩謁本管，謂之拜官年。世胄之家，致祭宗祠，懸挂影像。黄昏之後，闔家團坐以度歲。酒漿羅列，燈燭輝煌，婦女兒童皆擲骰鬥葉以爲樂。及亥子之際，天光愈黑，鞭炮益繁，列案焚香，接神下界。合衣〔一〕少卧，已至來朝，旭日當窗，爆竹在耳，家人叩賀，喜氣盈庭。轉瞬之間，又逢新歲矣。

校勘記：

〔一〕「合衣」，清稿本、刻本均如是。標點本改作「和」。「合衣」即「和衣」，古人多混用之。

◎跴〔一〕歲〔一〕

除夕，自户庭以至大門，凡行走之處遍以芝麻秸撒之，謂之跴歲。

注釋：

〔一〕「跴歲」，「跴」爲「踩」之异體字。踩歲也稱踴歲，又稱熰歲。除夕夜晚，從堂屋、二門至大門，凡行走之處，撒上芝麻秸，踏之發出劈啪之聲，取「芝麻開花節節高」之意，也有表示一年晦氣都踩去的意思。

校勘記：

〔一〕「跴」，清稿本、刻本均作「躧」，文内有「謂之跴歲」句。標點本改「躧」爲「跴」，從之。

◎年飯

年飯用金銀米〔一〕爲之，上插松柏枝，綴以金錢、棗、栗、龍眼、香枝，破五之後方始去之。

注釋：

〔一〕金銀米，即小米與大米，黄、白兩色。

◎唐花

凡賣花者，謂熏治之花爲唐花。每至新年，互相饋贈。牡丹呈艷，金橘垂黄，滿座芬芳，温香撲鼻，三春艷冶，盡在一堂，故又謂之堂花也。

謹按《日下舊聞考》：京師臘月即賣牡丹、梅花、緋桃、探春諸花，皆貯暖室，以火烘之。所謂唐花，又名堂花也。其法自漢即有之。漢世太官園冬種葱〔一〕、韭菜茹，覆以屋廡，晝夜爔熅火，得温氣，諸菜皆生。召信臣爲少府，謂此皆不時之物，有傷於人，不宜供奉，奏罷之。唐人詩曰：『内園分得温湯水，二月中旬已進瓜。』亦是此法。

恭録乾隆二十四年《御製戲咏唐花》詩：

爔熅裊裊萬芳新，巧得天工〔二〕火迫春。設使言行信臣傳，憐他失業賣花人。

附録查嗣瑮《灰洞》詩：

出窨花枝作態寒，密房烘火暖催看。年年天上春先到，二月〔三〕中旬進牡丹。

校勘記：

〔一〕『漢世太官園冬種葱』，『太』，清稿本、刻本及《日下舊聞考》均作『大』。《漢書·召信臣傳》作『太』，據改。『種』，清稿本、刻本均脱，據《日下舊聞考》補。『冬種』，《漢書·召信臣傳》作『種冬』。

〔二〕『工』，原作『功』。清稿本、《日下舊聞考》卷一百四十九均作『工』，據改。

〔三〕『二月』，清稿本、刻本均如是。清查嗣瑮《查浦詩鈔》收入此詩，作『十月』。《宸垣識略》引用此詩，作『臘月』。

◎**藏香**

所謂藏香，乃西藏所製。其味濃厚，得沉檀芸降之全。每届歲除，府第朱門，焚之徹夜，檐牙屋角，觸鼻芬芳，真香中之富貴者也。

◎**摇錢樹**

取松柏枝之大者，插於瓶中，綴以古錢、元寶、石榴花等，謂之摇錢樹。

◎**壓歲錢**

以彩繩穿錢，編作龍形，置於床脚，謂之壓歲錢。尊長之賜小兒者，亦謂之壓歲錢。

◎**紅票兒**

錢肆取錢之帖謂之票子。每届歲除，凡富貴之家以銀易錢者，皆用彩箋書寫，謂之紅票兒。亦取其華美吉祥之意。

◎**挂千**（一）

挂千者，用吉祥語鎸於紅紙之上，長尺有咫，粘之門前，與桃符相輝映。其上有八仙人物者，乃佛前所懸也。是物民户多用之，世家大族鮮用之者。其黄紙長三寸，紅紙長寸餘者，曰小挂千，乃市肆所用也。

注釋：

（一）挂千，又稱門箋或挂錢，是由春幡演變而來的剪紙。清代詩人周寶善有詩云：『先貼門箋次挂錢，撒金紅紙寫春聯。竹竿緊束攢前帚，掃房糊窗算過年。』

◎天地桌

每届除夕，列長案於中庭，供以百分。百分者，乃諸天神聖之全圖也。百分之前，陳設蜜供一層，蘋果〔一〕、乾果、饅頭、素菜、年糕各一層，謂之全供。供上籤以通草八仙（一）及石榴、元寶等，謂之供佛花。及接神時，將百分焚化，接遞燒香，至燈節而止，謂之天地桌。

注釋：

（一）通草八仙，用通草紙繪就的八仙畫。通草畫於十九世紀興盛於廣州，但很快趨於衰落并絶迹，現多藏於歐美等國。

校勘記：

〔一〕『蘋果』，清稿本、刻本均作『平果』，標點本改，從之。

◎辭歲

凡除夕，蟒袍補褂走謁親友者，謂之辭歲。家人叩謁尊長，亦曰辭歲。新婚者必至岳家辭歲，否則爲不恭。

◎迎喜神

除夕接神以後，即爲新年。於初次出房時，必迎喜神而拜之。

恭録乾隆十八年《御製帝都篇序文》（全篇載《日下舊聞考》）：

帝都者，唐虞以前都，有地而名不著，夏商以後始各有所稱，如夏邑、周京之類是也。王畿乃四方之本，居重馭輕，當以形勝爲要。則伊古以來建都之地，莫如今之燕京矣。然在德不在險，則又鞏金甌之要道也。故序大凡於篇。

恭録雍正《御製帝京篇》：

磐石占幽薊，金湯固帝京。幅員寧有外？帶礪自堪盟。形勢河山拱，星文氣象清。休徵荷地利，瑞應感天成。濟濟匡時器，熙熙擊壤情。溪流穿禁籞，霞彩映重城。日照朱甍麗，塵飛紫陌輕。烟花織錦綉，鶯燕唱升平。池暖魚吹絮，蘭薰蝶抱英。新荷初浥〔一〕露，宿麥晚蒸晴。極浦漁舟杳，斜陽牧笛横。所希均雨露，南畝問春耕。

附録明吴國倫《燕京篇》：

擬賦燕京勝，三都未足誇。霸圖雄雁塞，古戍扼龍沙。北谷回陽令，西山擁帝家。天平恒岳回，地險薊門賒。秦楚慚鷄口，侯王屬犬牙。重城開御氣，雙闕倚明霞。芳樹華陽館，高臺易水涯。談天曾碣石，望海即琅琊。帶甲環三輔，梯航走八遐。風雲森劍佩，雨露足桑麻。紫陌新豐酒，紅樓宛落花。輕塵飛白練，旭日麗青騧。雪色并兒劍，星杓漢使槎。羽林矜節俠，戚里競紛奢。接軫趨長樂，揚鞭過狹斜。悲歌逢擊筑，斥堠警鳴笳。七校傳清蹕，諸陵望翠華。豎儒何寂寞？抱影獨長嗟。

校勘記：

〔一〕『浥』，原作『挹』。清稿本、《日下舊聞考》作『浥』，據改。

跋

歲時而記游覽，似屬於例不合。然各處游覽多有定期，亦與歲時相表裏。其游覽而無定期者概不編録，以示區别。光緒二十六年歲次庚子三月十六日敦崇自記。

再，此記皆從實録寫，事多瑣碎，難免有冗雜蕪穢之譏。而究其大旨，無非風俗、游覽、物産、技藝四門而已，亦《舊聞考》之大略也（又記）。

引用書目

（一）〔漢〕班固撰，〔唐〕顔師古注：《漢書》，中華書局，一九六二年整理本。
（二）〔北周〕杜臺卿纂輯：《玉燭寶典》，清光緒十年（一八八四）遵義黎氏日本東京使署刻《古逸叢書》本；包得義校注：《日藏抄本玉燭寶典校證》，巴蜀書社，二〇二二年。
（三）〔宋〕王溥：《唐會要》，清光緒十年（一八八四）江蘇書局刻本；上海古籍出版社，二〇〇六年整理本。
（四）〔宋〕李昉：《太平御覽》，明萬曆元年（一五七三）倪炳刻本；中華書局，一九六〇年整理本。
（五）〔宋〕歐陽修：《居士集》，明洪武六年（一三七三）永豐縣學刻本；李逸安點校：《歐陽修全集》本，中華書局，二〇〇一年。
（六）〔宋〕周密：《癸辛雜識》，明汲古閣刻本；中華書局，一九八八年吴企明點校本。
（七）〔元〕熊夢祥著，北京圖書館善本組輯：《析津志輯佚》，北京古籍出版社，一九八三年。
（八）〔元〕許有壬：《圭塘小稿》，明成化六年（一四七〇）許顒刻本。
（九）〔元〕許有壬：《至正集》，清宣統三年（一九一一）河南教育總會石印本。
（十）〔元〕許有壬著，傅瑛、雷近芳校點：《許有壬集》，中州古籍出版社，一九九八年標點本。

（十一）〔明〕沈榜：《宛署雜記》，明萬曆二十一年（一五九三）刻本；北京古籍出版社，一九八〇年整理本。
（十二）〔明〕余懋學：《麗事館余氏辨林》，明萬曆四十一年（一六一三）刻本。
（十三）〔明〕彭大翼：《山堂肆考》，明萬曆四十七年（一六一九）刻本。
（十四）〔明〕朱國禎：《湧幢小品》，國家圖書館藏明天啓二年（一六二二）刻本；中華書局，一九五九年整理本。
（十五）〔明〕沈德符：《萬曆野獲編》，清道光七年（一八二七）錢塘姚祖恩扶荔山房刻本；上海古籍出版社，二〇一二年楊萬里點校本。
（十六）〔明〕劉若愚：《酌中志》，國家圖書館藏明抄本（配清抄本）。
（十七）〔明〕劉侗、于奕正：《帝京景物略》，明崇禎八年（一六三五）初刻本；北京出版社，一九六三年整理本。
（十八）〔明〕陸啓浤：《北京歲華記》，上海圖書館藏清抄本。
（十九）〔清〕趙吉士輯：《寄園寄所寄》，清刻本；黄山書社，二〇〇八年周曉光、劉道勝點校本。
（二十）〔清〕李聲振：《百戲竹枝詞》，收入〔清〕楊米人等著，路工選編：《清代北京竹枝詞（十三種）》，北京出版社，二〇一八年。
（二十一）〔清〕查慎行：《敬業堂詩集》，清康熙五十八年（一七一九）刻本；上海古籍出版社，二〇一五年周劭標點本。
（二十二）〔清〕金埴：《不下帶編》，中國社會科學院歷史研究所圖書館藏稿本；上海古籍出版社，一九九六年王湜華點校本。
（二十三）〔清〕潘榮陛：《帝京歲時紀勝》，國家圖書館藏清乾隆刻本；北京出版社，一九六一年整理本。

（二十四）〔清〕于敏中等編纂：《日下舊聞考》，清乾隆間武英殿刻本；北京古籍出版社，一九八一年整理本。
（二十五）〔清〕紀昀：《四庫全書總目提要》，中華書局，一九六五年。
（二十六）〔清〕吴長元：《宸垣識略》，清乾隆五十三年（一七八八）池北草堂刻本；北京古籍出版社，一九八一年整理本。
（二十七）〔清〕鄂爾泰、張廷玉等編纂：《國朝宫史》，北京古籍出版社，一九八七年左步青點校本。
（二十八）〔清〕慶桂等編纂：《國朝宫史續編》，遼寧省圖書館藏清嘉慶十一年（一八〇六）内府抄本；北京古籍出版社，一九九四年左步青點校本。
（二十九）〔清〕沈初：《西清筆記》，清光緒刻本。
（三十）〔清〕吴其濬：《植物名實圖考》，清道光二十八年（一八四八）陸應穀刻本；商務印書館，一九五七年整理本。
（三十一）〔清〕顧禄：《清嘉録》，天津圖書館藏清光緒三年（一八七七）葛氏嘯園刻本。
（三十二）〔清〕周壽昌：《思益堂日札》，清光緒九年（一八八三）刻本；岳麓書社，一九八五年李軍政標點本。
（三十三）〔清〕朱壽朋：《光緒朝東華録》，中華書局，一九五八年張静廬等點校本。
（三十四）〔清〕崇彝：《道咸以來朝野雜記》，北京古籍出版社，一九八二年。
（三十五）金勛：《妙峰山志》，中國科學院藏抄本。
（三十六）孫殿起：《琉璃廠小志》，北京古籍出版社，一九八二年。
（三十七）蔡省吾原編，周作人録抄：《一歲貨聲》，北京出版社，二〇一五年影印本。

（三十八）北京市政協文史資料委員會選編：《風俗趣聞》，北京出版社，二〇〇〇年。
（三十九）馬蘭、李立祥：《雍和宮》，華文出版社，二〇〇四年。
（四十）齊如山：《華北的農村》，遼寧教育出版社，二〇〇七年。
（四十一）董寶光：《京華憶往》，北京出版社，二〇〇九年。
（四十二）王世襄、趙傳集編著：《明代鴿經　清宮鴿譜》，生活·讀書·新知三聯書店，二〇一三年。
（四十三）林慶元、王道成考注：《沈葆楨信札考注》，巴蜀書社，二〇一四年。
（四十四）查洪德主編：《查氏文獻輯刊》第六二冊《查浦詩鈔》，北京燕山出版社，二〇二一年。